新时代 新理念 新作为

—— 砥砺奋进的山西大学商务学院

编著　吴建社

山西出版传媒集团
山西经济出版社

图书在版编目（CIP）数据

新时代 新理念 新作为:砥砺奋进的山西大学商务学院/吴建社编著.——太原：山西经济出版社，2018.11

ISBN 978-7-5577-0404-9

Ⅰ.①新… Ⅱ.①吴… Ⅲ.①高等学校-学校管理-文集 Ⅳ.①G647-53

中国版本图书馆 CIP 数据核字（2018）第 250423 号

新时代 新理念 新作为：砥砺奋进的山西大学商务学院

编　　著：吴建社
责任编辑：解荣慧
封面设计：赵　娜

出 版 者：山西出版传媒集团·山西经济出版社
地　　址：太原市建设南路 21 号
邮　　编：030012
电　　话：0351-4922133（市场部）
0351-4922085（总编室）
E - mail：scb@sxjjcb.com（市场部）
zbs@sxjjcb.com（总编室）
网　　址：www.sxjjcb.com
经 销 者：山西出版传媒集团·山西经济出版社
承 印 者：山西东智印刷有限公司
开　　本：787mm×1092mm　1/16
印　　张：17.75
字　　数：270 千字
版　　次：2018 年 11 月　第 1 版
印　　次：2018 年 11 月　第 1 次印刷
书　　号：ISBN 978-7-5577-0404-9
定　　价：49.00 元

序

党的十九大是中国共产党历史上具有里程碑意义的会议。这次大会高举起中国特色社会主义伟大旗帜，用中国的发展和治理成就展示了科学社会主义的强大生机活力；把十八大以来党的理论创新成果概括为习近平新时代中国特色社会主义思想，并确立其为我们党必须长期坚持的指导思想写入党章，实现了党的指导思想又一次与时俱进；确定了全面建成社会主义现代化强国的奋斗目标，进一步明确了新时代中国共产党的历史使命，全面部署了新时代伟大事业和伟大工程，科学规划了中华民族伟大复兴的时间表、路线图、任务书，为我们党在新时代开启新征程、创造新辉煌提供了行动纲领。

习近平总书记在十九届中共中央政治局第一次集体学习时强调，学习贯彻十九大精神，要在学懂弄通做实三个方面狠下功夫。

在学懂上狠下功夫，学懂是前提，务求学深悟透。"读书患不多，思义患不明"，通过组织全院师生收听收看党的十九大开幕会议，安排全体党员以支部为单位持续学习十九大报告，要求在原原本本、原汁原味、反复研读的基础上，全面把握十九大提出的新理念、新论断，明确新任务、新措施，准确领会十九大报告的思想精髓和核心要求。

在弄通上狠下功夫，弄通是关键，务求学以致知。"不就事论事，要融会贯通"，通过聘请全省高校马克思主义学院院长和省委宣传部、省教育厅、《山西日报》的专家学者来学院举办研讨会，把学习贯彻十九大精神同马克思主义基本原理结合起来；通过学院党委书记讲党课的形式对十九大精神进行专题辅导，把学习贯彻十九大精神同党的发展历史，特别是十八大以来党领导的波澜壮阔的伟大实践巨大成就结合起来；通过院党委委员在支部带头领学，答疑解惑，把学习贯彻十九大精神同学习习总书记治国理政的新理念、新思想、新战略结合起来。努力做到联系地而不是孤立地、系统地而不是零散地、全部地而不是局部地理解党的十九大精神。

在做实上狠下功夫，做实是目的，务求学以力行。"空谈误国，实干兴邦"，要使党的十九大精神在学院落地生根，开花结果，就必须避免纸上谈兵，以空对空，防止喊口号，调门高，行动少，落实差，杜绝走过场，"三分钟热度"一风而过。就必须崇尚实干，狠抓落实，在学习贯彻十九大精神上坚持把自己摆进去，把职责摆进去，把工作摆进去，找差距，补短板，定措施，强落实，确保抓铁有痕，一抓到底，抓出习惯，抓出成效。

党的十九大最重大的理论成果就是把习近平新时代中国特色社会主义思想写在党的旗帜上，确立为党必须长期坚持的指导思想。山西大学商务学院党委认为，理论的价值在于对实践的巨大指导作用，思想的威力只有在实践中才能发挥出来。深入学习贯彻党的十九大精神，重中之重就是要主动自觉地把习近平新时代中国特色社会主义思想作为学院迈进新时代、开启新征程、谱写新篇章的根本遵循。为此，院党委决定，以学院习近平新时代中国特色社会主义思想研究中心为牵头单位，以各个主要职能部门和教学科研单位为参与单位，联系本单位实际，深入学习十九大报告，检查自身工作，制定发展规划，集体撰写《新时代　新理念　新作为——砥砺奋进的山西大学商务学院》一书，力求在撰写过程中即集体反复研究、讨论、达成共识的过程中，把"学懂弄通做实"付诸各自工作之中。

本书是山西大学商务学院在中国特色社会主义进入新时代以后，联系教学、科研实际形成的新理念、新作为，是党的十九大提出的新理念、新思想、新判断与山西大学商务学院转型发展这个最大实际相结合的集中体现，是山西大学商务学院以十九大精神为指导，实现二次腾飞的重要抓手。

尽管呈现在大家面前的书稿还比较粗糙、稚嫩，甚至还存在一些不足，但毕竟是习近平新时代中国特色社会主义思想与山西大学商务学院实际相结合的一次有益尝试。今后，我们将沿着这条道路继续前进，为贯彻落实习近平总书记关于"学懂弄通做实"要求而努力奋斗。

吴建社

2018 年 10 月 15 日

目 录

新时代社会主要矛盾与商务学院转型发展 …………… 原玉廷（1）
坚持新的发展理念与独立学院的新发展 …………… 邱敏学（15）
深化供给侧结构性改革与专业结构调整 ……… 程 选 刘惠瑾（29）
建设现代化经济体系与经济学人才培养 ……… 靳共元 张晓林（46）
新时代山西经济转型发展与会计人才培养 …… 曹宇波 张 赟（58）
新时代管理人才培养目标和模式改革 …………………………………
……………………………… 李 强 暴丽艳 赵晋阳（67）
大数据背景下信息现代化人才培养 ………… 王文燕 王 瑜（81）
产教融合与电子商务人才培养 ……………… 苏雪峰 岳云康（96）
"一带一路"倡议与涉外人才培养 …………………… 张立刚（111）
全面依法治国与法学人才培养 ……… 郭英杰 潘淑岩 李训伟（122）
健康中国与体育人才培养 …………………… 成民铎 高梦锦（136）
秉持立德树人理念 推进思政教育改革 …………… 李生敏（151）
大学生"双创"与校企合作 ………………………… 董有尔（163）
政策协同对科研创新发展的影响研究 ……………… 张圣恩（177）
着力推进全面从严治党 为商院新发展铸魂强基 …………………
………………………………………… 张晓华 施 寓（191）
新时代与独立学院管理体制改革 …………… 王凤华 张晓雪（203）
乡村振兴战略与商院的精准扶贫 …… 张海川 李金昊 白志荣（216）
三全育人与课程思政建设 …………………………… 王存义（226）
人才强国战略与"人才强校" ………………… 王 军 白震宇（236）

共享发展与商院图书馆工作设想 …………………… 宋生艳（244）
理想信念教育与新时代青年担当 …………………… 郭德明（255）
生态文明思想与绿色校园建设构想 ……………………………
………………… 黄永康　梁四宝　杜天柱　王亚梅（264）
后　　记 ………………………………………………… 吴建社（275）

▶新时代社会主要矛盾与商务学院转型发展

原玉廷

习近平总书记在十九大报告中指出,中国特色社会主义进入新时代,我国社会主要矛盾已经转化为"人民日益增长的美好生活需要和不平衡不充分的发展之间的矛盾"。① 这是以习近平同志为核心的党中央做出的一个根本性、全局性的重大判断。社会主要矛盾的变化是关系全局的历史性变化,对党和国家工作提出了许多新要求。面对新时代,山西大学商务学院如何转型、如何发展,是我们每一位商院人应当认真思考的问题。

一、社会主要矛盾及其演化

唯物辩证法认为,在事物发展过程中,各种矛盾往往交织在一起,而其中必有一种矛盾居于支配的地位,起着规定或影响其他矛盾的作用。这种矛盾就是主要矛盾。和这个主要矛盾相比较,其他矛盾就是次要矛盾或者叫非主要矛盾。抓住了主要矛盾,次要矛盾就迎刃而解了。在我国社会主义革命和建设进程中,不同的历史时期,有不同的主要矛盾。抓住了主要矛盾,就抓住了事物的本质;解决了主要矛盾,就解决了根本问题。我党之所以能取得新民主主义革命和社会主义初级阶段的胜利,其中很重要的一条就是,在历史发展的关键时期,审时度势,准

---

① 习近平. 决胜全面建成小康社会夺取新时代中国特色社会主义伟大胜利——在中国共产党第十九次全国代表大会上的报告[M]. 北京:人民出版社,2017.

确判断国内外形势，揭示社会主要矛盾，确定党的工作重心和重点，并提出一系列方针政策。

（一）我国社会主要矛盾的历史演变

社会发展的每一个时期都有一个主要矛盾，这个主要矛盾，既相对稳定，又发展变化。

新中国成立前，我国社会处于半殖民地半封建社会，"帝国主义和中华民族的矛盾，封建主义和人民大众的矛盾，这些就是近代中国社会的主要的矛盾。"① 但是，就其中某一阶段来说，又不尽相同。比如抗日战争时期，中国人民和日本帝国主义的民族矛盾上升为主要矛盾。围绕这个主要矛盾，我党适时提出抗日民族统一战线等一系列大政方针，最终在全国人民的浴血奋战、共同努力下取得了抗日战争的伟大胜利。

新中国成立之后，随着"三座大山"被推翻，工人阶级和资产阶级的矛盾逐步上升为国内主要矛盾。为解决这一主要矛盾我党制定了"一化三改"的过渡时期总路线。党在这个时期的总路线和总任务是："要在一个相当长的时期内，逐步实现国家的社会主义工业化，并逐步实现国家对农业、对手工业和对资本主义工商业的社会主义改造。"②

社会主义改造完成后，1956年党的八大指出："我们国内的主要矛盾，已经是人民对于建立先进的工业国的要求同落后的农业国的现实之间的矛盾，已经是人民对于经济文化迅速发展的需要同当前经济文化不能满足人民需要的状况之间的矛盾。"③

1981年，党的十一届六中全会通过的《关于建国以来党的若干历史问题的决议》，对我国社会主要矛盾做了规范表述："在社会主义改造基本完成以后，我国所要解决的主要矛盾，是人民日益增长的物质文化需要同落后的社会生产之间的矛盾。"④ 这个表述基本符合我国国情。

---

① 毛泽东选集：第二卷[M]．北京：人民出版社，1991．
② 毛泽东文集：第六卷[M]．北京：人民出版社，1999．
③ 中共中央文件选集：第24卷[M]．北京：人民出版社，2013．
④ 中共中央文献研究室编．改革开放三十年重要文献选编：上[M]．北京：中央文献出版社，2008．

生产力落后，经济短缺，人民的物质生活难以满足，温饱问题尚未解决，因此，发展社会生产力，提高有效供给，是矛盾的主要方面。

经过改革开放40年的发展，我国社会主要矛盾在社会需求和社会生产这两个方面都发生了巨大的变化。人均国内生产总值（GDP）超过8000美元的中国，已经达到中等偏上收入国家水平。我国城乡居民的实际收入水平的增速超过经济增长速度，中等收入群体持续扩大，生活质量不断改善。温饱问题已经解决，基本生活和生存需要已经不是问题，一般性的物质和文化需求已经得到满足，正在转向对更加美好生活的期待。从社会生产方面看，我国社会生产力水平总体上显著提高，社会生产能力在很多方面进入世界前列。我国经济实力、科技实力、国防实力、综合国力进入世界前列。现在的中国是世界第一工业大国、第一服务业大国、第一贸易大国。目前，中国的经济问题不再是物资短缺，而是产能过剩和发展不平衡、不充分的问题。

（二）新时代我国社会的主要矛盾

十九大报告明确指出，中国特色社会主义进入新时代，我国社会主要矛盾已经转化为人民日益增长的美好生活需要和不平衡不充分的发展之间的矛盾。

人类需要包括三个层次：第一个层次是物质性需要——获得感，也就是人类为满足自体饮食、消化、生殖、感觉等各部分器官正常活动的需要，获得了多少食物、衣服、住房和种族繁衍等所需要的物质；第二个层次是社会性需要——安全感，包括社会安全、社会保障和社会公正等方面的需要；第三个层次是心理性需求——幸福感，一是尊重的需求，即自信、自尊和受人尊重的需要，二是自我实现的需求，即实现个人理想、抱负，发挥个人的能力到最大程度，完成与自己的能力相称的一切事情的需求。

改革开放40年来，我国社会生产力水平明显提高，人民生活显著改善，妥善解决了十几亿人的温饱问题。随着中国特色社会主义进入新时代，人们的物质性需要不断得到满足，开始更多追求社会性需要和心理性需要，比如期盼更好的教育、更可靠的社会保障、更高水平的医疗卫生服务、更舒适的居住条件、更优美的环境、更丰富的精神文化生活等等。这既是我国社会生产力水平显著提高的必然结果，又对我国未来经济社会发展提出了更高要求。我们要在继续推动发展的基础上，着力解决好发展不平衡不充分问题，更好满足人民日益增长的美好生活需要，更好推动人的全面发展、社会全面进步。

目前我国经济在迅猛发展的同时，发展不平衡的问题更加凸显。不平衡主要表现为城乡发展不平衡、产业发展不平衡、区域发展不平衡等。到2015年，我国农村居民的人均纯收入依然是城镇居民人均可支配收入的1/3。随着城镇化的推进，城乡发展不平衡的问题更加突出。产业不平衡主要表现在，我国一些产业已经达到世界领先水平，一些产业还处于价值链的低端等。在三大产业中，服务业增加值占GDP的比重只有51%左右，远远低于发达经济体60%到70%左右的水平。中国是一个区域发展极不平衡的国家。最富裕的东南沿海地区人均GDP达到了10万元左右，已经达到中等发达国家水平。2016年全国人均GDP为5.34万元，而贫穷的内陆地区大部分人达不到平均数，很多人口大市只有两三万元！

发展不充分的问题也比较突出。一是创新不充分。主要表现在：自主创新能力整体上还不强，原创成果还比较缺乏，尤其是核心技术、关键共性技术和前沿引领技术创新不足，对国外先进技术的依赖较大。创新成果转化应用和产业化发展水平还不高，科学技术加快转化为现实生产的能力不强，在产业发展中的应用程度不高，产学研用融合发展还不充分。创新政策体系还不完善，企业等创新主体动力不足，充分调动各类主体积极性的技术创新体系亟待建立。二是改革不充分。在社会主义市场经济体制建立与发展过程中，劳动力、土地、技术和资本等生产要素市场体系还不完善，市场秩序还需规范，公平竞争的市场环境还需营造。产权制度还需完善，国有企业改革还需进一步推进，民营企业发展环境还需改善，市场主体活力还需充分激发。政府宏观调控能力还需提高，职能缺位和越位等问题仍然存在，宏观政策还需进一步优化。三是开放不充分。开放是提升国际影响力和竞争力的必然选择。在全球治理体系和贸易规则面临调整的重要时期，发达国家仍然掌握过大的话语权和控制权。我国参与国际规则、标准制定和修改的能力还不强，引进来和走出去所面临的外部风险和经济安全压力还很大。我国劳动力成本较低的比较优势正在下降，参与全球价值链分工和抢占全球产业发展制高点的能力亟待增强。我国市场准入的限制还比较多，服务业开放发展的程度还比较低，仍存在进一步开放的空间。

二、供给侧结构性改革与人才资源供求矛盾

改革开放40年来，中国经济持续高速增长，成功步入中等收入国家行列，已成为名副其实的经济大国。但随着人口红利衰减、"中等收入陷阱"风险累积、国际经济格局深刻调整等一系列内因与外因的作用，经济发展正进入"新常态"。新时代、新常态、新情况对人才发展战略提出了新要求。

（一）人才资源发展：总量持续稳定增长，素质逐步提高

当前，我国已经进入中国特色社会主义新时代，科学技术突飞猛进，生产力得到极大的解放和发展，生产方式不断改变，生产工具现代化速度加快，新兴产业不断涌现，经济增长出现新常态，社会变革正在向纵深推进。人才事业得到长足的发展，人才数量和结构状态发生了根本性变化，总量持续稳定增长，素质逐步提高。据新华社北京2017年8月29日报道，中共中央组织部会同人力资源和社会保障部、国家统计局组织开展了2015年度全国人才资源统计工作，这是继2010年后开展的第二次全口径统计。统计数据显示，我国人才资源总量达1.75亿人，人才资源总量占人力资源总量的比例达15.5%，基本实现2020年1.8亿人、16%的规划目标。①

1. 人才资源总量稳定增长

---

① 全国人才资源统计结果显示：我国提速迈向人才强国 [EB/OL]．(2017-8-29) [2018-8-20]．http://www.xinhuanet.com/politics/2017-08/29/c_1121565760.htm．

统计数据显示：我国党政人才、企业经营管理人才、专业技术人才、高技能人才、农村实用人才、社会工作专业人才资源总量分别为729万人、4334.1万人、7328.1万人、4501万人、1692.3万人、75.9万人，较2010年分别增长4%、45.5%、32%、57.2%、61.4%、272.1%，其中企业经营管理人才和高技能人才资源总量分别比2020年规划目标超出3.2%和15.4%。

2. 人才队伍素质明显增强

统计显示，人才队伍素质明显增强。每万名劳动力中研发人员达48.5人年，比2010年增加14.9人年，超出2020年规划目标5.5人年；主要劳动年龄人口受过高等教育的比例达16.9%，高技能人才占技能劳动者的比例达27.3%，农村实用人才占农村劳动力的比例达3.3%，分别比2010年上升4.4、1.7、1.1个百分点；党政人才、企业经营管理人才和专业技术人才中大学本科及以上学历所占比例达42.4%，比2010年上升8.2个百分点。

3. 人才投入和效能显著提高

人力资本投资占国内生产总值比例达到15.8%，比2010年上升3.8个百分点；人才贡献率达到33.5%，比2010年上升6.9个百分点，人才对我国经济增长的促进作用日益凸显。

4. 全球人才磁场效应不断增强

截至2016年底，国家"千人计划"共引进海外人才6089人，留学回国人才总数达265.1万人，其中70%为党的十八大以来回国的，形成了中华人民共和国成立以来最大规模留学人才"归国潮"。

（二）人才资源态势：结构不合理、发展不平衡、供需矛盾突出

（1）从素质结构上看，中低级人才比例偏大，高技能人才比例较小。数据显示，主要劳动年龄人口受过高等教育的比例达16.9%，高技能人才占技能劳动者的比例达27.3%，农村实用人才占农村劳动力的比例仅3.3%，高学历、高素质、高级别、复合型人才普遍短缺。

（2）从行业分布来看，我国人才资源主要集中在国有部门、政府

机关和事业单位。数据显示，我国目前党政人才、企业经营管理人才和专业技术人才中大学本科及以上学历所占比例达42.4%，而非国有部门、企业单位人才不足。

（3）从区域结构上看，东南沿海人才密度大，中部地区人才趋于平衡，西部地区人才缺口大。东南沿海经济发展迅速，各层次人才基本稳定或饱和，有的行业甚至供大于求。中部地区，经济发展处于起飞中期阶段，人才状况基本处于平衡状态。西部地区经济发展处于起飞前期，尚未进入产业要素流动、重整和优化期，发展比较缓慢，人才吸纳力弱，各方面所需人才缺口很大。

（4）从产业结构上看，急需高级应用型人才和高级管理经营型人才。作为世界制造业基地，我国的劳动力正在加快向第二、第三产业转移，人才需求正在由初级人才需求向中级、高级人才需求延伸，复合型、应用型人才逐渐成为抢手货。然而，从市场供求情况看，技能人才特别是高技能人才供需矛盾十分突出，我国技能劳动者总量虽超过1.65亿人，但仅占就业人员的21.3%，其中高技能人才4791万人，仅占就业人员的6.2%。从现在到2020年是全面建成小康社会决胜期，预计在此期间，全国企业高技能人才缺口将达2200万人。

党的十九大报告提出，促进我国产业迈向全球价值链中高端，培育若干世界级先进制造业集群。实现这一目标，必须坚定走人才强国之路，突出产业人才特别是高技能人才开发，进一步改善高技能人才发展环境，大力加强技工教育和职业培训，努力培养一支规模宏大、门类齐全、素质优良的高技能人才队伍。

（三）供给侧结构性改革与应用型人才培养

2015年11月10日，习近平在中央财经领导小组会议上首次提出："在适度扩大总需求的同时，着力加强供给侧结构性改革，着力提高供给体系质量和效率，增强经济持续增长动力，推动我国社会生产力水平实现整体跃升"①。自此,"供给侧结构性改革"成为各界热议的话题。2016年1月18日习近平在省部级主要领导干部学习贯彻党的十八届五中全会精神专题研讨班上进一步明确指出,供给侧结构性改革"重点是解放和发展社会生产力","既强调供给又关注需求,既突出发展社会生产力又注重完善生产关系,既发挥市场在资源配置中的决定性作用又更好发挥政府作用,既着眼当前又立足长远"②。中央提出的"供给侧结构性改革"不仅适用于经济发展问题,而且适用于大学人才培养问题。

1. 人才资源的供给与需求

人才资源与物质产品一样也分"供给侧"和"需求侧"两个方面:人才资源供给侧的"产品"是指不同规格、不同层次、不同质量和不同学科专业的毕业生,这是由高校的专业设置、招生规模、人才培养模式等因素决定的;人才资源"需求侧"是指对高校毕业生的需求,它由产业、行业和职业决定,并随产业结构调整、行业兴衰更替和职业更新变迁而不断变化。从供给侧理论角度来看,所谓大学生就业的结构性矛盾,主要是指大学毕业生供给在学历层次、专业结构、能力水平等方面能不能与社会需求相衔接。所谓"专业对口"就是提高人才供给的精准性和有效性,尽可能减少无效供给与低质量供给。

2. 人才资源的供求矛盾关键在供给侧

人才供求是一对矛盾,其中,供给侧是矛盾的主要方面。我们强调供给侧结构性改革,不是要忽视需求侧,而是要通过制度化设计,增强供给结构对需求结构变化的适应性和灵活性,以高校人才供给引领、创造社会人才需求。我国目前处于工业化尚未完成而又急需向信息化社会转型的特殊阶段,一方面我们需要培养大量高端创新型、复合型人才,另一方面对高职高专院校培养的毕业生依然有较强的需求。从国际历史

---

① 习近平提"供给侧结构性改革",深意何在?[EB/OL].(2015-11-19)[2018-8-22].http://www.xinhuanet.com/politics/2015-11/19/c_128444441.htm.

② 习近平谈治国理政:第二卷[M].北京:外文出版社,2017.

经验看，一个国家的社会经济越发达，其文科、基础学科毕业生比例相较于理科、应用学科毕业生比例越高；反之，则相关比例越低。在当今发达国家，两者的比例基本持平，而我国现阶段尚属于发展中国家，对理科类和应用学科类毕业生有更多的需求，而目前我国出现了文科生供给比例高于理科生的情况，同时应用学科毕业生供给比例出现了持续降低的状况，这与我国经济社会发展状况极不适应。

3. 应用型人才培养是当务之急

应用型人才是指能将专业知识和技能应用于所从事的专业社会实践的一种专门的人才类型，是熟练掌握社会生产或社会活动一线的基础知识和基本技能，主要从事一线生产的技术或专业人才，其具体内涵是随着高等教育历史的发展而不断发展的。应用型人才主要是应用知识而非科学发现和创造新知，社会对这种人才有着广泛的需求。在工业化乃至信息化的过程中，社会对这种人才的需求占有较大比重，应该是大众化高等教育必须重视的人才培养模式。正是社会对这种人才的巨大需求，才为应用型大学的发展提供了广阔的空间。

人才是第一资源。当前的任务是改善教育结构，拓宽应用型人才的发展途径。职业技术类院校以培养应用型人才为主，办学目标以能力为本位、以服务为宗旨、以就业为导向，面向市场，面向社会。应用型大学要改革培养模式，完善培养机制。推行校企合作、工学结合、半工半读和弹性学习制度。坚持理论知识学习与实践训练相结合。切实加强实践教学，注重学生的职业技能培养，努力提高学生的综合职业能力。坚持学历教育和职业资格培训并举，推行应用型人才"双证"就业机制。

三、山西大学商务学院转型与发展

（一）发展现状

山西大学商务学院成立于2001年3月，是教育部和山西省人民政府批准设立的独立学院，是实施本科学历教育的高等学校。学院坐落在具有2500多年悠久历史的文化名城——太原。校园占地面积约67公顷，面向山西省及国内部分省（市、区）招生。现有在校学生1.7万人，教职工1216名，其中专职教师911名。现设有会计学院、管理学院、信息学院、经济学院、电子商务系、文化传播系、法律系、外语系、艺术设计系、体育系、音乐系、思想政治理论教学研究部、基础教学部等4个二级学院、9个系（部）和对外交流学院，开设有43个本科专业，已经形成了以管理学、经济学和文学、法学为主体，多学科融合的学科专业体系。

学院环境优雅，办学设施完善。校舍建筑面积33.74万平方米，其中教学行政用房13.57万平方米，学生宿舍12.7万平方米。多媒体教室142个，语音教室13个，座位总数1.21万个；现代化实验室81个，其中网络信息安全实验室、ERP实验（实训）室、同声传译实训室、移动通信实验室、微波与天线实验室、无线传感网实验室均居全省领先水平；教学用计算机3140台；图书馆面积1.73万平方米，座位数3186个，馆藏纸质图书116万册、期刊1216种、报纸118份、数据库和电子图书36T；校园网采用万兆核心、千兆主干、百兆桌面的方式提供现代网络服务，信息点达到4100多个；体育场馆面积7.13万平方米。

学院秉承百年老校山西大学的优良办学传统，教学管理严谨有序，校园文化充满活力。学院确立了"以市场需求为导向，培养具有现代商务理念、创新意识和创业能力的高级应用型人才"的办学定位。办学18年来，经过不断探索与实践，形成了以育人为根本、以学生为主体、以教学为中心的办学理念；教育理念、内容、方法、手段和模式适应应用型人才培养的要求，努力营造应用型人才脱颖而出的良好环境；以强化实践教学为着力点，把建立和完善实践教学体系作为提高教学质量的重要内容，把信息技术的应用作为提高教学质量的重要手段；坚持把"双师型"教师队伍作为保障办学定位和培养目标的主要依靠力量，全方位提高应用型人才的培育能力和教学水平，在全国独立学院发展中处于前列。山西大学商务学院在中国管理科学研究院中国大学评价课题组发布的"武书连2017中国独立学院综合实力排名"中为全国第四，在武书连2017中国265所独立学院教师效率排行榜上排名第八。

虽然，我们已经拥有了优雅的办学环境、先进的教学设施，达到了预设的办学规模，受到了社会舆论的广泛关注和普遍赞誉。但是，作为一所本科院校，无论是专业设置、人才质量、办学特色都还有很大的上升空间。如何适应新时代发展的要求，把商务学院建设成具有较大影响的办学特色鲜明的现代化应用型大学，是摆在我们面前的重大任务。

（二）发展方向

根据《山西省教育厅关于确定本科高校向应用型转变试点的通知》（晋教高〔2016〕8号）精神，山西大学商务学院被确定为山西省本科高校向应用型转变的试点单位。为此，积极推进我院应用型人才培养体系建设工作，加快地方应用型大学的建设步伐，服务山西区域经济社会发展需要，是摆在我们面前的首要任务。

1. 办学定位：地方性、应用型

山西大学商务学院自2001年建校以来，大致经历了三个发展阶段：

2001—2007年为规模形成阶段。这一阶段的主要任务是扩大办学规模、夯实发展基础。在校学生人数达到15000人左右，各种教学设备和生活设施基本满足需要。学院发展初具规模，办学得到社会的认可。

2008—2016年为质量提升阶段。这一阶段学院提出以质量求发展的内涵式发展战略，为此，学院以应用型人才的知识结构、能力结构和素质结构培养为主线，从人才培养定位、课程体系改革、实践教学体系建设、师资队伍建设、创新教学模式五个方面进行了全方位探讨。规模稳定，质量提升，社会普遍赞誉。

2016年开始进入转型发展阶段。同年，确定为省级本科高校向应用型转变试点后，我院坚持以地方需求和学生就业为导向，突出"地方性""应用型""重特色""高水平"的办学特色，遵循高等教育发展规律，优化学科专业结构，改革和创新人才培养模式，积极构建符合地方经济社会发展需要的应用型学科专业体系。

定位：坚持"厚基础、宽口径、强实践、重应用"的人才培养思路，全面加强应用型人才培养体系建设，围绕立德树人根本任务和培养高素质应用型创新创业人才的目标，弘扬求是创新精神，全面深化综合改革，坚持内涵发展、特色发展、协调发展、开放发展和创新发展，坚持战略性和操作性相结合，加速提升我院办学实力和整体水平，努力把我院建设成为综合实力强、办学水平高、示范效应好、辐射范围广、区域特色鲜明的应用型高水平大学。

2. 人才培养："四位一体"

人才培养是大学的基本功能。人才培养方案是高等学校人才培养目标、基本规格以及培养过程和方式的总体设计，是安排教学内容、组织教学过程、确定教学编制、指导和管理教学工作的纲领性文件，是人才培养和质量提升的根本保证。我院从成立到现在，人才培养方案共修订了7次，分别为2001版、2003版、2005版、2007版、2010版、2013版和2015版。人才培养方案的每一次修订都是为了更贴近应用型人才培养的目标。

按照高起点、有创新、可操作、科学性的要求，各专业制定出颇具特色的应用型人才培养方案。在人才培养方案制定过程中，广泛邀请行业的企业及用人单位积极参与，确保人才培养与社会需求的有效对接。在人才培养方案实施过程中，围绕专业链与产业链及职业标准，确保教学过程与生产过程实现有效对接。逐步形成理论教学、实践教学、选修课程和第二课堂活动"四位一体"的应用型人才培养体系，全面增强学生的"四个意识"、理论素养、实践能力和创新精神。

3. 专业建设：扶持、撤并与新建

继续围绕山西省委、省政府经济社会发展的战略重点和高等教育改革发展的总体布局，密切跟踪区域经济结构调整、产业转型升级的动态趋势，根据人才需求预测和就业预警，积极调整专业结构，优化资源配置，改造传统专业，拓展新兴专业。面向现代商业、先进制造业、现代服务业、战略性新兴产业和社会管理、生态文明建设，重塑学科专业集群，重构专业调整机制。为此，我们要对目前拥有的12个教学单位（院、系、部）的43个本科专业，进行优化布局：即扶持一批适合地方经济社会发展需要、特色鲜明、生源充足、就业前景广阔的专业；合并一些学科方向相近、课程设置类似、就业目标靠近的专业；压缩一批报考第一志愿较少、调剂生源较多，且就业前景不明朗的专业；新上一批社会发展急需、生源充足，且就业前景广阔的专业。

4. 课程建设：分类指导、梯度推进

课程建设是教学基本建设中极其重要的内容，是深化教学改革、提高教学水平、保证教学质量的重要措施。围绕应用型人才培养体系建设，我院应积极推进应用型课程体系建设和教学内容改革，以更新教育思想和观念为先导，以深化课程改革为抓手，以强化学生能力为重点，以培养学生创新意识为核心，有计划、有目的地进行应用型课程体系建设，形成一批教学质量高、特色鲜明的优质课程。

按照重点课程、优秀课程和精品课程三个层次，实施分级管理、分类建设、梯度推进，统筹基础课、主干课、核心课、技能课、实验实训课和创新创业教育，构建应用型人才培养的课程体系。遵循"重点突出、择优扶持、全面考核"的原则，重构知识、能力、素质协调发展的课程体系，深化教学方法和教学手段改革，吸收教育教学改革和学科发展的最新成果，坚持边建设、边研究、边改革，并将教学研究和教学改革成果纳入各单位年度考核体系。

5. 师资队伍建设：师德高尚、双师双能

"百年大计，教育为本；教育大计，教师为本；教师大计，师德为本。"转型发展能否成功关键是师资队伍建设的好坏。新时代的应用型大学对教师的要求是：既要爱岗敬业、教书育人、为人师表，又要热爱学生，尊重学生、关心学生；既要有扎实的理论功底，又要有丰富的实践经验；既能从事专业理论教学，又能指导实验、实训和实习，即师德高尚、"双师双能"。为此，要改革教师聘任制度和评价办法，积极引进优秀的专业技术人才、管理人才和高技能人才。鼓励高职称、高学历、高水平的专业教师参与实验实训教学。鼓励青年教师积极从事实验实训教学，逐步形成年龄、职称、知识、能力、素质结构合理的相对稳定的实践、实验、实训教师队伍。深化产教融合和校企合作，有计划地选送青年教师到企业接受培训、挂职工作和实践锻炼。通过教学评价、绩效考核、职务（职称）评聘、薪酬激励等制度改革，调动教师提高

实践教学能力的主动性、积极性。根据社会、企业的需求变化，适时调整教学和科研工作，不断提升教师的教学应变能力和技术研发应变能力。有选择地建立"合作双赢"的实践教学基地。积极搭建应用性实践教学平台，鼓励有研究专长和兴趣的教师积极投入应用性技术研究中去，提升教师的研究能力。采取国际化、开放式的办学思路，"走出去"，"引进来"，广泛开展国际交流和合作，学习国际先进的教育教学理念和方法，逐步形成具有山西大学商务学院特色的师资队伍建设模式。

历史在前进，时代在发展。我们相信，在学院党委的坚强领导下，经过全体师生员工的共同努力，一个独具特色的地方性应用型大学将展现在世人面前。

坚持新的发展理念与独立学院的新发展

邱敏学

新时代、新理念、新作为,蕴含着存在决定意识、理论指导实践的历史唯物主义基本原理。在新时代,就要"坚持新的发展理念",用新的发展理念引领包括高等教育在内的各项事业的新发展,开创新的局面。

一、新的发展理念

新是相对于旧而言的。所谓新的发展理念是指党的十八届五中全会提出的、党的十九大报告要求必须坚持的理念,即创新、协调、绿色、开放、共享发展理念。下面,笔者依照习近平总书记关于对"五大发展理念"的解读及其学界的阐释,从理论的角度,初步界定"五大发展理念"的内涵及其辩证关系。

(一) 新的发展理念的内涵

1. 创新发展理念的内涵

创新发展理念注重的是解决发展动力问题。迄今为止,我国创新能力不强,科技发展水平总体不高,科技对经济社会发展的支撑能力不足,科技对经济增长的贡献率远低于发达国家水平,这是我国这个经济大块头的"阿喀琉斯之踵"。新一轮科技革命带来的是更加激烈的科技竞争,如果科技创新搞不上去,发展动力就不可能实现转换,我们在全球经济竞争中就会处于下风。为此,我们必须把创新作为引领发展的第一动力,把人才作为支撑发展的第一资源,把创新摆在国家发展全局的核心位置，不断推进理论创新、制度创新、科技创新、文化创新等各方面创新，让创新贯穿党和国家一切工作，让创新在全社会蔚然成风。为此，我们必须着力实施创新驱动发展战略。准确把握创新是引领发展的第一动力，充分认识创新发展是总结我国改革开放成功实践得出的结论，是应对发展环境变化、增强发展动力、把握发展主动权、更好引领经济发展新常态的根本之策。

2. 协调发展理念的内涵

协调发展注重的是解决发展不平衡问题。目前，我国发展不协调问题，突出表现在区域、城乡、经济和社会、物质文明和精神文明、经济建设和国防建设等关系上。在经济发展水平落后的情况下，一段时间的主要任务是要跑得快，但跑过一段路程后，就要注意调整关系，注重发展的整体效能，否则木桶效应就会愈加显现，一系列社会矛盾会不断加深。教育领域特别是高等教育内部的协调如普通教育与职业技术教育，德育与智育、体育的协调也是如此，问题十分突出。为此，我们必须牢牢把握中国特色社会主义事业总体布局，正确处理发展中的重大关系，不断增强发展整体性。

新形势下，协调发展具有一些新特点。一是协调既是发展手段又是发展目标，同时还是评价发展的标准和尺度。二是协调是两点论和重点论的统一，一个国家、一个地区乃至一个行业在其特定发展时期既有发展优势，也存在制约因素，在发展思路上既要着力破解难题、补齐短板，又要考虑巩固和厚植原有优势，两方面相辅相成、相得益彰，才能实现高水平发展。三是协调是发展平衡和不平衡的统一，由平衡到不平衡再到新的平衡是事物发展的基本规律。平衡是相对的，不平衡是绝对的。强调协调发展不是搞平均主义，而是更注重发展机会公平，更注重资源配置均衡。四是协调是发展短板和潜力的统一，我国正处于由中等偏上收入国家向高收入国家迈进的阶段。国际经验表明，这个阶段是各种矛盾集中爆发的时期，发展不协调、存在诸多短板是难免的。协调发展，就要找出短板，在补齐短板上多用力，通过补齐短板、挖掘发展潜力，增强发展后劲。

我国高等教育特别是独立学院的发展，与我国发展的特点极为相似，也要在新时代着力破解发展难题，补齐发展短板，挖掘发展潜力，增强发展动能。

3. 绿色发展理念的内涵

绿色发展理念注重的是解决人与自然和谐问题。绿色、循环、低碳发展，是当今时代科技革命和产业变革的方向，是最有前途的发展领域，我国在这方面的潜力相当大，可以形成很多新的经济增长点。我国资源约束趋紧、环境污染严重、生态系统退化的问题十分严峻，人民群众对清新空气、干净饮水、安全食品、优美环境的要求越来越强烈。为此，我们必须着力推进人与自然和谐共生。准确把握绿色是永续发展的必要条件，充分认识生态环境没有替代品，在生态环境保护上必须有大局观、长远观、整体观。坚持节约资源和保护环境的基本国策，坚定走生产发展、生活富裕、生态良好的文明发展道路，加快建设资源节约型、环境友好型社会，推进美丽中国建设，为全球生态安全做出新贡献。

4. 开放发展理念的内涵

开放发展注重的是解决发展内外联动问题。不同时期，国际经济合作和竞争具有不同的特点。目前情况下，全球经济治理体系和规则正在面临重大调整，引进来、走出去在深度、广度、节奏上都是过去任何时期所不可比拟的。现在的问题不是要不要对外开放，而是如何提高对外开放的质量和发展的内外联动性。在用好国际国内两个市场、两种资源的能力方面，在应对国际经贸摩擦、争取国际经济话语权、运用国际经贸规则的本领等方面，我国还不够强，不能适应新形势的需要。为此，我们必须着力形成对外开放新体制。准确把握开放是国家繁荣发展的必由之路，充分认识主动顺应经济全球化潮流才能发展壮大自己，才能引领世界发展潮流。坚持对外开放的基本国策，奉行互利共赢的开放战略，深化人文交流，完善对外开放区域布局、对外贸易布局、投资布局，形成对外开放新体制，发展更高层次的开放型经济。坚持引进来和走出去并重，引资和引技、引智并举，提高对外开放质量和水平。"一带一路"建设是扩大开放的重大战略举措和经济外交的顶层设计，要找准突破口，以点带面、串点成线，步步为营、久久为功。要推动全球经济治理体系改革完善，维护多边贸易体制，加快实施自由贸易区战略。

5. 共享发展理念的内涵

共享发展注重的是解决社会公平正义问题。"治天下也，必先公，公则天下平矣。"让广大人民群众共享改革发展成果，是社会主义的本质要求，是社会主义制度优越性的集中体现，是我们党坚持全心全意为人民服务宗旨的重要体现。我国经济发展的"蛋糕"不断做大，但分配不公问题比较突出，收入差距、城乡区域公共服务水平差距较大。在共享改革发展成果上，无论是实际情况还是制度设计，都存在不完善的地方。为此，我们必须坚持发展为了人民、发展依靠人民、发展成果由人民共享，使全体人民朝着共同富裕方向稳步前进，绝不能出现"富者累巨万，而贫者食糟糠"的现象。必须按照习近平总书记的要求办事，把全民共享、全面共享、共建共享、渐进共享落到实处。所谓全民共享就是人人享有、各得其所，不是少数人共享、一部分人共享；所谓全面共享就是共享国家经济、政治、文化、社会、生态各方面建设成果，全面保障人民在各方面的合法权益；所谓共建共享，就是共建才能共享，共建的过程也是共享的过程。要充分发扬民主，广泛汇聚民智，最大激发民力，形成人人参与、人人尽力、人人都有成就感的生动局面；所谓渐进共享，就是从低级到高级、从不均衡到均衡，逐步实现存在一定差别的共享。

共享并非异想天开的"吃大户"，而是需要一定的经济条件和社会条件的。我们要立足国情、立足经济社会发展水平来思考设计共享政策，既不裹足不前、铢施两较、该花的钱也不花，也不好高骛远、寅吃卯粮、口惠而实不至。共享的四个方面是相互贯通的，要整体理解和把握。① 其实质是坚持以人民为中心。

（二）新的发展理念之间的辩证关系

"五大发展理念"是以战略思维思考局部与全局、当前与长远、国内与国外，经济、社会与生态的关系等一系列重大关系而形成的新的发展观，是对科学发展观的继承与发展，是相互贯通、相互促进具有内在联系的集合体。

创新发展，注重的是更高质量、更高效益。坚持创新发展，将使一国、一地区的发展更加均衡、更加环保、更加优化、更加包容。也就是说，创新发展对协调发展、绿色发展、开放发展、共享发展具有很强的推动作用。协调发展，注重的是更加均衡、更加全面。坚持协调发展，将显著推进绿色发展和共享发展进程。更加注重生态保护、社会保护，是协调发展的题中之义。绿色发展，注重的是更加环保、更加和谐。坚持绿色发展，将深刻影响一地区的发展模式和幸福指数。实现绿色发展，需要持续的技术创新和理念创新。同时，绿色发展将显著提高人们的生活质量，使共享发展成为有质量的发展。开放发展，注重的是更加优化、更加融入。坚持开放发展，将增强我国经济的开放性和竞争性。开放发展是一国繁荣的必由之路。纵观世界，凡是走封闭之路的国家，无一不是走向失败。开放发展，将使发展更加注重创新，更加重视生态文明，更加有利于实现共享发展。共享发展，注重的是更加公平、更加正义。坚持共享发展，是坚持其他四种发展的出发点和落脚点。一切发展，都是为了人的发展。坚持共享发展，将为其他四种发展提供伦理支持和治理动力。

"五大发展理念"即新发展理念，是管全局、管根本、管长远的，具有战略性、纲领性和引领性。我们一定要从整体上、从五大发展理念的内在联系中把握新发展理念，树立全面系统思维，掌握科学统筹方法，不断开拓发展新境界。

---

① 习近平在省部级主要领导干部学习贯彻党的十八届五中全会精神专题研讨班上的讲话［N］．人民日报．2016-05-10．

二、独立学院坚持新的发展理念的依据

1. 社会存在决定社会意识

理念源于实践，存在决定意识，是马克思主义的基本原理。中国特色社会主义进入新时代以后，习近平总书记娴熟地将这一马克思主义基本原理运用于中国社会，指导中国特色社会主义事业。他说，创新、协调、绿色、开放、共享"这五大发展理念不是凭空得来的，是我们在深刻总结国内外发展经验教训的基础上形成的，也是在深刻分析国内外发展大势的基础上形成的，集中反映了我们党对经济社会发展规律认识的深化，也是针对我国发展中的突出矛盾和问题提出来的。"

众所周知，与时俱进是马克思主义的理论品质。中国革命、建设、改革的实践表明，坚持实事求是、与时俱进，革命、建设、改革事业就能如愿以偿，胜利前进；故步自封，脱离实际，就会事倍功半，付出代价。众所周知，遵义会议后，毛泽东摒弃了"照搬""照抄"的教条主义路线、方针、政策，坚持马克思主义基本原理与中国革命实际相结合，坚持马克思主义中国化，坚持实事求是思想路线，中国革命事业才焕然一新，胜利前进。十一届三中全会后，邓小平摒弃了"以阶级斗争为纲"的脱离社会主义建设实际的错误路线，把党的工作重心转移到社会主义现代化建设上，恢复了党的实事求是路线，使我国社会主义建设事业进入改革开放的"快车道"。党的十九大以后，中国特色社会主义进入新时代，以习近平同志为核心的党中央，在深刻总结国内外发展经验教训、深刻分析国内外发展大势的基础上，提出了八个明确和包括"坚持新发展理念"在内的十四个坚持基本方略。历史的经验值得注意。在新时代，我们必须也只能按照党的十九大报告精神的要求，"坚持新发展理念"，而不能坚持别的过时的或者不适合中国实际的发展理念。

包括独立学院在内的高等教育，作为国民经济和社会发展的重要组成部分，也不例外，必须也只能联系自身发展的实际，"坚持新的发展

理念",坚持党的教育方针,切实完成立德树人的任务,更好地服务于地方经济社会发展。山西大学商务学院作为山西省政府2001年批准的独立学院,需要依据学院的性质、特点,按照新的发展理念的要求以及习近平总书记关于高等教育发展的系列讲话精神,重新审视、调整、完善自己的办学定位和建设方案,保证新的发展理念落实、落地、落细。

2. 理念是行动的先导

一定的发展实践都是由一定的发展理念来引领的。发展理念是否对头,从根本上决定着发展成效乃至成败。发展是一个不断变化的进程,发展环境、发展条件不会一成不变,发展理念自然也不会一成不变。习近平总书记在《中共中央关于制定国民经济和社会发展第十三个五年规划的建议》开始起草时就强调:"首先要把应该树立什么样的发展理念搞清楚,发展理念是战略性、纲领性、引领性的东西,是发展思路、发展方向、发展着力点的集中体现。发展理念搞对了,目标任务就好定了,政策举措跟着也就好定了。"

按照习近平总书记的这一讲话精神,《建议》提出了要坚持创新、协调、绿色、开放、共享的发展理念。并按照这一理念,对我国国民经济和社会发展规划提出了建议,规定了"十三五"期间的发展目标,提出了国民经济和社会发展的各项任务及各项举措。党的十九大报告,进一步将"五大发展理念"作为习近平新时代中国特色社会主义思想的基本方略,要求全党全国各族人民贯彻执行。十九大报告指出:"坚持新发展理念。发展是解决我国一切问题的基础和关键,发展必须是科学发展,必须坚定不移贯彻创新、协调、绿色、开放、共享的发展理念。必须坚持和完善我国社会主义基本经济制度和分配制度,毫不动摇巩固和发展公有制经济,毫不动摇鼓励、支持、引导非公有制经济发展,使市场在资源配置中起决定性作用,更好发挥政府作用,推动新型工业化、信息化、城镇化、农业现代化同步发展,主动参与和推动经济全球化进程,发展更高层次的开放型经济,不断壮大我国经济实力和综合国力。"①

习近平新时代中国特色社会主义思想的发展理念"是中国特色社会主义理论体系的重要组成部分,是全党全国人民为实现中华民族伟大复兴而奋斗的行动指南"②,是包括高等教育在内的各项事业发展必须遵循的指导思想。山西大学商务学院作为我国高等教育的组成部分,要自觉地、主动地确立"五大发展理念",以新的发展理念指导、统领学院的教学、科研工作,保证社会主义办学方向。

3. 独立学院发展的迫切要求

独立学院是改革开放的产物,也是具有中国特色的高等院校。它既不同于西方或国内的私立学校,也不同于现存的、大量的公立学校。就山西大学商务学院而言,它是在原有山西省供销学校基础上发展起来的,是2001年3月由教育部和山西省人民政府批准设立的独立学院,是实施本科学历教育的高等学校。学院设立以来,秉承百年老校山西大学的优良办学传统,教学管理严谨有序,校园文化充满活力。学院确立了"以市场需求为导向,培养具有现代商务理念、创新意识和创业能力的高级应用型人才"的办学定位,形成了坚持以育人为根本、以学生为主体、以教学为中心的办学理念;坚持使教育理念、内容、方法、手段和模式适应应用型人才培养的要求,努力营造应用型人才脱颖而出的良好环境;坚持以强化实践教学为着力点,把建立和完善实践教学体系作为提高教学质量的重要内容,把信息技术的应用作为提高教学质量的重要手段;坚持把"双师型"教师队伍作为保障办学定位和培养目标的主要依靠力量,全方位提高应用型人才的培育能力和教学水平,在全国独立学院发展中处于前列。就专业设置来说,设立了会计学院、管理学院、信息学院、经济学院、电子商务系、文化传播系、法律系、外

---

① 习近平. 决胜全面建成小康社会夺取新时代中国特色社会主义伟大胜利——在中国共产党第十九次全国代表大会上的报告 [M]. 北京:人民出版社,2017:21-22.

② 习近平. 决胜全面建成小康社会夺取新时代中国特色社会主义伟大胜利——在中国共产党第十九次全国代表大会上的报告 [M]. 北京:人民出版社,2017:20.

语系、艺术设计系、体育系、音乐系、思想政治理论教学研究部、基础教学部等4个二级学院、9个系（部）和对外交流学院，开设有43个本科专业，已经形成了以管理学、经济学和文学、法学为主体，多学科融合的学科专业体系。就校园环境来说，校舍建筑面积33.74万平方米，其中教学行政用房13.57万平方米，学生宿舍12.7万平方米。多媒体教室142个，语音教室13个，座位总数1.21万个，现代化实验室81个，其中网络信息安全实验室、ERP实验（实训）室、同声传译实训室、移动通信实验室、微波与天线实验室、无线传感网实验室均居全省领先水平；教学用计算机3140台；图书馆面积1.73万平方米，座位数3186个，馆藏纸质图书116万册、期刊1216种、报纸118份、数据库和电子图书36T；校园网采用万兆核心、千兆主干、百兆桌面的方式提供现代网络服务，信息点达到4100多个；体育场馆面积7.13万平方米。就学院在全国同类院校的位置来说，山西大学商务学院在中国管理科学研究院中国大学评价课题组发布的"武书连2017中国独立学院综合实力排名"中为全国第四，另外在武书连2017中国265所独立学院教师效率排行榜上排名第八。诚然，按照党的十九大精神和习近平总书记对高校的一系列讲话的要求，学院还存在不小的差距和亟待解决的问题。将其概括起来，主要体现在以下三个方面：

第一，独立学院的管理体制与党对学院的领导的要求还存在不小的距离。"独立学院是一个公办高等教育资源与社会资金相结合的混合体，自其诞生之日起，就已被深深地打上了市场经济的烙印，高等教育的内在规律与市场经济规律之间的碰撞在所难免。"① 这种碰撞体现在管理体制上，就是董事会是独立学院的最高决策机构、权力机构。其主要的职责是为独立学院筹集资金，决定院长的任命。相应地，学院院长向董事会负责、向全体师生负责。为了体现中国特色，这种管理体制通过"双向进入"的方式，将党对独立学院的领导表现出来。但是，这

---

① 李国祥. 独立学院管理体制与运行机制研究 [J]. 广西民族大学学报（哲学社会科学版），2012（3）：186 - 188.

种管理体制与党的十九大精神是不尽一致的。十九大报告指出:"党政军民学,东西南北中,党是领导一切的。"① 笔者以为,报告中所说的"党政军民学"的"学",指的就是包括高等教育在内的各级各类学院。独立学院作为高等教育重要组成部分,当然要接受党的领导。接受党的领导,接受"党是领导一切的",不是贴标签,也不是说说而已的大话、空话、套话,而是具有实实在在的内容。

第一,要在管理体制上体现出来。在管理体制上体现不出来,党对独立学院的领导,就是一句空话。

第二,独立学院的培养目标与完成立德树人的任务还存在一定的差距。从宏观上讲,独立学院与普通高校都是培养社会主义建设者和接班人。但是,独立学院与普通高校在培养社会主义建设者和接班人的层次、重点上是不尽相同的,面临的问题也是存在差异的。就山西大学商务学院来讲,它的培养重点在于"培养具有现代商务理念、创新意识和创业能力的高级应用型人才"。值得注意的是,不管是培养社会主义建设者和接班人,还是培养具有现代商务理念、创新意识和创业能力的高级应用型人才,它与习近平总书记对包括独立学院在内的高校提出的立德树人的总任务,都是一以贯之的。立德,就是坚持德育为先,通过正面教育来引导人、感化人、激励人;树人,就是坚持以人为本,通过合适的教育来塑造人、改变人、发展人。在党的十九大报告中,习近平总书记明确指出:"要全面贯彻党的教育方针,落实立德树人根本任务,发展素质教育,推进教育公平,培养德智体美全面发展的社会主义建设者和接班人。"② 2018 年 5 月 2 日,习近平总书记在与北京大学师生座谈时指出:"要把立德树人的成效作为检验学校一切工作的根本标准,真正做到以文化人、以德育人,不断提高学生思想水平、政治觉

---

① 习近平. 决胜全面建成小康社会夺取新时代中国特色社会主义伟大胜利——在中国共产党第十九次全国代表大会上的报告 [M]. 北京:人民出版社,2017:20.

② 习近平. 决胜全面建成小康社会夺取新时代中国特色社会主义伟大胜利——在中国共产党第十九次全国代表大会上的报告 [M]. 北京:人民出版社,2017:45.

悟、道德品质、文化素养，做到明大德、守公德、严私德。要把立德树人内化到大学建设和管理各领域、各方面、各环节，做到以树人为核心，以立德为根本。"① 习近平总书记反复强调立德树人这个总任务，充分说明包括独立学院在内的高校尚未完成这个重大任务。

第三，独立学院的专业设置与社会主要矛盾的变化还不完全适应。独立学院的专业设置的基本特点是短平快，适应市场需要。现在的问题是，我国社会主要矛盾的变化，满足人民对美好生活的需要提出，供给侧结构改革的实施，必将导致产业结构的调整。一些长线的、传统的产业可能要压缩甚至取缔，一些适应人民美好生活需要的短线产业，就要迅速发展。而产业结构的重大调整、变化，带来的是市场对人才需求的变化。市场对人才需求的变化带来的是，培养人才的专业设置的变化。市场不需要的专业设置，就必须改变，市场急需的人才，作为人才培养重地的独立学院就要立刻转变，迅速跟上。要做到这一点，不仅需要我们在思想上认识到它的紧迫性、严峻性，而且要有足够的物质准备，即师资力量的储备。客观地说，包括山西大学商务学院在内的独立学院的准备是不足的，还不能适应新的形势的需要。

三、用新的发展理念引领学院新发展

在《把新发展理念落到实处》一文中，习近平同志指出："新发展理念要落地生根、变成普遍实践，关键在各级领导干部的认识和行动。"对于独立学院而言，在于以新理念为统领，在"坚持党的领导"的管理体制下，遵循教育基本规律，顺势而为，积极作为。

1. 坚持创新发展，探索新的管理体制机制

首先，创新管理体制，探索实行党对董事会的领导，即党委书记兼任董事长或者董事长兼任党委书记，学院党委领导下的院长负责制，向

---

① 习近平：在北京大学师生座谈会上的讲话［EB/OL］．（2018-05-03）［2018-08-20］．http：//news.youth.cn/sz/201805/t20180503_11611267.htm.

董事会负责，保证社会主义办学方向。其次，创新管理机制，在学院内部管理体制上，改革人事任免、职称评聘、资金管理机制，注重服务，调动学校、教师、学生积极性，激发发展活力，为培养应用型人才扫除障碍。再次，创新人才培养机制。以"双创""校企合作"为发展主题，创新人才培养机制，改革教学模式，因材施教，分类管理。最后，以"三全育人"为主题，推动"课程思政"，落实立德树人任务。

2. 坚持协调发展，优化办学要素

第一，在院务管理方面，要把党组织的领导作用、政治核心作用和董（理）事会的领导决策作用、校行政的管理执行作用有机统一起来，完善治理结构，初步实现治理能力和治理体系现代化，化解办学风险，提升办学能力，实现稳健可持续发展。第二，在人才培养方面，把立德树人，培养社会主义合格建设者和可靠接班人作为目标，促进学生文化知识学习与思想品德修养相统一、理论学习与社会实践相统一、全面发展与个性发展相统一，培养更多符合地方经济社会需要的应用型人才。第三，在专业建设方面，大力支持社会需要的稀缺专业的发展，坚决撤销或者压缩一批生源萎缩、力量薄弱的高危专业，努力开设一批新时代急需的新兴专业，集中学院资源建设一批与学校办学定位、与学院固有优势一致的特色专业。第四，在师资队伍建设方面，通过走出去、请进来的办法，着力引进专业技能型教师，着力培养专业技能型教师，合理配置专职、兼职教师队伍比例，把培养"双师型"教师队伍落到实处。

3. 坚持绿色发展，打造生态文明校园

第一，合理规划校园布局，以朴实、安全、适用为基本原则，把绿色、低碳、节能、环保等纳入学校建设标准，不断改善师生活动场地、公共服务设施、教学基础设施，陶冶学生道德情操，促使学生养成健康文明的行为习惯。第二，坚持绿色发展，全面实施生态素质教育，将生态文明教育内容贯穿教育教学全过程，加强资源环境国情和生态价值观教育，培养师生绿色观念和环保意识，全面开展劳动教育和环保实践活动。第三，提升校园文化品位，营造浓郁人文环境，启迪学生心智，陶冶学生情操，促进学生健康成长。

4. 坚持开放发展，加强国内外合作

首先，确立开放办学意识。它山之石可以攻玉。不同学校都有自己的办学优势、特色，也有自己的短板和不足。通过相互交流，才能学习别人的优点，弥补自己的不足。其次，加强校际联系、校企联系、合作，着力推进校校交流、产教融合，构建校政、校企、校校等合作育人平台，形成多方协同、开放办学的教育生态，加快建设应用型大学。再次，加强与国际高校的联系，通过互派留学生和教师、干部的双向交流，借鉴国内外先进教育理念和有益教育经验，大力引进先进地区优质教育资源，探索新的办学模式，以我为主、兼容并蓄、双向交流、合作共赢，不断提升我国独立学院的国际化水平和影响力。

5. 坚持共享发展，构建师生共建共享共同体

共享是中国特色社会主义的本质要求。共享发展包括全民共享、全面共享、共建共享、渐进共享四个方面。教育的共享发展与人民群众对改革与发展的"获得感"密切相连。从校外的角度看，要主动对接国家发展战略，充分利用国家有关政策，共享国家改革开放的发展成果，用新的发展理念引领学院发展。从校内视角看，要通过教学和管理体制改革，把发展要依靠师生，发展为了师生，发展成果由师生共享落到实处，激发师生共建的积极性、主动性和创造性，构建休戚与共的命运共同体。同时，还要完善学校内部治理结构，在坚持多劳多得、少劳少得、不劳不得的原则下，改革绩效考核机制，改善福利条件，让教职工在共建的过程中，共享学校发展成果。最后，要注重塑造办学特色和品牌，把办学的出发点和立足点建立在服务学生、服务区域经济社会发展和提高人才培养质量上，确立质量意识，加大教育经费投入，提高教学设施水平，推进教育教学改革，让学生和家长的教育期望得到回报。

发展是动态的过程，指导发展的理念也在不断创新。在社会主要矛盾变化，立德树人成为高校的根本任务，供给侧结构性改革深入推进的新形势下，独立学院只有贯彻落实"创新、协调、绿色、开放、共享"的发展理念，坚持德育为先，育人为本，着力创新管理体制机制，优化办学要素结构，打造生态文明校园，扩大开放，加强国内国际合作，构建师生共建共享共同体，服务于区域经济社会发展，才能在激烈的办学竞争中赢得主动，实现新的发展。

►深化供给侧结构性改革与专业结构调整

程 选 刘惠瑾

2015年11月10日,习近平总书记在中央财经领导小组第十一次会议上首次提出了"供给侧改革",指出"在适度扩大总需求的同时,着力加强供给侧结构性改革,着力提高供给体系质量和效率,增强经济持续增长动力。"11月17日,李克强总理在"十三五"《规划纲要》编制工作会议上强调,在供给侧和需求侧两端发力促进产业迈向中高端。2015年11月18日,习近平总书记在亚太经合组织(APEC)会议上再提"供给侧改革",指出要解决世界经济深层次问题,必须下决心在推进经济结构性改革方面做更大努力,使供给体系更适应需求结构的变化。2015年12月,中央经济工作会议更加强调了供给侧结构性改革的重要意义,指出:推进供给侧结构性改革,是适应和引领经济发展新常态的重大创新,是适应国际金融危机发生后综合国力竞争新形势的主动选择,是适应我国经济发展新常态的必然要求。中央对"供给侧改革"的重视释放出决策层"从生产供给端入手,打造经济发展新动力"的重要信号。

一、供给侧结构性改革的依据及含义

(一)供给侧结构性改革的依据

1. 马克思主义政治经济学原理

马克思主义政治经济学将生产力与生产关系的矛盾运动规律作为分析经济问题的基本理论分析框架,是建立在逻辑与历史相统一的科学基础之上的。我国适时提出的供给侧结构性改革也是从生产力和生产关系两个维度探讨其推进路径。生产力维度的物质产品供给结构改革构成供给侧结构性改革的主体性内容，而生产关系维度的制度供给结构改革则构成供给侧结构性改革的支持性内容。二者有机结合，不但通过调整结构推动生产力发展，而且通过生产关系的变革，让人们直接受益于生产力的发展。

2. 中国当前的供需关系问题

中国供需关系正面临着不可忽视的结构性失衡。"供需错位"已成为阻挡中国经济持续增长的最大路障：一方面，过剩产能已成为制约中国经济转型的一大包袱；另一方面，中国的供给体系与需求侧严重不配套，总体上是中低端产品过剩，高端产品供给不足；此外，中国的供给侧低效率，无法供给出合意的需求。因此，强调供给侧改革，就是要从生产、供给端入手，调整供给结构，为真正启动内需，打造经济发展新动力寻求路径。

3. 中国当前的结构性问题

中国当前的结构性问题主要包括产业结构、区域结构、要素投入结构、排放结构、经济增长动力结构和收入分配结构等六个方面的问题。产业结构问题突出表现在低附加值产业、高消耗、高污染、高排放产业的比重偏高，而高附加值产业、绿色低碳产业、具有国际竞争力产业的比重偏低。区域结构问题突出表现在人口的区域分布不合理。区域结构的另一个问题是区域发展不平衡、不协调、不公平。投入结构问题体现在经济发展过度依赖劳动力、土地、资源等一般性生产要素投入，人才、技术、知识、信息等高级要素投入比重偏低。排放结构问题体现在废水、废气、废渣、二氧化碳等排放比重偏高，导致了资源环境的压力比较大。动力结构体现在经济增长过多依赖"三驾马车"来拉动，特别是过度依赖投资来拉动。分配结构问题体现在城乡收入差距、行业收入差距、居民贫富差距都比较大，财富过多地集中在少数地区、少数行业和少数人中。因而，当前急需从供给侧进行结构调整。

（二）供给侧结构性改革的含义

供给侧结构性改革旨在调整经济结构，使要素实现最优配置，提升经济增长的质量和数量。供给侧包括劳动力、土地、资本、制度创造、创新等要素。供给侧结构性改革，就是从提高供给质量出发，用改革的办法推进结构调整，矫正要素配置扭曲，扩大有效供给，提高供给结构对需求变化的适应性和灵活性，提高全要素生产率，更好满足广大人民群众的需要，促进经济社会持续健康发展。

我国的供给侧结构性改革的核心是"经济结构的调整和经济发展方式的转变，通过提高供给结构的适应性和灵活性，提高全要素生产率。我国的供给侧结构性改革既有短期任务，也必须具有长期战略；既要做好打持久战的准备，又要组织好重点领域的歼灭战。从短期来看，要抓好以'去产能、去库存、去杠杆、降成本、补短板'为核心的五大战术任务；从长期来看，供给侧结构性改革要以转变经济增长方式为目标，特别是要转变发展理念，落实'创新、协调、绿色、开放、共享'的五大发展理念。"①

二、供给侧结构性改革对高等教育提出的要求

国家实行供给侧结构性改革，目的就是通过调整土地、资金、劳动力、政策等资源的供给方式与结构，进而影响我国的产业结构，实现产业结构的升级换代。而高等教育是提供高质量人力资源的重要途径。高等教育的结构改革就是积极主动地从人力资源的供给侧进行改革。

（一）当前中国高等教育的人才供给现状

传统需求侧改革注重于外在的投入和消费拉动，以至于高校不断扩大规模，办学上追求高、大、全，博士硕士点越多越好，学校越大越好，学科门类越全越好，整体上来看，都是停留在外延发展上，不注重

---

① 胡鞍钢，周绍杰，任皓．供给侧结构性改革——适应和引领中国经济新常态［J］．清华大学学报（哲学社会科学版），2016（2）．

内涵建设。从学校产出来看，越来越多的著作、论文得以发表，各种课题申请获得通过。在以科研为主的评价体系中，学校因此获益，在大学排名和社会声誉上不断提升。但是，作为主业的教学，经常受到忽视，人才培养质量受到了严重的影响。扩招后前几年，大学生规模并不是太大，学生就业相对较好，但近些年，人才培养"千校一面"的问题，就在就业市场上充分体现出来，许多地方本科院校的学生，就业整体上还不如高职高专的学生。出现这种情况的原因，就在于高校并没有真正把心思放在人才培养质量上来，除了学校没有很好地研究培养方案、培养模式和教学方式方法外，和市场脱节也是非常重要的原因。① 目前高等教育结构失衡主要表现在：

1. 人才过剩与人才短缺现象共存

我国高校毕业生就业市场呈现一种奇特的现象：一方面，大学生就业难，尤其是普通本科高校毕业生，人才市场出现大量的过剩人才；另一方面，一些地区和企业无法招聘到一线工人，大量缺乏技术工人。说明当前的教育层次结构与当前的产业结构存在巨大的错位——过于重视学历教育，忽视了技术教育——急需从教育类型或层次结构上进行改革。

2. 人才培养的专业结构与市场需求不符

当前高等教育专业结构调整的步伐远远落后于产业的发展步伐。我国高校专业布局结构基本上在十几年前形成，多年来虽每年都有新增专业，但总体结构基本稳定。而近年来，科学技术日新月异，社会上的新兴产业不断涌现，如人工智能、新材料、新能源等技术发展迅猛。因而旧的专业结构与新的产业结构发生了错位，不仅导致传统专业毕业生无法就业，更关键的是高等教育无法为新兴产业发展提供足够的人才，甚至成为新兴产业发展的瓶颈。因而当前急需对高等教育专业结构进行调整。

---

① 姜朝晖．以供给侧改革引领高等教育发展［J］．重庆高教研究，2016（1）．

（二）供给侧结构性改革对高等教育的新要求

供给侧结构性改革要求高等教育主动作为，积极调整结构、转变人才培养模式，为社会经济发展提供相适应的人才资源。当前高等教育急需做到以下几点：

（1）调整高等教育类型结构。要继续重视和支持职业教育的发展，积极引导部分普通本科高校向应用型转变，增大应用型高校的比例。

（2）扶持中西部高等教育的发展，缩小中西部高校与东部高校办学水平的差距。使中西部高校在地方经济社会发展中发挥更大作用。

（3）积极调整高校学科、专业布局结构，使之更加适应当前产业的发展要求。

（4）推动校企合作，改变传统的育人模式，学生在校接受专业技术训练，缩短高校与企业之间的距离。

（5）加快课程改革，学生通过新的方式接受最新的知识。

（三）当前我国高等教育的初步改革

面对高等教育发展滞后于产业发展之窘境，我们已进行了诸多尝试，并还会将各项改革持续下去。

1. 引导部分本科高校向应用型转变

为了推动高校把办学思路真正转到服务地方经济社会发展上来，转到产教融合、校企合作上来，转到培养应用型技术技能型人才上来，转到增强学生就业创业能力上来，全面提高学校服务区域经济社会发展和创新驱动发展的能力，三部委联合发布《教育部、国家发展改革委、财政部关于引导部分地方普通本科高校向应用型转变的指导意见》（教发〔2015〕7号）。当前各省已选拔试点高校，积极推动此项工作。

2. 支持中西部高等教育发展

为了促进中西部教育的发展，国务院出台了《国务院办公厅关于加快中西部教育发展的指导意见》（国办发〔2016〕37号），并成立了由陈宝生部长担任组长的"加快中西部教育发展工作领导小组"。对于高等教育，教育部通过部省合建模式支持中西部14所高校发展，进一步解决我国高等教育发展不平衡不充分问题，进一步提高中西部高等教育水平，从供给侧优化高等教育内部结构。

3. 调整学科专业布局，改变人才培养结构

教育部2017年修订印发《普通高等学校本科专业目录》，确立了既统一稳定又相对开放的专业目录体系，建立健全专业动态调整机制，不断提高人才培养和社会需求的契合度。引导高校主动对接经济社会发展和区域产业布局，灵活和有前瞻性地规划、调整专业结构，打造了一批地方（行业）急需、优势突出、特色鲜明的应用型专业。2017年，批准设置目录外新专业43个，其中93%以上为应用型本科专业。此外，各省市均在组织所属高校积极调整专业布局结构。

4. 推动校企合作，改变育人模式

教育部为校企合作搭建平台，以项目形式促进校企合作。2017年，221家企业发布项目15926项，提供经费和软硬件支持达36.9亿元，参与高校906所。截至2018年11月底，2018年第一批产学合作协同育人项目指南征集已经完成，346家企业发布项目14831项，提供经费和软硬件支持约35亿元。此外，各高校还通过建立实习基地、引进企业生产线、共建实验室、共同培养师资队伍、共同制订人才培养方案等方式进行合作，彻底颠覆传统育人模式。

5. 推动高校课程改革，优化课程结构

各高校积极进行课程改革，更新教材，吸取最新的知识，不断探索有效的教学方法和手段。近年来，中国的慕课建设与应用呈现爆发式增长，多所高水平大学陆续在国际著名课程平台开课，有关高校和机构自主建成十余个国内慕课平台，460余所高校建设的3200余门慕课上线课程平台，5500万人次高校学生和社会学习者选学课程，我国慕课数量已位居世界第一。

三、山西经济转型与山西高校的专业布局

（一）山西经济结构转型目标

长期以来，山西经济结构单一，经济发展缓慢。针对山西这一资源

型省份的转型发展，国家给予高度重视。国务院首次专门针对一个省份出台了《关于支持山西省进一步深化改革促进资源型经济转型发展的意见》（国发〔2017〕42号文件）。2017年9月18日，山西省专门召开了"进一步深化改革促进资源型经济转型发展大会"。骆惠宁指出："党中央国务院十分关心山西工作，高度重视我省资源型经济转型发展。习近平总书记视察我省时，肯定了我们大力实施供给侧结构性改革、大力促进经济转型发展的做法，肯定了我们不当'煤老大'、争当能源革命排头兵的战略抉择，要求山西加快先行先试，努力探出新路子，由此再塑了转型综改这一金字招牌，为我们深入推进转型发展指明了方向。"骆惠宁强调，要认真贯彻落实国务院文件部署要求，用改革创新和先行先试打开转型综改新天地。要深刻领会国务院文件提出的指导思想、基本原则、主要目标和重点任务，把握改革创新、先行先试这一主线，全面推动各项任务、政策、改革事项落地生根。

2017年11月9日，山西省委、省政府印发《贯彻落实国务院支持山西省进一步深化改革促进资源型经济转型发展意见行动计划》（以下简称《行动计划》）。通过实施六大领域的74项主要任务，力争到2020年重点领域供给侧结构性改革取得阶段性成果。涉及的行业产业和项目有：新能源及能源新型装备产业；煤电产业升级改造，煤炭资源综合利用；太阳能薄膜等移动能源产业；能源互联网、新能源汽车、高储能、动力电池等清洁能源装备等产业；可再生能源，风电、太阳能发电、水电、生物质能发电及地热能资源开发的专项行动计划；煤层气资源开发利用；先进装备制造、新一代信息技术、新材料、现代医药；智能制造产业及铝镁合金、碳纤维等新材料产业；新一代信息技术、轨道交通、新能源汽车、新材料、航空航天、生物医药、文化旅游等新兴产业和先进产品；航空测绘、通用航空、航空仪表等航空航天产业。传统产业绿色改造，绿色制造体系、绿色产品、绿色工厂、绿色园区和绿色产业链；"煤—电—铝—材"一体化改革试点，铝工业转型升级；农业供给侧结构性改革，特色、精品农业，山西"农谷"综合性、专业性科创中心，杂粮生产大县、特色农产品优势区；有机旱作农业；优质杂粮产地交易市场和中药材交易中心;具有多式联运功能的大型综合物流基地;智能物联网应用基地试点建设;生态文明建设;循环经济的发展。

(二) 山西高校专业结构与经济转型目标的密切度

根据山西省委、省政府经济结构转型《行动计划》中六大领域的74项主要任务,我们归纳其中主要涉及的产业有:

新能源产业(包括太阳能发电、风能发电、煤层气、水电、生物质能发电等)、动力电池产业、新能源汽车产业、先进装备制造业、新一代信息技术、新材料(包括铝镁合金、碳纤维等)、现代生物医药产业、智能制造业、轨道交通业、航空航天产业、文化旅游业、特色农业(包括杂粮、药材等)、生态产业、物流产业、物联网产业、循环经济产业等。

根据对山西省传统八所本科院校①(即山西大学、太原理工大学、中北大学、山西医科大学、山西师范大学、山西农业大学、山西财经大学、太原科技大学)专业设置进行统计分析,可以大体知晓山西省高等教育人才的专业供给结构。八所本科院校2016年招生计划(不含分校和独立学院),共涉及232个本科专业,计划招生数为41269人。下面可通过表格显示设置重复率高的专业和招生人数多的专业并与《行动计划》中涉及的产业进行比对(见表1、表2):

表1 有4所以上院校设置的专业及其与《行动计划》涉及产业密切度

专业名称	设置该专业的院校数/个	与《行动计划》密切度
法学	7	远
计算机科学与技术	7	中
视觉传达设计	7	远
信息与计算科学	7	中
国际经济与贸易	6	远

① 即通常所称的"老八所"。此八所本科院校在山西省设置最早,专业设置最全,最具代表性。

续表

专业名称	设置该专业的院校数/个	与《行动计划》密切度
环境设计	6	远
信息管理与信息系统	6	近
英语	6	远
电气工程及其自动化	5	近
电子信息工程	5	中
行政管理	5	远
经济学	5	远
软件工程	5	中
市场营销	5	远
车辆工程	4	近
光电信息科学与工程	4	中
环境工程	4	近
会计学	4	远
机械电子工程	4	近
机械设计制造及其自动化	4	近
旅游管理	4	近
社会体育指导与管理	4	远
生物工程	4	中
数学与应用数学	4	远
土木工程	4	中
物联网工程	4	近
自动化	4	近

由表1和图1可知，八所本科院校中有四所及以上院校均设置的专业有27个。其与《行动计划》中涉及的产业比对，发现较为密切的有9个，较为疏远的有11个，中等密切度的有7个。由此可知，当前山西省高等教育专业设置不能完全满足山西经济转型发展的需求。

图 1 4 所以上院校设置的专业与《行动计划》涉及产业的密切度统计图

表 2 招生人数在 300 人以上的专业与《行动计划》涉及产业密切度

专业名称	人数/人	与《行动计划》涉及产业密切度
软件工程	3210	中
机械设计制造及其自动化	1140	近
临床医学	980	远
电气工程及其自动化	900	近
法学	730	远
材料成型及控制工程	670	中
土木工程	590	中
计算机科学与技术	580	中
体育教育	570	远
国际经济与贸易	535	远
机械电子工程	515	近
电子信息工程	510	中
自动化	510	近
化学工程与工艺	508	中
信息与计算科学	505	中
英语	472	远
经济学	470	远
光电信息科学与工程	440	中
信息管理与信息系统	435	近
会计学	425	远
市场营销	415	远
能源与动力工程	390	近
过程装备与控制工程	360	中

续表

专业名称	人数/人	与《行动计划》涉及产业密切度
测控技术与仪器	340	近
通信工程	340	远
数学与应用数学	334	远
公共事业管理	320	远
生物工程	320	近
护理学	315	远
视觉传达设计	311	远
车辆工程	305	近
安全工程	300	中
财务管理	300	远
行政管理	300	远
生物科学类	300	远

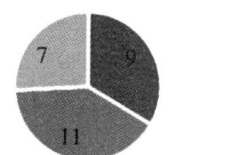

图2 招生人数在300人以上的专业与《行动计划》涉及产业密切度统计图

按照八所院校招生人数在300人以上的专业进行统计，也可大致了解当前山西省高等教育人才专业供给结构。由表2和图2可知，当前八所本科院校，招生人数在300人以上的专业共有35个，其中与《行动计划》涉及产业关系较为密切的有9个，中等密切度的有10个，关系较为疏远的有16个。足见当前山西省高校专业设置还不能满足产业发展要求，与山西省经济转型发展的目标产业存在错位。因而需要对当前山西省高等教育专业结构进行调整，裁撤掉一些与落后产业相关的、不适应新产业发展的专业，设置一些与山西产业战略发展密切相关的专业。将有限的教育资源进行重新配置，使高等教育更好地服务山西的转型发展。

（三）山西省优化高校专业结构的措施

按照《教育部、国家发展改革委、财政部关于引导部分地方普通本科高校向应用型转变的指导意见》（教发〔2015〕7号）有关精神，为推动我省普通本科高校转型发展，山西省教育厅出台《山西省教育厅关于确定本科高校向应用型转变试点的通知》（晋教高〔2016〕8号）确定太原工业学院、山西大学商务学院等8所高校为我省本科高校向应用型转变试点高校。要求试点高校积极调整专业结构，使应用型专业达到全校专业的70%以上。同时要求加强双师双能型教师队伍建设，要求通过校企合作转变人才培养模式等，旨在通过高校向应用型转变，更好地服务于山西地方经济社会的发展。

为贯彻党的十九大提出的高等教育内涵式发展要求，落实国务院《关于支持山西省进一步深化改革促进资源型经济转型发展的意见》，全面提升高等教育支撑创新驱动发展战略和服务经济社会发展能力，全省高等教育本科专业优化调整工作启动会于2017年12月29日在太原召开。会上，山西省教育厅厅长吴俊清表示，力争到"十三五"末，山西省高校现有本科专业数量削减15%—20%，总数削减200个以上。在此基础上，增设100个以上急需新兴专业。会上，吴俊清对《山西省人民政府办公厅关于高等教育本科专业优化调整的指导意见》（以下简称《指导意见》）进行解读，对本科专业优化调整工作进行了安排部署。《指导意见》要求坚决裁剪"肿、繁、虚、杂、旧、僵"的专业，做强做精与办学定位相匹配的、与区域经济社会发展同向的、与省内其他高校错位发展的专业。山西此次本科专业优化调整将分三步走，2017年12月—2018年4月为启动试点阶段；2018年5月—2018年12月为深入推进阶段；2019年1月—2020年12月为完善发展阶段。

2018年5月9日，山西省教育厅下发《关于全面实施〈普通高等学校本科专业类教学质量国家标准〉进一步推动我省高校本科专业优化调整工作的通知》，要求全省本科高校全面实施《普通高等学校本科专业类教学质量国家标准》，深化《山西省人民政府办公厅关于高等教育本科专业优化调整的指导意见》，扎实开展本科专业优化调整工作，推动全省本科专业"瘦身强体"、升级换代。

四、山西大学商务学院的专业结构调整

（一）山西大学商务学院专业结构现状

山西大学商务学院专业设置以商科为主，管理学、经济学类专业居多。具体来看，学院共设置39个本科专业，其中法学类2个，工学类5个，管理学类11个，教育学类1个，经济学类6个，文学类7个，艺术学类7个。（见表3）

表3　山西大学商务学院专业设置情况

专业名称	学科门类	与《行动计划》涉及产业密切度	山西省布点数高的专业
经济学	经济学	远	是
金融学	经济学	中	
国际经济与贸易	经济学	远	是
法学	法学	中	是
体育教育	教育学	远	是
汉语言文学	文学	远	是
汉语国际教育	文学	远	
英语	文学	远	是
日语	文学	远	
新闻学	文学	远	
广告学	文学	远	
电子信息科学与技术	工学	中	是
计算机科学与技术	工学	中	是
软件工程	工学	中	是
网络工程	工学	中	是
工商管理	管理学	远	是
市场营销	管理学	远	是

续表

专业名称	学科门类	与《行动计划》涉及产业密切度	山西省布点数高的专业
会计学	管理学	远	是
财务管理	管理学	远	是
人力资源管理	管理学	远	
文化产业管理	管理学	中	
行政管理	管理学	远	是
物流管理	管理学	近	是
电子商务	管理学	中	是
旅游管理	管理学	近	是
音乐表演	艺术学	远	是
舞蹈编导	艺术学	远	
美术学	艺术学	远	是
视觉传达设计	艺术学	远	是
环境设计	艺术学	远	是
商务英语	文学	远	
资产评估	管理学	远	
贸易经济	经济学	远	是
物联网工程	工学	近	是
商务经济学	经济学	远	
数字媒体艺术	艺术学	远	
社会工作	法学	远	
税收学	经济学	远	
艺术与科技	艺术学	远	

用山西大学商务学院的现有专业与《行动计划》涉及产业进行对照，发现与《行动计划》涉及产业较为密切的仅有物流管理、物联网工程等个别专业（见表3）。大多数专业仍属于传统专业，服务于传统产业。39个专业中，属于全省布点数高，被教育厅标注为限制增设的

专业达到了24个，占全院所有专业的61.5%。这样的专业结构现状，对于学校来讲，多数专业与其他院校设置重复，必然削弱学校的竞争力；对于学生来讲，就业压力必然会更大。更为关键的是，学院专业设置与山西省着力支持的产业存在严重错位，如果不积极调整专业结构，就会错过借山西经济转型实现学院腾飞的机遇。因而，当前急需对专业结构进行调整，以实现学院的长远发展并更好地服务山西经济社会转型发展。

（二）山西大学商务学院专业结构调整的思路

本次专业结构调整是我院为了适应山西经济转型需要以及高等教育供给侧结构改革的主动行为。高等教育必须主动适应新形势、新要求，以高度的前瞻性和敏锐性主动作为，高校必须建立与地方经济社会发展相互促进的良性互动机制，不断提高服务经济社会发展的能力。同时，作为办学多年的商科类院校，还必须立足当前并尊重传统。

1. 立足当前

申报新专业，不可好高骛远。必须在现有办学基础上进行申报。要充分了解现有的师资力量、办学基础和新专业办学的经费需求。

2. 着眼未来

山西大学商务学院要着眼于山西经济社会发展趋势，紧紧围绕山西战略产业积极调整专业结构。同时还要着眼于学院的长远发展。具有发展前景的应用型专业应该重点支持，不适应经济社会发展的专业要坚决裁撤，将有限的教育资源集中到优势专业上。到2020年，实现学院应用型专业占比70%以上，并形成与之配套的双师双能型教师队伍和应用型人才培养体系。

3. 兼顾传统

学院全称为"山西大学商务学院"，建院17年来，一直坚持"商科"为主的办学定位，传统优势专业均为商科类专业。因而，专业结构调整必须注重巩固传统优势专业，对不能裁撤的传统优势专业可以根据经济社会发展需要，调整课程结构。

(三) 学院专业布局结构调整的配套措施

专业布局结构调整不是目的，我们的目的是把专业做优做强。专业布局结构调整是加强专业建设的手段之一，与之相配套，我们还做了诸多工作：

1. 制订专业调整指导意见

学院出台了《山西大学商务学院本科专业布局调整指导意见》（教字〔2018〕81 号）。已于 2018 年初撤销了产品设计、服装与服饰设计、数学与应用数学、信息与计算科学、信息管理与信息系统等 5 个近年未招生或招生就业情况不好的专业，生物技术专业停止招生，工商管理和电子信息科学与技术两个专业减少招生。2018 年拟申报与山西经济转型涉及产业密切相关的物流工程专业。同时，根据教育厅要求，对全院专业方向进行了整合，使原有的 16 个方向减少为 5 个。此外，学院要求专业设置超过 5 个的二级学院，至少撤销 1 个专业，专业设置超过 4 个的系部，至少撤销 1 个专业，使全院专业结构逐步趋于合理。

2. 政策与经费上的支持

学院每年在专业建设、课程建设、教改项目等方面的投入达到百万元以上。自从被确定为山西省应用型转型试点高校以来，学院重点支持应用型专业建设，重点支持实践教学的改革。从政策制定、经费投入上引导各院系、各专业将主要精力放到应用型专业建设和实践教学改革上面。

3. 与专业结构调整相配套，制订新版人才培养方案，并调整课程结构

为了适应学院应用型转型的需要及专业结构调整的需要，学院将在 2015 版人才培养方案的基础上，制订 2019 版人才培养方案。新版人才培养方案将注重从供给侧改革课程结构。课程设置将更加适应新时代的要求。新版人才培养方案在沿用 2015 版人才培养方案独立的实践教学体系的基础上将增添双创教育的内容，使学院培养的人才更能适应山西经济社会转型的需要。

4. 加强产教融合、校企合作

专业结构调整不仅仅在于专业布局、种类、数量的调整，还在于专业教学质量的提升和专业育人模式的改良。深化产教融合、校企合作，改变原有校企合作的简单模式，将企业引进学校，参与人才培养方案的制订、实验实训室的建设等人才培养的全过程，使育人模式实现全面改良，使毕业生更适应社会的需求。当前，会计学院、信息学院、电子商务系已与达内时代科技集团有限公司、宁波热点网络科技有限公司等企业合作建立实验实训中心，其他院系也积极联系企业，以不同形式实现校企合作，实现育人模式的全面改革。

▶建设现代化经济体系与经济学人才培养

靳共元　张晓林

党的十九大政治报告提出了建设现代化经济体系的宏伟任务。这一任务紧扣中国社会主要矛盾的转化，适应中国特色社会主义经济建设布局和经济发展新常态的内在要求，指明了全面建设小康社会和现代化国家的基本路径。认真理解现代化经济体系的基本内涵和重大意义，不仅对从事实际经济工作的人们具有直接的指导意义，而且对从事人才培养的经济类院校提出了更高的要求。

一、现代化经济体系的内涵及重大意义

（一）现代化经济体系内容丰富，是一个整体性和系统性的概念。

2018年1月30日，中共中央政治局就建设现代化经济体系进行第三次集体学习。习近平总书记在主持学习时指出："现代化经济体系，是由社会经济活动各个环节、各个层面、各个领域的相互关系和内在联系构成的一个有机整体。"这个有机整体由以下七个体系组成。第一，创新引领、协同发展的产业体系。这是现代化经济体系的重要支撑，主体是实体经济，根本动力源是科技创新，血脉是现代金融，最宝贵的资源是人力资源。第二，统一开放、竞争有序的市场体系。市场是包含要素市场以及由要素市场衍生而来的各类市场的有机统一体。第三，体现效率、促进公平的收入分配体系。这是经济社会发展中一项带有根本性、基础性的制度安排，是社会主义市场经济体制的重要基石。第四，

彰显优势、协调联动的城乡区域发展体系。这是建立现代经济体系要考虑的基本国情。第五，资源节约、环境友好的绿色发展体系。这是新发展理念的重要组成部分，其核心是人与自然的关系。第六，多元平衡、安全高效的全面开放体系。第七，充分发挥市场作用、更好发挥政府作用的经济体制。以上七个体系是统一整体，要一体建设，一体推进，构建中国特色社会主义现代化经济体系，推动我国经济发展焕发新活力、迈上新台阶。

（二）建设现代化经济体系战略布局，高屋建瓴，意义深远

党的十九大政治报告中提出的"建设现代经济体系"的重要思想，对我们开创新时代社会主义征程，实现上百年以来伟大复兴的"中国梦"具有极其重要的意义。

这是我国全面实现社会主义现代化的物质基础，举足轻重，意义非凡。党的十九大把握中国特色社会主义新时代发展大势，提出决胜全面建成小康社会、开启全面建设社会主义国家新征程的战略目标：到2020年，全面建成小康社会；到2035年，基本实现社会主义现代化；到21世纪中叶，把我国建成富强民主文明和谐美丽的社会主义现代化强国。要实现这些宏伟的愿景，就必须牢牢抓住经济建设这个中心，坚定不移地把发展作为党执政兴国的第一要务，加快形成先进的生产力，构建雄厚的经济基础。所有这一切都要以现代化经济体系为前提。在这个前提下，我们才能有效地推动新型工业化、信息化、城镇化、农业现代化同步发展，显著提高发展质量，不断壮大我国的经济实力，提高综合国力。

这是我国社会主要矛盾转化，加快推进经济建设的客观要求，符合实际，顺乎民意。长期以来，我国社会主要矛盾是人民日益增长的物质文化需要同落后的生产之间的矛盾。改革开放极大地解放和发展了我国的社会生产力。2017年国内生产总值超过了80万亿元。但是发展中的不平衡、不协调、不可持续性问题十分突出。我国的社会主要矛盾已经转化为人民日益增长的美好生活需要和不平衡不充分发展之间的矛盾。为了解决好这个矛盾，我们必须在创新、协调、绿色、开放、共享发展

理念下，建设起现代化经济体系，切实把经济建设这个基础搞好，并据此全面进行政治、文化、社会、生态文明建设，把"五位一体"的总体布局落到实处。依靠现代化经济体系的强大动能，在"四个全面"即全面建成小康社会、全面深化改革、全面依法治国、全面从严治党引导下，推动城乡、区域、经济社会协调发展，处理好经济发展和环境保护的关系，实现国内发展和对外开放良性互动。这不仅是经济规律重大作用的体现，更是人民群众翘首期盼的具体行动。

这是我国经济由高速增长转向高质量发展的必然要求，符合规律，带来实惠。我国经济发展进入新常态，呈现出增速转轨、结构转型、动能转换的特点。改革已进入深水期、攻坚期、全面建成小康社会的决胜期。与此同时，国际环境不容乐观。国际贸易中的保护主义、国际合作上的单边主义、民粹主义时有显现，以美国现任总统特朗普为代表的逆全球化势力不断抬头，给我们的发展增添了很多困难。高质量的经济发展是我们的唯一出路，而建设现代化经济体系就是我们别无他样的选择。只有在现代化经济体系中，我们才能找到科技创新和体制创新的土壤和载体，顺利完成供给侧结构性改革，实现长期的供需动态平衡，为经济发展提供持久的动力。

（三）建设现代化经济体系对经济学人才培养提出新要求

现代化经济体系顺利实现的关键，在于培养起一大批能够担当历史重任的建设者和接班人。十年树木，百年树人。百年大计，教育为本。2018年6月21日，教育部召开了新时代全国高等学校本科教育工作会议，强调加快建设高水平本科教育，全面提高人才培养能力，造就堪当民族复兴大任的时代新人。陈宝生部长在会上特别强调，要推进"四个回归"，把人才培养的质量和效果作为一切工作的根本标准。一是回归常识。要围绕学生刻苦读书来办教育，引导学生求真学问、练真本领。二是回归本分。要引导教师热爱教学、倾心教学、研究教学，潜心教书育人。三是回归初心。要坚持正确政治方向，促进专业知识教育和思想政治教育相结合，倾心培养建设者和接班人。四是回归梦想。要推动办学理念创新、组织创新、管理创新和制度创新，倾力实现教育报国、教育强国梦。

陈宝生部长的讲话贯穿着现代经济体系建设对人才的迫切需求。二者相辅相成、高度关联。建设现代化经济体系必须加快创新型国家的建设，进一步增强原始创新能力，提高科技的持续创新能力。科技是国之利器，世界上的强国，无一不是创新强国、科技强国，而科技发展最深厚的基础在于教育。必须花大力气改进我们的教育，包括中小学教育和高等教育。近年来，国家在扶持一批"985""211""双一流"重点学校和重点学科建设的同时，大力提倡和推进普通高校的应用型转变，就是改革教育理念和转变教育方式的重要举措。我们必须认清形势，积极迎接挑战，把教育教学和应用型转变的工作做好。

二、按照建设现代化经济体系的需求培养经济学人才

（一）我国经济学人才培养与供求现状

目前，高校经济学类设置的专业有经济学、商务经济学、金融学、国际经济与贸易、税收学、保险学、投资学、信用管理等，对口的就业岗位多为金融投资、经济分析、纳税筹划、营销管理等经济管理部门。根据《2018中国校招供需调查：经济学"最委屈"，金融业需求增长乏力》结果显示，校园招聘要求经济学人才的行业排行榜中，金融/投资/证券行业排名第一，招聘需求占比为22.13%；互联网/电子商务行业排名第二，占比17.87%；房地产行业排名第三，占比14.39%。从学科门类的就业难度指数来看，经济学毕业生就业难度指数2.16；法学毕业生就业难度指数1.55，工科专业供需数量最多，就业难度指数为1.28。经济学学历层次就业难度指数显示，博士最易就业，就业难度指数为0.74，高学历人才供不应求；大专学历就业难度指数为0.97，可满足供需平衡；本科学历就业难度指数为1.74，是相对最难的就业学历。

经济类本科毕业生就业难度大的原因是：本科时期开设的课程相对陈旧，学生动手能力差，难以满足快速发展的经济建设的需要。特别是

随着改革开放步伐的加大，世界通行的金融、证券、贸易、财务、税收、保险等行业的规则，逐渐在我国各个经济领域实行，但本科生的教学计划和培养人才的模式，还有很大一部分不是按照市场配置资源的总体思路去设计。这就难免出现一方面是高校的经济类毕业生找不到工作，另一方面企业又长期存在人员青黄不接的现象。与此相对的专科类毕业生的就业情况反而好一点。这些学校普遍要求学生在上学期间考取相关职业资格证书，毕业后更符合企业对人才的需要，因而就业率相对较高。企业高管、高级财务分析师、税收筹划师等职位需要有工作经验或者高学历研究人才，这使得硕博人才就业相对较易。前后夹击，经济类本科生难以避免就业上的尴尬。

（二）经济学院的发展现状及人才培养上遇到的主要问题

经济学院是山西大学商务学院重要的教学科研系部之一。它应经济建设和区域发展的需要而建，云集了这所学校所有授予经济学学士学位的精英学子。目前，在校人数2000余人，是学生人数最多的院系之一。现有60余位在编教师，分属在经济学、金融学、国际贸易、经济计量和基础理论等5个教研室中。设有经济学、商务经济学、国际经济与贸易、贸易经济、金融学、证券投资、金融理财、税收学等多种经济类本科专业。

经济学院自成立以来，取得了显著的成绩。首先，坚持教书育人的根本方向，把培养社会主义建设者和共产主义事业接班人作为高等教育的首要任务。坚持政治思想教育工作领先，保持正确的政治方向。其次，建立了一支较为稳定的高素质的教师队伍，其中有教授、副教授15人。另外，还有近年来从高水平大学毕业的博士。再次，学院教学设备先进，学习氛围优良，管理程序规范缜密，保证了教学和科研工作质量的稳定提高。最后，扎实推进校外实验实训基地的建设工作，拉近了学校和社会的距离。尤其是每年的暑期专业实习和毕业实习工作，让学生近距离接触社会，学到很多书本上学不到的知识。社会普遍反映这里走出去的学生，基础扎实，反应快，情商高，能较好地适应社会和企业的需要。

当然在快速发展的过程中，特别是面对建设现代化经济体系培养人才的重任，经济学院有太多的不足和遗憾。首先，教师成长速度还赶不上时代的需要。当今社会科技飞速发展，新生事物层出不穷，教师的知识更新迫在眉睫，学习方法的改变和学习能力的提高，不仅会影响教学效果，更直接关系到老师本人的专业提升和学术进步。学院过去对现任老师是使用多，培养少，压任务多，指点进步少，这在不同程度上影响了学院发展后劲。最典型的表现是：专业建设过程中缺乏优秀带头人，对市场需求不敏感，对专业建设及专业定位不能根据市场需求及时调整。其次，不同层面管理程序和制度，往往不能满足教学工作的需要，滞后甚至迟滞了学校发展的速度。例如，学生参加各种实习的费用不足或不能及时到位，学生各种活动不能得到各职能部门的有效配合。还有，各级部门的衙门作风，久治不愈，愈来愈趋同于公办大学的运行机制，而丧失原有的活力。这些都是学校发展过程中的消极因素，需要在培养现代经济体系需要的经济学人才的过程中消除。

（三）精准发力，培养现代化经济体系所需要的经济学人才

党的十九大高瞻远瞩，为中华民族实现复兴大业指出了方向，也为建设现代经济体系画出了具体的路线图。经济学院所有教职员工要齐心协力，为培养合格的经济学人才做出自己的努力。

1. 加强人才培养过程中的思想政治工作，确保培养人才的队伍有良好的品质和较高的素养

在院党委和行政的领导下，认真开展全体师生党员及全体教工的思想政治教育，以习近平新时代中国特色社会主义思想、十九大报告等党的理论为主要教育内容，用新思想武装全体教师头脑，激励和支持他们勇于担当作为，为学院的发展贡献力量。加强学院党的基层组织建设，坚持党要管党的原则，在教工党员中深入开展党性教育，严格组织管理和监督，强化身份意识，增强党性，开展批评与自我批评，维护和执行党的纪律，将监督执纪四种形态落在实处。完善"三会一课"的工作流程和党组织生活会与民主评议工作流程，做好基础工作，全面提升党务工作者和全体师生党员的基本能力。

2. 建设过硬的师资队伍，把"严师出高徒"的理念落到实处

经济学院现有专职教师40余名，根据现代经济体系的理念和我院人才培养的实际需求，五年内，需增加3—5名"双师型"教师。根据普通高校应用型转变的要求，对教师的招聘需在从业时间和企业工作经历等方面提出更高的要求。在近年里亟须招聘3—5名有实际工作经验的金融、商务、税收专业人才。同时，要大力鼓励教师到国内外知名大学进修学习。五年内，凡是没有外出进修经历的教师，都要轮流到国内外知名大学接受继续教育，以开阔视野，提升素质。还有，要积极引导教师到生产一线工作，努力取得相关职业资格证书，早日成为"双师型"教师。根据商务学院应用型转型的工作目标和《经济学院专业建设五年规划》，"双师型"教师队伍的建设，是未来五年经济学院工作的重点，要制订相应的工作计划，高效落实，不走过场。争取在"双师型"队伍建设过程中取得成效。

要大力培养建设现代经济体系所需要的专业带头人和教学团队。通过组织教师参加学术交流活动开阔视野，提升科研水平；通过组织教师参加精品课程培训、开展教学研讨、实施课程改革等方式提升教师的教育教学水平；通过指导学生实践教学活动，带领学生参加各级各类实践教学大赛，提升教师的实践教学能力与水平。力争五年之内打造一支能教学、会实践、擅科研的优秀教师团队。

3. 打造建设现代化经济体系所需要的重头专业

经济学院坚持"以市场需求为导向，培养具有现代商务理念、创新意识和创业能力的高级应用型人才"的办学定位，按照"坚持以育人为根本，以学生为主体，以教学为中心"的办学理念，形成与我省经济社会发展需求相适应、与学院发展趋势相一致的专业布局，在未来五年将金融学、国际经济与贸易、商务经济学等这几个与现代经济体系建设关联度较高的专业打造成省级乃至全国有影响的名牌。

这些专业要走内涵式发展道路，也就是说不仅要在数量上领先山西各高校和全国同行，更要在质量上不输他人，要在特色上下功夫，开创引领性的工作局面。要以现代经济体系建设框架为蓝图，以市场需求为导向，通过实地调研，充分了解行业对人才能力及素质结构的要求，明确各专业培养目标，形成科学合理的人才培养方案，深化课程改革，优化实践教学体系，提升专业建设内涵。在重头专业建设上，经济学院准备做以下的尝试工作。

（1）以商务经济学专业为试点，深化产教融合，探索应用型人才培养新模式。商务经济学专业在人才培养方案上做重大调整。主要思路是：一、二年级主要开设通识和基础课程，从三年级开始，顺次实行工业企业、商务贸易、金融活动、商务策划等模块的教学，每个模块包括十周的讲授和十周的企业实践。把理论知识和实践活动密切结合起来，以最快速度和最小"熵"损失，把书本知识转化为现实的工作能力。这个改革方案需要学校和企业的无缝对接，需要教学与培训紧密结合，更需要企业管理人员和学校教师耗费大量的时间和精力，进行开创性的工作。它对强化学生的实践技能，企业入职培训和学生零距离就业，达到双赢的效果，具有十分积极的意义。

（2）积极筹办"期货精英实验班"。金融是现代经济体系的血脉。资本市场是其中重要的组成部分，证券、期货等是撬动经济最有力的杠杆。建设具有中国特色的现代经济体系，离不开健康的金融运作体系。山西经济发展整体落后于全国其他省份，期货市场不发达是人所共知的事实。迅速改变这一状况，是山西发展的当务之急。作为从事经济学人才培养重要基地的山西大学商务学院责无旁贷。

经济学院将和新组建的"金融及衍生品研究所"一道，积极筹办"期货精英实验班"。要积极利用"山西省期货业协会研究基地""长江期货黑色产业链（山西）研究中心"和"华泰期货黑色产业链（山西）研究中心"等品牌资源，完成计划、调研、讨论、编制方案等具体工作，与行业人士认真讨论人才培养方案，形成合理的学生选拔方案和可行的教学计划，加强实验场地建设，安排多种实验模型，争取早日培养出受社会欢迎的高质量的期货精英人才。

4. 围绕建设现代经济体系，合理有效地开展课程建设

经济学院现有院级优秀课程七门，分别是政治经济学、国贸理论与实务、财政学、西方经济学、证券与期货、货币银行学、统计学。院级品牌专业两个（金融学〔证券投资方向〕、国际经济与贸易）。未来五年内，围绕建设现代经济体系，上述课程将建成学校领先、省内一流的标准课程。课程建设内容包括：

①建设课程梯队。课程梯队由课程主持人、主讲教师、助教组成。课程主持人、主讲教师所学专业应与申报课程相符合或经过一学期以上的该专业方向进修学习，并具有教授或副教授、讲师职称。经过五年建设，形成一支人员相对稳定，具有一定教学和科研能力的教师团队。②更新教学内容。教学内容经过教学过程整合能够吸收一定量本学科领域最新科技成果和先进教学经验，理论教学与实践教学安排合理。③改变教学方法与手段。能够选用较为适宜的教学方法和比较科学、先进的教学手段，有利于培养学生实践能力和创新精神；构建"自学指导，课外训练，实践技能训练"三大课外自主学习体系建设。加强网络课程资源建设。要在主要教学文件上网免费开放的基础上，加强网络课件、授课录像等方面的建设。④完善实验实习实践条件。课程实验项目明确，有针对性，并且有实验指导书；制订实习实践场所管理规范条例，确保环境良好。⑤规范教学文件。教学文件包括教学大纲、实验大纲、考试大纲、授课教案、实验指导、参考文献、考核方法及试题库和试卷库、主讲教师教学录像等。注重教材建设。选用国家优秀标识的教材，鼓励教师参编一体化设计、多种媒体有机结合的立体化教材。⑥深化考试改革。建立有效、可信的考试机制，考核内容和方法科学合理，鼓励探索和尝试网上考试。科学评价课程质量监控与效果。建立完备的教师教学质量和学生学习质量监控与评价制度，实行课程教学双向考核制度和每月一次的学生征询会议制度，加大对课程教学的监控和检查力度，整体提高教学质量。

5. 加强实践教学环节，为现代经济体系所需要的人才培养提供重要平台

经济学院特别重视实践教学环节，这是现代经济体系下人才培养不可或缺的平台。经济学院现有的商务经济学专业，适应现代经济体系建设要求，和其他全国高校同类专业一样受到社会的青睐，许多省份都将其列为一本招生。这个专业不仅和我校的校名及所办的《商务教育》杂志名称类同，更重要的是和现代经济体系建设的步伐一致，因而备受欢迎。经济学院将以此专业为依托，通过校企合作，共同开发虚拟仿真实践教学环境，充实和完善实践教学环节。

（1）建设商务经济实训大平台。平台包括校内实验室和校外实习基地两大部分。校内实验室为商务经济虚拟仿真平台，包括金融虚拟仿真实验室、国际经济与贸易虚拟仿真实验室、经济学虚拟仿真实验室、统计计量虚拟仿真实验室四个子平台，满足学生的课堂实验需求。校外实习基地包括银行、证券公司、贸易类公司、服务类公司等50多个实习基地，基本满足学生的认知实习和毕业实习。

（2）充分利用实习基地，与企业展开多方位的合作。包括共同研发虚拟仿真实践教学软件，邀请企业人士参与人才培养方案的修订工作，聘请业界人士讲座或讲授课程；选派教师到企业挂职锻炼，提高实际业务能力。

（3）逐步构建校内实验室与校外实训基地相结合、课堂内实验与课堂外实训相结合的实践教学体系，实验项目围绕"岗位＋职业＋专业＋课程"来设计，并列入教学大纲和教案中，由经济学院领导定期进行检查和督促。

（4）充分利用实习基地进行顶岗实习，采取集体与个人相结合、集中与分散相结合的方式，派出实习教师巡回检查，及时了解学生实习情况，并要求学生交回实习计划、实习日志、实习鉴定的过程材料。通过上述工作，逐步构建"校内实验报告＋校外实习报告＋职业资格证书＋商科类技能大赛成绩单"的考核体系，以督促和检验实践教学效果。

6. 以建设现代经济体系为导引，开展适合我院特点的科研工作

建设现代经济体系离不开大量的科研活动，也是培养经济学人才的必经之路。教学促进科研，科研带动教学，这是一个良性循环的过程。经济学院为此要做以下几方面的工作。

（1）加强科研创新团队建设。两支科研团队要以建设现代化经济体系为导引，根据学院科研创新团队建设工作的精神，进一步优化团队结构、明确团队建设方向。"农村居民生活质量研究团队"要围绕"彰显优势、协调联动的城乡区域发展体系"做文章；"山西庄园经济"研究团队，要把"资源节约、环境友好的绿色发展体系"当成主攻方向。这是新发展理念的重要组成部分，其核心是人与自然的关系。抓住重点，以点带面，厘清逻辑关系，阐明是非曲直问题，做出科学结论，提出有价值的政策建议，真正为建设现代经济体系的研究工作做出自己的贡献。

（2）积极开展学术交流活动。积极跟踪经济学前沿动态，鼓励教师参加学术会议和业务培训。通过支持教师参加各种学术交流活动，提高教师对科研工作的认识，增强科研意识和水平。特别要引导教师围绕建设现代经济体系培养经济学人才做事情、写文章，把科研工作与学科建设、专业建设、课程建设结合起来，不断总结在教学、科研实践过程中的得失，形成教学与科研相得益彰的良好局面。

（3）细化科研过程管理。认真做好各级各类课题的申报、立项、结项工作；把各类项目的过程管理作为经济学院科研常规工作的一部分，坚持定期开展，严格按照制度办事；逐步完善经济学院科研工作档案，每学期末收集整理一次，及时更新和完善，并根据科研处要求准确登记；定期召开科研工作会议，及时总结取得的成绩和经验，找出差距和不足，提出改进的措施；组织专题学术报告，丰富学院的科研气氛，推动经济学院的科研水平不断提高。

7. 学生工作要为培养现代化经济体系所需人才服务

高校学生工作繁杂琐碎，劳心费力。经济学院的辅导员（班主任）和所有的同行一样，事无巨细都要操心，任劳任怨，最终目的只有一个，那就是培养建设现代化经济体系所需要的经济学人才。

（1）加强学生的思想教育工作，确保培养出合格的接班人。根据全国高校思想政治工作会议精神和《关于加强和改进新形势下高校思想政治工作的意见》，我们要坚持以立德树人为根本，以理想信念教育为核心，以社会主义核心价值观为引领，以全面提高人才培养能力为关键，完善并推行《经济学院学生思想政治工作质量提升工程实施方案》《经济学院"学长制"实施方案》，逐步实现科研育人、实践育人、文化育人、网络育人、心理育人、管理育人、服务育人、资助育人、组织育人，实现新突破，取得新成效。

（2）加强学生管理人员队伍建设。学生管理人员必须具有高度的事业心和责任感，以"四有教师"为目标，坚定理想信念、修炼道德情操、夯实专业学识、胸怀仁爱之心，真正成为学生成长、成才的领路人，严格执行师德师风一票否决制。

（3）大力加强学风建设。以管理树学风、以竞赛促学风、以考研带学风。狠抓学生管理机制，严格落实校园规章制度，强化学生纪律观念，规范学生日常行为，将"守则、规范"的要求真正融入学生的日常学习。大力开展学习类的比赛，如国际贸易类竞赛、金融投资模拟交易大赛，在培养学生基本功和实际操作能力的同时提高其专业素养。利用考研交流会让学生分享考研经验，坚定考研信心，营造浓厚的学习氛围，促进良好学风的形成。

（4）继续坚持分流培养模式。根据社会需求，结合学生、家长的意愿，进行分流培养，因材施教，积极开展教研讲座、就业指导、创业经验交流等活动，为学生长远发展指明方向、提供服务。

为建设现代化经济体系培养所需要的经济学人才，是历史赋予我们的重任，也是经济学院能够快速发展的根本所在。我们相信，全体师生在院党委和行政的正确领导下，以十九大精神为指引，上下同心，求实、求新、求发展，艰苦奋斗再创业，一定会迎来美好的明天！

新时代山西经济转型发展与会计人才培养

曹宇波 张赟

党的十九大报告指出,我国经济已由高速增长阶段转向高质量发展阶段,正处在转变发展方式、优化经济结构、转换增长动力的攻关期。可以说,走出一条建设社会主义现代化经济体系的新路径,是推进"四个全面"的迫切要求和实现"五位一体"的战略目标。山西省委经济工作会议强调:2018年是贯彻党的十九大精神的开局之年,是改革开放40周年,是决胜全面建成小康社会的关键一年,做好经济工作意义重大。当然,对于我们这样一个长期依靠资源要素驱动的内陆省份,转变经济发展方式迫在眉睫,推动经济转型任务艰巨,道路漫长。

一、新时代山西经济转型发展

(一)山西经济发展现状

从全省经济发展来看,2016年6月以来,按照省委"一个指引、两手硬"的思路和要求,深入贯彻落实中国共产党山西省第十一次代表大会决策部署,实现了主攻方向的调整和战略重点的转移,开始坚定地走上转型综改、创新驱动之路。全省转型发展的趋势性、转折性、结构性变化明显增多。2016年下半年开始逐步走出困境,2017年上半年追平全国增速、迈入合理区间,第三季度经济增长超过全国平均水平,全年地区生产总值达14973亿元,增长7%,规模以上工业增加值增长7%,固定资产投资增长6.3%,社会消费品零售总额增长6.8%,一般公共预算收入增长19.9%,城镇、农村居民人均可支配收入分别增长

6.5%、7%，达到 29132 元、10788 元。目前，全省正加快发展大数据、高端装备制造、新材料、新能源汽车等战略性新兴产业。推进能源革命，改造提升传统产业。加快金融、现代物流、康养等现代服务业发展。促进文化旅游融合发展，包装重点项目，引进战略合作者，培育经营主体，完成 149 个景区所有权、经营权分离改革。2017 年，战略性新兴产业、非煤产业增加值占规模以上工业增加值比重分别达到 9%、51.3%；服务业占 GDP 比重达到 53.5%；旅游总收入由 1813 亿元增加到 5360.2 亿元，年均增长 24.2%。

（二）山西转型综合改革示范区建设状况

山西转型综合改革示范区由国家级太原经济技术开发区、太原高新技术产业开发区、太原武宿综合保税区、省级太原工业园区、晋中经济技术开发区、山西榆次工业园区、山西科技创新城、山西大学城等整合建立，涵盖太原、晋中两市。

从规划之初，山西转型综合改革示范区就坚持社会发展规划、城乡建设规划、土地利用规划、产业发展规划、环境保护规划"五规合一"，将示范区打造成山西产业结构调整的高地；定位要打造一个现代产业园区，包括先进制造业、新材料、新能源、节能环保、健康医药、电子信息等等。

目前，山西转型综合改革示范区落实国务院 42 号文件各项任务，率先走出资源型地区转型升级、创新驱动发展的新路。聚集先进生产要素，将在体制改革、产业转型、创新驱动、绿色发展、投资环境等方面，为全省转型综改做示范、立标杆，提供可复制、可推广的经验。把构建现代产业体系作为主攻方向，促进实体经济、科技创新、现代金融、人力资源协同发展，推动新一代信息技术、高端装备制造、新能源汽车、新材料、新能源、节能环保、生物医药、通用航空、煤层气、现代煤化工等新兴产业集群集聚集约发展。基本形成新兴产业快速成长、装备制造业强力支撑、文化旅游业成为支柱、建筑业规模扩大、现代服务业成为重要增长极、新产品新业态新模式加速涌现、传统产业更具竞争力的现代产业格局。

（三）山西经济转型发展的机遇与挑战

当前山西已进入深化转型发展的关键阶段，转型跨越对于山西来讲既是历史机遇期也是艰难时期。以往我省的经济形态一向是以煤炭产业作为经济的主要支柱，煤炭产业也是我省经济几十年以来的重要组成部分。这种"一煤独大"的经济形势对于山西来讲是一柄双刃剑，一方面为山西过去几十年的经济发展带来了巨大的经济效益，另一方面也给我们其他产业发展带来了很大的阻力，使其他产业没有得到多元的发展。综改区的设立，将会成为我省经济发展的新的突破点，也必将繁荣山西的更多产业。总体上看，山西正处于可以大有作为的重要战略机遇期。伴随着新时代新征程的前进步伐，山西2020年要与全国同步全面建成小康社会，2030年要基本完成经济转型任务，2035年要与全国同步基本实现社会主义现代化。这是山西现代化进程中三个重要的历史节点。

二、山西经济转型发展与会计人才供求状况

山西的经济转型将由山西的人才去探索，山西的人才需要山西的高校来培养，山西的高校必须为山西的经济发展来造血。会计人才培养，具有专业性和区域性，山西经济的结构特征决定着山西会计人才培养。山西转型综合改革示范区建设与转型跨越发展离不开会计人才，而以经济转型发展为核心的山西经济建设最终决定着会计人才培养的战略规划和实施。

（一）山西经济转型发展与会计人才状况

山西正在进行综改示范区区建设与转型跨越发展，对会计信息质量和会计工作要求提出了更高层次的要求。改革开放以来，山西省财政部门适应全省经济社会发展需要，大力推进会计人才队伍建设，基本打造出了一支在质量和数量上能够满足全省经济社会发展需要的会计人员队伍。

(二) 山西省会计人才供求状况分析

"十三五"期间，山西省正处于深化改革的关键时期，经济发展潜力巨大，"煤炭20条""煤炭17条"的深入实施，"七大产业"（文化旅游、装备制造、新能源、新材料、节能环保、食品医药和现代服务业）的快速发展，世界500强的大力引进，使山西集聚大量先进技术和人才，为会计发展提供了广阔舞台。国企国资改革及传统行业改制的要求更加迫切，山西省有2万多亿国企国资需要充分资本化、证券化；资源型经济企业和传统行业的股权合作趋向明显，在衍生出大量商业机会的同时，为会计行业的业务拓展提供了巨大的潜力。民营经济、特色优势产业的迅速发展，为会计人员提供了更大的发展空间。金融、保险、交通运输、物流仓储、文化、影视、设计、旅游、教育、医疗卫生、信息咨询和社会福利事业等服务行业的调整升级，为注册会计师行业的非审计业务提供了更大的应用空间。特别是在山西省净化政治生态、实现弊革风清的新形势下，对于会计人才的需求是巨大的，会计人员的发展前景是广阔的。

经济越发展，会计越重要。山西经济的发展无疑为山西会计发展提供了难得的机遇和巨大的动力，但同时也使我们面临着严峻的挑战。我们必须清醒地认识到，山西会计工作不仅需要在法制建设、会计基础工作、会计信息化、高端会计人才培养、政府会计改革等会计工作的传统领域继续做实做细，更需要在新的时代使命下创新观念，转型发展，开创会计工作的新局面。

(三) 山西省会计人才供求矛盾与解决途径

目前，山西省会计人才供求矛盾主要体现在以下三方面：

(1) 会计人才培养目标没有体现山西特色，设置培养内容没有因材施教。会计作为现代企业的一项重要的基础工作，能为决策提供有用的信息，并积极参与经营管理决策，提高企业经济效益，服务于市场经济的健康有序发展，其核心是核算和反映经济业务，有什么样的经济业务就必然产生相关的会计业务。山西正在进行经济转型，实施跨越发展，形成以煤为基、多元发展的地方经济特色，就必然需要服务于山西地方经济的会计专业人才，而山西各大高校仍然是以传统的会计目标为核心，对于具有山西特色经济的会计管理人才培养的目标是什么、该介绍哪些内容、理论知识与实践技能等问题始终没有明确标准。

（2）教学目标不明确，导致课程内容不规范、不合理，无法达到会计课程培养目标。会计教学目标仍然停留在会计专业基础知识和基本技能阶段。这些教学目标随着经济的不断发展，已经不适合当前社会需要，形成了一边是高校会计毕业生人满为患，一边企事业单位呼吁急缺会计人才。尽管一些高校提出了培养复合型会计人才，但是课程的内容仍然没有做出适应当前经济发展需要的调整。

（3）主干课程单一，理论实践相互脱节。从现在进行会计专业教学的多数学校来看，教学目标仅仅停留在报账型会计人才上，要求层次也只停留在正确填制凭证、登记账簿和编制会计报表等基本技能上。表现在学科体系上就是主干课程单一。另外，会计类课程和会计类相关课程例如计算机等课程，形成"双轨运行"且"泾渭分明"，相互间"井水不犯河水"。在这种模式下，学生无法通过现代技术利用会计信息，解决企业实际工作中遇到的财务管理和经营决策等方面的问题。

解决山西省会计人才供求矛盾可以从下面几点入手：

（1）改进会计人才培养目标，因材施教提高会计人才质量。经济转型跨越发展需要并且必须依靠具有综合素质的会计人才，要突出素质教育。会计人才培养应以培养学生具有较宽的知识面，注重学生智力潜能的开发，以重视个性教育为目标，以"能不能用""好不好用"为衡量会计人才的重要标准。在课程教学活动中，要因材施教，采取合理的成绩评价方法，客观的体现学生的能力与素质。

（2）明确教学目标，改进教学方法，适应会计体系发展要求。教学目标要以社会经济发展需要为导向，以会计人才培养目标为核心，重点培养学生实践能力和分析解决会计实际问题能力，制定有效可行的课程教学计划教学大纲和教学指导书，使会计教学工作有章可循、有法可依，做到合理安排、科学有序。改变传统教学理念及方法，将现代信息技术、系统论的观念融入会计教学中，采取理论与实践、课内与课外、学习与工作相结合的多种教学手段，通过案例、网络、实践、岗位模拟等多种教学方法，保证会计教学目标的实现。

（3）开设会计地方和行业特色选修课程。会计为地方经济发展或者行业发展提供决策和服务的特点，能减少学生"学一套，做一套"学而无用的心理。在当前会计教学中大多数是以工业企业和上市公司为基准进行会计学业务学习，忽略了山西经济的地方特色，导致山西高校中大多数学生毕业留在山西无法就职和入职。在会计教学中开设地方或行业经济特色课程，使学生更好地了解山西经济特色、经济发展状况、行业业务特色，达到学有所思，学有所用，以便更好地、更快地融入山西的转型跨越发展中，实现就业的零距离。

三、会计学院人才培养新举措

我们会计学院培养人才，摒弃了好高骛远和不切实际，立足于学校的实际情况，着眼于山西本地的经济形势，致力于为本省输送人才，以地方经济的发展为出发点办好教育。我们会计学院在培养怎样的学生、如何开展我们的教学工作方面做了很多方面的探索，其中有通过问卷调查、数据分析等形式来客观地分析当今人力资源市场对于人才在能力、知识储备、技能应用等多方面的要求；也有通过科学的能力测评量表对新生及毕业生进行定量的分析评估，以了解经过几年的教学学生能力的提升情况；还有重点培养学生沟通交流、办公软件使用、心理调适等多方面与未来工作相关性极大的技能；还有通过模拟工作场景来让学生提前体验职场环境。

（一）应用型高校会计人才培养目标

应用型高校培养目标的定位主要是培养应用型高级专门人才。作为大众化阶段的一种特别重要的高等教育类型，应用型高校培养人才的目标可以称之为技术精英。在大众高等教育阶段，高等教育仍然是培养精英，但这是一种范围更广泛的精英，包括社会中所有技术和经济组织的领导阶层，重点从塑造个性转向培养更为专门的技术精英。

我们会计学院在培养人才的过程当中，充分注重两个方面：一是学生的自身需要和其个人职业生涯的规划，二是社会的人才需求和我省就业环境的结构性就业形势。目的是为了让个人未来的发展匹配地方的经济发展。我们既重视学生的发展又重视社会的需要。

注重学生的发展。我们在培养人才的过程当中，充分注重因材施教。因为每个人的个性特点存在不同程度的差异，接受知识的能力也存在不同程度的不同，最重要的是未来他们投身的行业和从事的工作也必然存在着差异，所以我们在人才的培养过程中也充分地尊重学生、注重他们个性能力方面的发展和开发，力争发现每个人能力、性格等多方面的优势，并且想办法做出更好的引导，让他们得到提高，使之能够在未来的工作当中充分地发挥他们的价值

注重社会的需要。社会在不断进步、发展，在新时代的广阔天地当中，经济形势带不断演变，科技也在不断地迭代变化，我们必须站在过来人的角度为学生提前谋划、早做分析、提前准备，为他们答好"就业"之疑，解好"工作"之惑，也为社会培养更多有用之才。

整体来讲，山西培养的人才为山西所用，就是我们高校能够为经济做出的最大贡献，所以我们在学生的培养中，对本地生源注重培养他们山西人的归属感，对外省的生源用山西历史的厚重、人文的情怀、经济的潜力来吸引他们，希望他们毕业后能够留在山西继续为山西的经济发展做贡献。

（二）会计学院专业设置与毕业生就业状况

会计学院现设会计学、财务管理和资产评估三个专业，会计学专业下设注册会计师、会计实务与管理和会计电算化三个方向。现有注册会计师、会计实务与管理、会计电算化、基础会计、财务管理、资产评估六个教研室；拥有会计电算化实验室三个，会计综合模拟实验室两个，ERP沙盘模拟实验室一个，财务管理综合实验室一个，校外实训基地十二个。

我们会计学院一贯以来都将"为社会培养高技能的应用型人才"作为工作的首要任务，同时这也是我们培养人才的原则。会计学院自

2006年以来，共计向社会输送毕业生9542人，就业率达到95.02%。学生的就业去向不仅有机关、企业、银行、厂矿，还有学校、医院，并且能力普遍得到工作单位的认可和好评。

（三）会计学院人才培养新举措

我们作为一所应用型本科院校，正从大学的"金字塔"中走出来，面向区域经济社会发展，面向经济结构调整和产业转型升级，面向行业企业对应用型高级技术人才的需求，调整办学理念和办学模式，探索新的人才培养模式，走校企合作、产学研融合、校企协同创新的发展道路，与区域、行业和企业更加紧密合作，形成价值创造的共同体，推进建立适应经济社会发展新需求的高等教育类型结构和现代职业教育体系，为经济社会发展培养"适销对路"的应用型高级技术人才。

立足于自身的实际，从我们学校的情况出发，针对每年通过高考我们可以录取到的生源的真实情况及能力锚定，决定了我们必须在锻炼学生的实际操作能力上下功夫，理论的研究、探索的开展需要结合他们能力的实际情况来进行。

1. 注重学生的全面发展

《国家中长期教育改革和发展规划纲要（2010—2020年）》明确提出："坚持全面发展。全面加强和改进德育、智育、体育、美育。……促进德育、智育、体育、美育有机融合，提高学生综合素质，使学生成为德智体美全面发展的社会主义建设者和接班人。"我们要站在历史的高度来认识学生德智体美全面发展这一问题。教育是民族振兴、社会进步的基石，是提高国民素质、促进人的全面发展的根本途径。我们的教育能否培养造就数以亿计的高素质劳动者、数以千万计的专门人才和一大批拔尖创新人才，关乎我们能否真正建设一个现代化的国家和中华民族伟大复兴的宏大事业，能否实现这一重大战略问题。

面向全体学生，促进学生全面发展，是实施全面素质教育的本质要求，是全面建设社会主义现代化强国的战略要求。

2. 探索产学研融合

要深入推进科技和经济紧密结合，推动产学研深度融合，实现科技同产业无缝对接，不断提高科技进步对经济增长的贡献度。我们不断挖掘沟通渠道，推动高校紧密围绕区域经济发展战略，结合产业集群建设和重点行业、重点企业、重大项目对人才的需求，制订人才培养方案、改革人才培养模式，调整专业结构、合理规划专业布局，深化课程改革，并在实践、教学和考核等环节进行深度合作。

3. 积极探索与当地政府合作

校政合作是学校与政府部门以签订合同方式，建立长期的合作伙伴关系，通过明确的合作内容、有效的合作保障机制，整合双方资源优势，共谋发展的一种合作模式。校政合作人才培养是培养高素质高技能应用型人才的有效途径，是贯彻高等教育开放式办学理念的新型模式。通过校政企全方位合作培养，让学校与政府、企业实现优势互补、资源共享，切实提高育人的针对性和实效性。

▶新时代管理人才培养目标和模式改革

李 强 暴丽艳 赵晋阳

习近平总书记在党的十九大报告中指出"中国特色社会主义进入新时代"这一具有重大历史意义的判断与理论创新，引领全党和全国各族人民深刻认识到我国发展现状、发展环境、发展目标发生了深刻的根本性变化。这些变化更加集中地体现为我国社会主要矛盾变化。作为新时期管理人才的培养者，需要从社会发展变革与时代使命的宏观角度深刻理解新时代管理人才培养目标的变革；从供给侧结构性改革与经济转型发展的中观角度深入理解新时代管理人才培养方式转型；从应用型人才培养的微观视角充分理解新时代管理人才培养模式改革。只有不断推进改革，才能做到主动适应经济社会环境变化，才能办好令人民满意的高等教育。

一、新时代：社会主要矛盾与管理人才培养

（一）新时代我国社会主要矛盾与经济社会新发展

党的十九大指出，进入新时代，我国社会主要矛盾已经转化为人民日益增长的美好生活需要和不平衡不充分的发展之间的矛盾。这是站在中国改革开放四十年成功实践和发展成果的基础上，做出的重大判断，对未来我国经济社会发展起到重大影响和关键作用。

我国社会主要矛盾的变化更折射出我国经济发展阶段的重大转型。新时代，我国经济的基本特征就是已由高速增长阶段转向高质量发展阶段。

经济高速增长阶段，传统要素起到关键支撑作用。正如我国改革开放四十年经济高速增长的主要动力是劳动力、土地、资本的大规模投入。但是随着我国劳动力成本的逐年提升，环保压力持续加大，资本的边际收入逐渐下降，传统经济增长模式疲态尽显。

由高速增长向高质量增长转变，长期看是要摆脱对传统生产要素投入快速增长的依赖，突出技术、管理、企业家精神等非传统生产要素对经济增长的支撑作用，通过产品创新、管理模式创新、业态创新、服务方式创新等实现经济的高质量增长。

同时，人民日益增长的美好生活需要是多层次、多方位的，有些是通过经济体制改革可以满足的，有些则需要在社会服务领域不断进行改革创新，如老百姓关心的教育、医疗、环保、社会保障等领域。这些领域的改革创新，既依赖于政府稳定的财政投入，也需要有力的社会资金支持、政策支持和人才支持。

总体看，进入新时代，我国社会主要矛盾的变化为高等教育，特别是管理人才的培养提出新要求、新挑战。一方面，经济高质量发展要求管理人才具备更强的提质增效、创新创业的能力；另一方面，办人民满意的教育，意味着管理人才培养要更符合人民的期待、市场的需要。

（二）管理：经济增长、创新驱动新源泉

十九大报告中指出，要加快建设制造强国，加快发展先进制造业，推动互联网、大数据、人工智能和实体经济深度融合，在中高端消费、创新引领、绿色低碳、共享经济、现代供应链、人力资本服务等领域培育新增长点，形成新动能，为企业的发展指明了方向。

目前，我国经济增长动能由资本驱动、规模驱动向技术驱动、创新驱动转变。管理作为技术要素的一种，其作用逐步凸显。一方面，先进的管理技术可以实现企业生产成本的最优化，提高企业的市场竞争力；另一方面，先进的管理技术是激发企业内部创新热情，实现企业与外部组织协同创新的重要保障。因而，向管理要效益，无论是对于传统产业，还是对于创新产业都具有积极意义。

同时，需要注意到，进入后工业化阶段，企业面临的生产领域的挑战逐步减少，来自市场和研发领域的挑战逐渐增加。面对汹涌而来的世界科技变革的浪潮，管理学科既要主动适应环境的变化，又要肩负着因地制宜、结合中国文化开创中国式管理模式的重任。因而，管理学对我国经济社会发展的推动作用更加凸显。

（三）新时代管理人才新定位

中国特色社会主义新时代，对管理人才培养提出新的时代要求、能力要求。

首先，新时代管理人才是社会主义新阶段的建设者。新时代管理人才肩负新的历史使命，承载着实现"两个一百年"伟大奋斗目标的民族期盼，是实现中华民族伟大复兴的中坚力量。新时代管理人才要具有坚定的理想信念，有强烈的道路自信、理论自信、制度自信、文化自信，有坚忍不拔的毅力，有开拓创新的能力与品质。

其次，新时代管理人才是中国式管理的塑造者。管理学已走过近两百年的历史，这两百年中，管理学始终以西方管理思想和方法为主导，以追求效率和效果最大化为目标。但是从根源上看，西方管理思想是在西方文化基础上建立起来，融合了文艺复兴、科技革命前后的主流文化浪潮，具有鲜明的文化特征。中华文化源远流长、博大精深，能否以中华文化为基础，兼顾效率与公平，突出中国社会仁义礼智信、温良恭俭让的美德与文化，是新时代管理人才肩负的使命。

最后，新时代管理人才是推动经济社会发展的创新者。创新是大到一个国家、小到一家企业和人才持续发展的不竭动力。改革开放以来，中国四十年的快速发展，是经济红利不断释放的过程，实现了政策红利、开放红利、城市化红利的轮动，但是已经站在世界经济发展高点的中国，发展优势减退、转型成本增加、竞争环境恶化，唯有依靠创新，激发全社会创新红利，才能实现可持续发展。新时代管理人才有青年人的朝气、丰富的知识激励、敏锐的洞察力，是开展模式创新、方法创新、产品创新的重要中坚力量。

所以，新时期管理人才的培养应当突出思想政治熏陶、知识素质教育、创新能力培养。并以思想政治熏陶为根本，树立当代管理专业大学生正确的人生观、世界观、执业观；以知识素质教育为基础，打造知识合格、实践能力突出的管理人才；以创新能力培养为特色，为社会输送能创造性解决现实问题的优秀人才。

二、转变管理人才培养模式，顺应新时代管理人才要求

（一）以高等教育改革提高人才供给质量

教育作为提升劳动力质量的重要手段，是推进供给侧结构性改革的原动力之一。笔者认为，高等教育可以从教育资源数量、教育质量、教育制度和科研水平四方面改善劳动力供给质量与结构，进而促进供给侧结构性改革。（如图1）

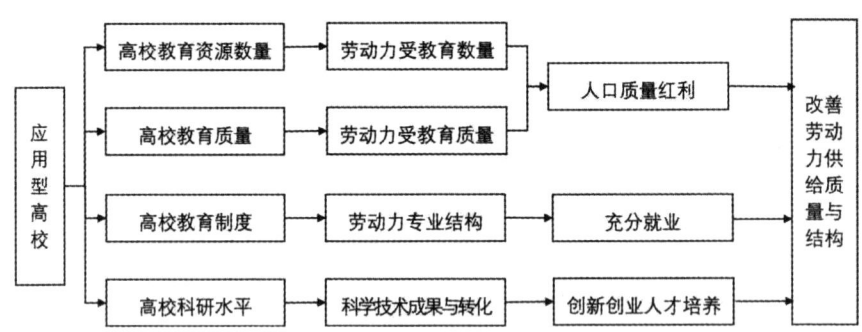

图1 高等教育促进供给侧结构性改革的途径

蔡昉指出，从更长期的视角来看，劳动者技能的培养或者说国家整体人力资本的积累，对于整体经济增长可持续发展具有无可替代的重要性。[①] 我国人口数量红利逐渐消失，但人口质量红利存在很大潜力。教育资源数量与质量决定了劳动力群体中受教育数量和质量，二者直接关系到能否有效激发人口质量红利。高校教育制度，尤其是院校设置、招生计划、拨款制度、学校治理结构、学科专业设置、人才培养模式、师

---

① 蔡昉. 人口红利与中国经济可持续增长 [J]. 甘肃社会科学, 2013 (1)：1-3.

资队伍建设、招生考试制度等直接关系到劳动力专业结构。目前，我国大学生失业主要是结构性失业，[①] 与高校教育制度有很大关系。高校科研水平决定了其科学技术成果的数量与质量，决定了其服务区域经济创新发展的能力，也决定了其培养创新性人才的能力，是高校推动供给侧结构性改革的重要一环。

（二）新时代管理人才培养的现实障碍

从供给侧结构性改革视角看，我国高等教育体系下管理人才培养存在诸多现实障碍：教育资源数量和结构与应用型人才培养要求相矛盾；管理人才传统培养模式与创新人才培养要求相矛盾；高校招生制度与市场人才需求相矛盾；科研水平与创新创业人才培养要求相矛盾。

1. 教育资源数量结构与社会人才培养需求的矛盾

1999年以来，我国面向应用型人才培养的教育资源发生了结构性变化。一方面，我国中等职业教育规模不断缩小。截至2015年，我国普通中专院校为3476所，职业高中3907所，技工学校2545所，分别较1999年减少506所、4410所、1553所；另一方面，高等职业教育发展迅速，截至2015年，高职（专科）学校达到1341所，较1999年增加267所。应用型人才培养的任务逐渐由中等职业教育转移向高等职业教育。但是，随着我国经济结构调整和产业升级步伐的加快，对应用型人才数量和质量的要求持续提高，以高职（专科）院校为主的人才培养体系可以保证人才数量，但在人才培养质量方面，尤其是高级应用型人才培养方面存在不足，说明我国高等教育资源数量和结构与应用型人才培养要求相矛盾。同时，在以扩大普通高校本专科院校招生人数为目标的教育改革政策推动下，我国本科院校由1999年的597所增加到2015年的1219所，独立学院275所，毕业生人数达到725.45万人。这就要求部分本科院校将培养应用型人才作为目标，形成高等职业教育保障应用型人才数量、本科教育提高应用型人才培养质量的应用型人才培

---

① 郑文力，邹碧芳. 中国大学生结构性失业机理与应对——基于贝弗里奇曲线[J]. 华东经济管理，2012，26（1）：59–62.

养体系。

同时，管理学科招生人数和在校生规模发生了较大变化。从 2015 年教育部公布的统计数据看，管理学科在校人数达到 285.86 万人，占本科在校总人数的 18.550%；招生人数 69.95 万人，占本科总招生人数的 18.244%；管理学科招生人数、在校人数仅次于工学，位列第二。2001 年，管理学院在校人数仅为 52.94 万人，占总数的 12.474%；招生人数为 18.08 万人，占总数的 13.086%。可见，管理学专业规模与占比呈现快速增长趋势。

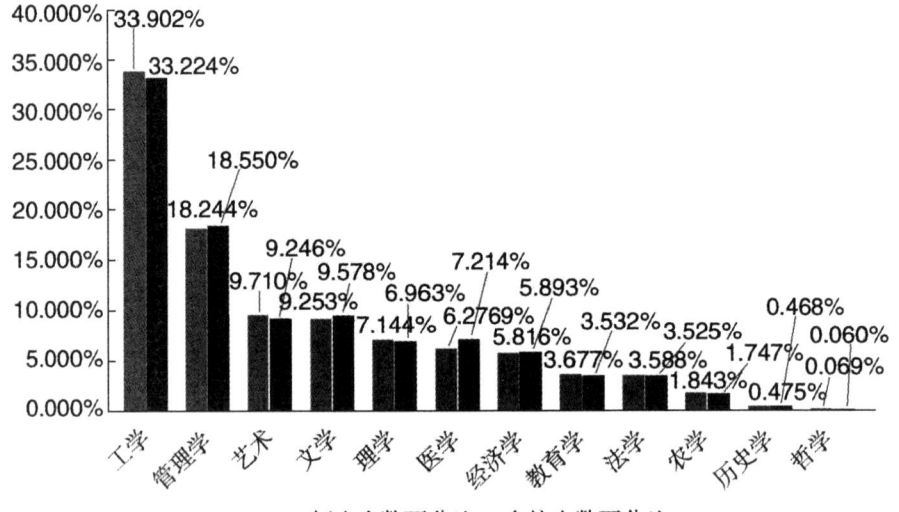

图 2　2015 高校各专业招生人数与在校人数百分比

数据来源：《中国教育年鉴 2015》。

规模快速扩张的背后，是管理学科人才供求的失衡，工商管理、市场营销等专业被多家大学生就业研究机构和相关研究报告列为红牌专业。一方面说明管理学科快速扩展造成的人才培养过剩；另一方面也说明高校管理人才培养模式不能适应经济社会环境的快速变化，对管理学科发展和人才培养提出了更高的要求。

2. 管理人才传统培养模式与创新人才培养要求之间的矛盾

教育质量是一国劳动力要素质量的重要保障。根据我国第六次人口普查结果,我国每十万人接受过大专及以上教育的人数由改革开放之初的615人提高到8930人。在我国人口老龄化和人口增速平稳的背景下,提高劳动力受教育质量是激发人口质量红利的关键。我国高等教育在提高劳动力质量方面发挥了积极作用,但是在创新人才培养方面存在不足,高校传统培养模式与创新人才培养要求存在矛盾。教育部发布的《中国高等教育质量报告》指出,我国高等教育"满足社会人才需要,适应经济转型发展,创新引领能力不足",[①] 特别指出"从实施国家发展战略来看,高校'新四化'人才等一流人才培养不足,创新团队匮乏和创新人才培养力度不够"。创新能力的培养需要学生有更多的实践机会,在"做中学""干中学"。目前,高校管理学科人才培养模式正处于创新变革过程中,基于实验室实训的人才培养模式越来越得到重视,但是如何将企业的真实环境在教学过程中进行有效的模拟,或者如何借助企业真实管理实践平台进行人才培养依然处于探索阶段。

3. 高校招生制度与市场人才需求之间的矛盾

高校招生计划分配制旨在一定程度上修正形式平等的制度设计可能造成的入学机会实质不平等的结果,目前已基本形成了以地区分配制为主、民族分配制和城乡分配制为辅的高校招生计划分配格局。[②] 各高校、各专业、各地区招生计划由各级教育部门制定,有很强的计划经济思维。社会较为关心的是教育资源的分配公平问题,关注地区、专业间的录取分数差异,忽视了招生的计划性与市场人才需求的动态性,造成了人才的计划性供给与人才的市场化需求之间的矛盾。这一矛盾的突出体现为我国高校毕业生结构性失业问题突出,具体表现为经济转型与专业技能存在错位、技术进步与就业理念存在错位、地区发展不平衡与择

---

① 中华人民共和国教育部. 中国高等教育质量报告(摘要)[N]. 中国教育报,2016-04-08.

② 杨艳飞. 我国高校招生计划分配制的法理透视与制度反思——基于教育平等的考量[J]. 国家教育行政学院学报,2016(7):27-32.

业偏好存在错位。[1] 管理学科同样存在招生制度与人才需求的结构失衡问题，有学者提出按照管理学科大类进行招生的改革思路，正是对此问题的有益探索。

4. 科研水平与创新创业人才培养要求之间的矛盾

创新创业人才培养是支撑中国经济转型发展、推进供给侧结构性改革的重要人才保障，我国高校科研能力不断提升的同时，也反映出科研与教学相脱节、科技成果转化率不高等现象。根据《中国科技统计年鉴2016》的数据，2015年我国高校研发经费内部支出达到998.60亿元，发表论文122.05万篇，有效发明专利20.15万件，但专利所有权转让及许可数仅为2786件，专利所有权转让及许可收入6.69亿元，科技成果转化率较低。同时，我国科研教学融合发展存在重要性认识不够、本科生科研训练质量难有保证、研究性教学的效果不尽如人意、对教师开展教学科研融合的专业支持力度不够、教师考核与激励机制缺乏针对性等问题。[2]

（三）新时代管理人才培养思路的变革

供给侧结构性改革赋予高等教育提高劳动者质量红利，为经济转型发展提供人才保障的重任；高等教育发展过程中的瓶颈与障碍又构成管理人才培养模式改革的背景。据此可以从以下几点提出新时期管理人才培养改革的思路。

1. 摆脱传统管理思维，给教学单位、个人更多创新自主权

从我国改革开放的经验看，改革既是自上而下的推动，更是自下而上的创造，是摸着石头过河。管理人才培养模式改革是一场人才供给模式的改革，利用好高校自主权扩大的机遇，少一点条条框框、瞻前顾后、领导意志，多一点权力下放、鼓励尝试、允许犯错，才能形成高校

---

[1] 王海浪. 结构性失业形成机理及高校人才培养策略解析［J］. 中国成人教育，2016（9）：50-52.

[2] 施林森，刘贵松. 我国研究型大学教学科研融合的方式、问题及对策——以清华大学等6所高校发布的本科教学质量报告为例［J］. 中国高教研究，2015（3）：31-35.

教育方式改革的新局面。特别是独立学院、民办高校等院校的优势在于体制机制灵活，更不能故步自封，应该争做改革的排头兵。应尝试探索灵活的用人机制，给年轻教师更多机会和舞台，激发他们参与改革创新的热情。

2. 以市场的逻辑调节人才结构

张维迎教授指出，市场经济不光有一只"看不见的手"，还有一只"隐形的眼睛"。"看不见的手"是供求形成价格、价格调节供求的自发调节机制；"隐形的眼睛"是约束企业行为的信用机制。以市场的逻辑来调节人才结构，目标是提高人才供给与人才需求的匹配度。要逐步改变招生计划决定人才供给结构的局面，给学生更多的专业选择权。要及时提供各专业用人单位满意度、就业率、薪酬水平等数据，改变考生看分数选专业、看高校名气选专业的非理性行为。在高校内部更多地引入市场机制，鼓励竞争，根据市场反馈，及时调整专业布局和招生规模。

3. 独立思考、科学谋划，差异发展

管理人才培养模式的多样化、教学方式特色化、专业定位精准化是大势所趋。管理人才培养模式改革要符合区域内经济社会发展趋势，尤其是对经济结构转变调整引发的人才需求结构变化有充分的预判，要对用人单位人才需求进行详细调研，结合院校自身人才培养特色和经验，形成改革思路和方案。在借鉴他人经验时，既看到共性又看到差异，有长远眼光，有发展定力。

4. 打破高校封闭环境，促进人才培养资源的流动和最优配置

管理人才培养模式改革有必要将社会优秀的人才培养资源引入高校，实现优秀教育资源的优化配置。高校在传统高等教育方面积累了丰富的经验，同时，企业和社会举办的人力资源开发和培训机构在创新创业教育、职业技能教育方面具有一定优势，尤其在我国"双创"背景下，很多优秀的创新创业平台如雨后春笋。管理人才培养模式改革应该努力打破高校相对封闭的环境、放下身段，积极与社会组织、企业开展合作，实现人才的联合培养。

5. 走包容兼蓄的发展之路

应该注意到，管理人才培养模式改革不等于否定高校传统教学模式，不等于否定学术传授与研究的价值，新时代管理人才是"知识+技能"的高级人才，知识传授和知识体系的建立依然需要传统高等教育方式。应该探索一条包容兼蓄的专业发展、人才培养之路，要充分认识到管理学科各专业特点带来的应用型转型难易程度不同，允许不同专业突出自身特色，设定合理目标，不搞一刀切，一勺烩；要充分尊重专业教师的特长、兴趣，不搞硬性要求，要引导教师在教学、科研、教学改革等工作中寻找着力点；要充分尊重学生的发展取向，给不同发展取向的学生提供一个好的支持平台。

三、山西大学商务学院管理人才培养实践与探索

山西大学商务学院管理学院始终将办人民满意的高等教育作为己任，积极创新管理人才培养模式，坚持将思想政治教育贯穿于专业教育始终，不断提高服务地方经济社会发展能力，争做新时代管理人才培养的排头兵。

（一）构建"理论教学+实践教学+选修课程+第二课堂"的人才培养模式

管理学院现设有工商管理、人力资源管理、市场营销、旅游管理、行政管理5个专业及工商管理（质量工程）方向，下设工商管理、人力资源管理、市场营销、旅游管理、行政管理、质量管理6个专业教研室。人力资源管理专业于2014年12月通过山西省教育厅组织的专家评审，获批"山西省高等学校特色专业建设项目"，2017年4月获批"山西省高等学校优势专业建设项目"；旅游管理专业是"山西省普通高等学校人才培养模式创新试验区"、商务学院院级重点建设专业；工商管理专业教学团队被省教育厅评为"山西省普通高等学校优秀教学团队"，是商务学院系级重点建设专业；《市场营销学》课程被山西省教育厅评为"山西省普通高等学校省级精品资源共享课程"。

管理学院始终坚持"以市场需求为导向,培养具有现代商务理念、创新意识和创业能力的高级应用型人才"的办学定位,按照"坚持以育人为根本、以学生为主体、以教学为中心"的办学理念,积极探索和实践与经济社会发展相适应的人才培养模式,率先完成了 2015 版应用型人才培养方案的修订工作,形成了以"培养高素质应用型管理人才"为目标,以"未来管理者素质拓展工程"为统领,"理论教学传授知识、实践教学培养能力、选修课程激发兴趣、第二课堂拓展素质"为指导的人才培养模式。

(二)加强和改进大学生思想政治教育工作

坚持"高、实、严、新"的方向,坚持高校思想政治教育"立德树人"的根本任务,引导新时代管理人才树立正确的人生观、世界观,秉持正确的价值观、金钱观,建立正确的执业观、工作观。

站位要"高"。"人类的全部尊严就在于思想",人类的每一次进步与发展都离不开思想的解放和启蒙,而思想政治教育就是用科学的理论知识和先进的思想道德武装人们的头脑,不断提高人们的思想政治觉悟和思想道德水平,不断提升人们认识世界和改造世界的能力。大学生正处于价值观形成和确立的关键时期,在这一关键期注重加强对大学生的思想政治教育,就是要教育引导学生正确认识世情、国情、党情和社情,在勤学、修德、明辨、笃行上下功夫,树立建功立业、报效祖国的宏伟志向,珍惜韶华,脚踏实地,扣好人生的第一粒扣子。

内容要"实"。思想政治教育是一个系统的教育工程,包括爱国主义、集体主义、社会主义、理想、道德、纪律、法制、国防和民族团结等各个方面的内容,既包括中华民族优秀的历史文化传统,又涵盖新时期的新理论新思想新观点。这就需要对教育内容全面把握,突出一个"实"字。要努力建设学生真心喜爱、终身受益的高校思想政治理论课程,实施高校思想政治理论课建设体系创新计划,全面深化课程改革,利用课堂教学这一主渠道,提升新时期管理专业大学生思想政治教育的针对性和实效性,也就是所谓的"虚功实做"。

要求要"严"。思想政治教育是一个信息输入与输出的过程,而受教育者在这一过程中收获多少，在一定程度上受要求标准是否严格的影响。高校思想政治教育就是把立德树人的目标，落实到具体的教育教学环节中，分解到每个岗位和每位教育工作者身上，这就要求"严"字把关，确保思想政治教育取得实效。一要严格标准，把顶层设计和教育教学活动实际有机结合起来，明确教学目标，既要注重理论素养的提升，又要注重实践能力的提升；二是严格纪律，广大教师要把思想政治教育融入专业教育，全方位锤炼学生的思想品德，实现教育的思想品德目标与专业技能目标的统一，教师的授业解惑责任与传道释疑责任的统一，以身作则、以德立身、以德立学、以德施教，构建和谐的师生关系。

举措要"新"。推进思想政治教育工作，要做到与时俱进、敢于创新、敢于突破。面对不同的学生，思想政治教育不能搞"一刀切""一勺烩"，注重从源头上把握大学生的思想政治情况，在教育载体、教育内容等方面有所区分和侧重，在坚持大原则、大方向前提下，允许实现思想政治教育的差异化和多样化。在不同的时期，教育的模式也要有所创新，尤其是当前"互联网+""微时代"的到来，为思想政治教育提出了新的课题和挑战。这一方面要求教育工作者努力将传统思想政治教育和新技术高度融合，增强时代感和吸引力；另一方面要努力突出思想政治教育的人格性和人文性，不断开创思想政治教育的新模式。

管理学院通过主题班会、主题团日、国学大讲堂、晋商文化大讲堂等活动形式，以"我为社会主义核心价值观代言""学习习近平总书记系列讲话精神""敬廉崇洁，诚信守法""十八大精神专题学习""弘扬传统文化，践行核心价值观""晋商与现代企业管理"等为主要内容集中开展学习和讨论，切实提升了学生的政治素养，拓展了我院大学生文化素质，营造了浓厚的校园文化氛围。同时为了积极发挥新媒体在大学生思想政治教育中的媒介作用，注册了管理学院团总支、团学联合会、社团联合会、大学生艺术团等学生组织的微信公众平台、官方微博、人人主页，极大地提高了工作效率和服务师生的水平。

(三) 以应用型人才培养贯穿教学始终

立足于培养新时期应用型管理人才，要以满足区域经济发展需求为目标，以培养学生应用能力为核心，深化教学改革。一是重构专业课程体系。按照学校的办学定位、人才培养目标做好顶层设计，分类指导。管理学科下各专业应根据区域经济社会发展对本专业人才培养的要求，按照突出应用性、实践性的原则，有针对性、有选择性地设置课程模块，优化教学内容，突出专业特色，着力构建实践教学体系，强化实践教学，打造人才培养的错位优势。二是积极探索人才培养模式和教学模式改革。针对管理学科中的不同专业，积极探索基于科学定位的各具特色的人才培养模式和教学模式。以社会需求为导向，实施分段、分流培养，注重学生的个性化发展，使不同的学生有不同的成才方案和发展空间。三是推进考教分离。考试是高校教学过程的一个重要环节，是教学管理与评价的重要内容，也是检查教学效果和保证教学质量的重要手段。学校要求，首先，专业主干课程或专业基础课必须考教分离；其次，推进试题库建设，命题要提高信度、效度和区分度、难易度，在此基础上，搞好试卷的分析与评估。

（四）以产教融合、校企合作实现应用型人才培养

新时期应用型管理人才培养应以产教融合、校企合作为主要突破方向，加快集合"互联网＋"技术，充分对接现代企业运营环境的实验实训室综合管理系统、实训基地建设；细化实验实训教学过程管理，完善"管理类专业综合实验实训中心建设方案""实验实训课程建设规划""实验实训基地管理制度体系"等相关文件；坚持"服务能力提升、持续创新改进、理论实践融合"的思想，加强实践教学改革的相关研究与操作体系落地，努力形成师生互动、教学相长的实践教学新局面；完善实验实训目录与过程管理材料，齐备实验实训大纲、实验实训指导书，积极开发综合性、创新性实验实训项目；系统化提升实验实训基地建设水平，完善校企合作实验实训基地建设，加强实验实训教师的培养。

（五）进一步完善实践教学体系

新时期管理人才培养应以"零适应期"高级应用型人才培养为主线，以应用型人才培养方案的制订为基础，在实践教学过程设计、实验

实训环境建设、实践课程开发等方面都有了进一步的积极探索。坚持"理论教学＋实践教学＋第二课堂"的人才培养方案结构，构建应用型人才培养为目标的实践教学体系。系统全面做好管理专业实验实训平台建设工作；规划好实验实训课程的设计工作；以企业实际操作、实际案例作为实验实训课程的重点内容；建设一批高质量、高标准的校外实训基地，不断完善实训实习环境，最终形成科学、系统、特色、长效的实践教学体系。

▶大数据背景下信息现代化人才培养

王文燕　王　瑜

随着"大数据时代"的到来,在加快信息化发展的基础上,为了让信息化的发展惠及更广大的人民群众,信息化人才的培养至关重要。习近平总书记历来重视我国大数据的发展,对于大数据如何运用于经济社会发展和人民生活改善提出了重要的指导意见。总书记关于大数据和信息化的重要论述,不断引领国家大数据战略的实施和发展,为数字中国的建设提供了坚实基础。我们要以习近平总书记网络强国战略思想为指导,落实好重要指示要求,不断开创网络安全和信息化发展新局面,为大数据背景下信息现代化人才培养提出新理念、新思路和新做法。

一、大数据背景下信息现代化人才培养

(一)大数据的含义及发展特点

1. 大数据的含义

随着信息技术的迅猛发展和智能终端的普及,信息量呈前所未有的爆炸式增长。据国际数据公司(International Data Corporation)预测,到2020年,全球以电子形式存储的数据量将多达44ZB,与此同时,信息类型将更为多样化,信息流更加高速、实时化。根据摩尔定律,计算机的性能将呈指数级增长,这为大规模复杂数据的存储和分析提供了可能。2011年5月,易安信(EMC)公司在"云计算相遇大数据"年会上正式提出大数据概念。之后IBM、麦肯锡等机构也纷纷发布与大数据相关的研究报告。其中麦肯锡全球数据分析研究所将"大数据"定义

为大小超出典型的数据库工具收集、存储、管理和分析能力的数据集。人类进入了所谓的大数据时代。

大数据（Big data），或称巨量资料，指的是无法通过传统的存储管理和分析处理软件进行采集、存储、管理和分析的数据对象集合。大数据对象既可能是实际的、有限的数据集合，如某个政府部门或企业掌握的数据库，也可能是虚拟的、无限的数据集合，如微博、微信、社交网络上的全部信息。

大数据是需要新处理模式才能具有更强的决策力、洞察发现力和流程优化能力的海量、高增长率和多样化的信息资产。由此可见，大数据指的是无法使用传统流程或工具处理或分析的信息。它定义了那些超出正常处理范围和大小、迫使用户采用非传统处理方法的数据集。

大数据技术，是指从各种各样类型的大数据中，快速获得有价值信息的技术的能力，包括数据采集、存储、管理、分析挖掘、可视化等技术及其集成。适用于大数据的技术，包括大规模并行处理（MPP）数据库，数据挖掘电网，分布式文件系统，分布式数据库，云计算平台，互联网，和可扩展的存储系统。

大数据应用，是指对特定的大数据集合，集成应用大数据技术，获得有价值信息的行为。对于不同领域、不同企业的不同业务，甚至同一领域不同企业的相同业务来说，由于其业务需求、数据集合和分析挖掘目标存在差异，所运用的大数据技术和大数据信息系统也可能有着相当大的不同。唯有坚持"对象、技术、应用"三位一体同步发展，才能充分实现大数据的价值。

2. 大数据发展的特征

大数据不仅是一场技术革命，一场经济变革，也是一场国家治理的变革。牛津大学教授维克托·迈尔·舍恩伯格在其著作《大数据时代》中说："大数据是人们获得新的认知、创造新的价值的源泉，还是改变市场、组织机构，以及政府与公民关系的方法。"

业界通常用四个 V，即容量大（Volume）、类型多（Variety）、存取速度快（Velocity）、应用价值高（Value），来概括大数据的特征。具

体来说,大数据具有四个基本特征:

一是数据容量巨大。数据容量大,指代大型数据集,一般在10TB规模左右,但在实际应用中,很多企业用户把多个数据集放在一起,已经形成了PB级的数据量。百度资料表明,其新首页导航每天需要提供的数据超过1.5PB（1PB = 1024TB）,这些数据如果打印出来将超过5000亿张A4纸。有资料证实,到目前为止,人类生产的所有印刷材料的数据量仅为200PB。

二是数据类型多样。数据来自多种数据源,数据种类和格式日渐丰富,已冲破了以前所限定的结构化数据范畴,囊括了半结构化和非结构化数据。现在的数据类型不仅是文本形式,更多的是图片、视频、音频、地理位置信息等多类型的数据,个性化数据占绝对多数。

三是存取速度快。在数据量非常庞大的情况下,能够做到数据的实时处理。数据处理遵循"1秒定律",可从各种类型的数据中快速获得高价值的信息。

四是应用价值高。随着社交数据、企业内容、交易与应用数据等新数据源的兴起,传统数据源的局限被打破,企业愈发需要有效的信息之力以确保其真实性及安全性。

（二）大数据发展给高校人才培养带来的变革

在现实中,对大数据的处理分析正成为新一代信息技术融合应用的结点。移动互联网、物联网、社交网络、数字家庭、电子商务等是新一代信息技术的应用形态,这些应用会不断地产生大数据。云计算为这些海量、多样化的大数据提供存储和运算平台。通过对不同来源数据的管理、处理、分析与优化,将结果反馈到上述应用中,将创造出巨大的经济和社会价值。

面向大数据市场的新技术、新产品、新服务、新业态会不断涌现。在硬件与集成设备领域,大数据将对芯片、存储产业产生重要影响,还将催生一体化数据存储处理服务器、内存计算等市场。在软件与服务领域,大数据将引发数据快速处理分析、数据挖掘技术和软件产品的发展。

各行各业的决策正在从"业务驱动"转变"数据驱动"。对大数据的分析可以使零售商实时掌握市场动态并迅速做出应对；可以为商家制定更加精准有效的营销策略提供决策支持；可以帮助企业为消费者提供更加及时和个性化的服务；在医疗领域，可提高诊断准确性和药物有效性；在公共事业领域，大数据也开始在促进经济发展、维护社会稳定等方面发挥重要作用。

在教育领域，大数据以其特有的容量大、类型化、存取速度快以及应用价值高等特点在教育改革中发挥着不可替代的作用。大数据时代的到来给教育变革注入了无限生机与活力，进一步改变了以往评价过于单一、形式异化而造成负担过重的学习方式，取而代之的是不受时空限制，以学习者为中心的，以培养创造力为中心，能够根据学习者的需求，辅助一定的学习终端进行自主学习的智能化学习方式。具体而言，大数据时代的学习方式主要表现为合作化学习、获取性学习以及移动式学习，这为创造性人格、创造性思维与创造性能力的形成与发展提供了机遇，有益于信息化人才的培养。

"互联网+"各行各业跟大数据、云计算相结合展现出新产品、新服务、新业态、新模式。利用大数据采集及挖掘创新教育信息，通过数据分析，对创新教育趋势进行预测并对创新教育方案进行决策，对促进创新教育的发展、提升大学生的创新实践能力、培养创新人才具有重要的意义。

同时，互联网技术创新带来了教育方式的革命。随着各种信息源、知识源、学习资源、教学资源和课程资源成爆炸式增长，学习方式不再一成不变。作为肩负创新人才培养的高等院校，教学方式要与时俱进，跟上时代的步伐，教学改革势在必行。

例如，美国在2012年3月推出的"大数据研究和发展计划"中，提出扩大大数据技术开发及应用所需人才的供给，鼓励研究型大学设立跨学科专业，培养大数据人才。美国公司在竞相研发大数据技术的同时，也为高校的人才培养提供了巨额的资金援助和广阔的实践平台。美国大学开设全新的课程，以培养下一代的"数据科学家"。

从我国来看，早在 2011 年 12 月 8 日由工业和信息化部发布的物联网"十二五"规划中就提出了四项关键技术，即信息处理技术、信息感知技术、信息传输技术、信息安全技术的创新工程，其中涉及海量数据存储、数据挖掘、图像视频智能分析等与大数据相关的技术工程。2015 年 8 月的《国务院关于印发促进大数据发展行动纲要的通知》更加清楚地表明将加强大数据专业人才的培养，为建立健全多层次、多类型的大数据人才培养体系，提出了三个"鼓励"，即"鼓励高校设立数据科学和数据工程相关专业，重点培养专业化数据工程师等大数据专业人才；鼓励采取跨校联合培养等方式开展跨学科大数据综合型人才培养，大力培养具有统计分析、计算机技术、经济管理等多学科知识的跨界复合型人才；鼓励高等院校、职业院校和企业合作，加强职业技能人才实践培养，积极培育大数据技术和应用创新型人才。"可以说，各国都希望在大数据技术浪潮中占据更为有利的位置。大数据信息人才的培养将成为其未来国际竞争力的关键。

总之，大数据是信息化发展的新阶段。随着信息技术和人类生产生活交会融合，互联网快速普及，全球数据呈现爆发增长、海量集聚的特点，对经济发展、社会治理、国家管理、人民生活都产生了重大影响。世界各国都把推进经济数字化作为实现创新发展的重要动能，在前沿技术研发、数据开放共享、隐私安全保护、人才培养等方面做了前瞻性布局。

二、大数据背景下信息现代化人才培养现状

（一）国外一流大学人才培养经验借鉴

人才培养是一个系统性工程，好的大学往往在人才培养实践中形成包括理念、专业设置、教学组织、课程设置、教学评价等要素的操作式样和理论模式。

例如，哈佛大学人才培养模式具有以下特点：适应时代要求的人才培养理念，促进个性发展的专业设置模式，注重因材施教的教学制度体

系，强调博专并重的课程设置方式，实行探究参与的教学组织形式，构建独具特色的隐性课程形式。推迟专业选定时间至第三学期末并增设第二专业领域，围绕加强探究性学习和师生交流构建新的课程体系，加强综合交叉学科课程建设，大力扩充国际化和全球化学习体验项目等。

斯坦福大学始终坚持"实用人才"理念，结合世界发展趋势，提出培养"未来世界领导人"，拓展学科基础和促进学科交叉的专业设置模式，拓宽知识基础和优化知识结构的课程设置方式，促进自主探究和实践应用的教学制度体系，倡导研讨交流的教学组织形式，推行多元综合的教学评价方式。

牛津大学则突出全人教育的人才培养理念，促进学科交叉的课程设置方式，综合性课群是本科课程体系中的亮点，鼓励交流互动的教学组织形式，促进学生发展的教学管理模式，注重学习过程考查的教学评价方式。

可以看出，国外一流大学在人才培养方面，注重学生的个性化塑造；加强对专业课程的模式改进，强调学生的个性化发展；优化课程设置来促进学生的自由发展；重视对教学制度体系的改革，注重学生个性与全面的双重发展；大力创新教学组织形式，助推主体个性提升；深化教学管理改革模式，尊重学生的个性发展；促进和谐个性发展；注重完善教学评价方式，引导个性全面发展。

对于大数据时代下的人才培养，以美国为例，作为教育大数据的发展先驱，美国已经有了较为丰富的实践经验。审视美国教育大数据发展及实践成果，我们可以将其战略优势概括为政府优势、地位优势、合作伙伴优势等。一方面，政府发表法案政策为大数据发展奠定基础，为大数据的发展保驾护航。另一方面，美国大数据的发展，尤其是以大数据核心技术及跨专业领域的发展，很大程度上依赖大数据人才。

(二) 国内一流大学人才培养现状

育人是大学的初心，只有能培养出一流人才的高校，才能够成为世界一流大学。本科教育是培养一流人才最重要的基础，要体现一所学校的传统和特色。习近平总书记指出："办好中国的世界一流大学，必须有中国特色。"国内一流大学坚持扎根中国大地办大学,为国家建设和发展培养、输送优秀人才,对接国家重大发展战略和重大工程组织科研攻关,聚焦中国实践、中国经验、中国问题开展扎实、深入、创新的学术研究,源源不断地贡献中国智慧。

例如,在"双一流"方案中,清华大学实施价值塑造、能力培养、知识传授"三位一体"的培养模式,建立以通识教育为基础、通识教育与专业教育相融合的本科教育体系,创新人才培养机制和模式,加强研究生学术精神、独创性和批判性思维的培养,着力培养肩负使命、追求卓越的人。同时,构建了包括"学科领域—学科群—学科"三个层次的学科建设体系。通过"双一流"方案确定分类、分层次学科发展规划,确定针对性的学科建设和学科交叉发展支持方案。工科在保持群体优势的基础上,加强具有突破性、颠覆性的重大技术的创新,在国际上发挥引领作用;理科要进一步提升水平,努力取得原创性、有国际影响力的重大学术成果。

但是,国内一流大学的本科人才培养与世界一流大学相比,在教育理念、培养模式和教学手段上,都还存在差距。在大数据时代下学生普遍缺乏批判性思维、基础不够厚、口径不够宽等问题更突出。

(三)信息学院人才培养现状与反思

1. 转型发展任重道远

2017年10月,山西省教育厅组织成立了山西省应用型高等学校联盟,联盟由八所向应用型转变试点高校组成。联盟旨在打造成为应用型高校交流的平台、共享的平台、咨询的平台、服务的平台,为全省应用型高校建设建言献策,积极促进全省高校转型发展。加快推进高校转型发展,优化全省高等教育结构,增强高校服务全省经济社会发展的能力,各高校将领会高校转型发展的重大意义,认识到推进本科高校转型发展是全省经济发展方式转变、产业结构转型升级的迫切要求,是全省高等教育结构调整的必然选择。信息学院作为山西大学商务学院向应用型高校转变的试点,在转型探索上任重而道远。

2. 校企合作模式单一

在就业方面，坚持"校企合作、工学结合"的改革方向，提出了两个面向（面向考研、面向就业）的"3+1"培养模式，与校外实训实习单位签订协议，并建立了稳定的合作关系，使学生在掌握理论知识的同时，具备实际项目的开发经验。到目前为止，已培养出 9500 余名毕业生。但校企合作模式单一、学生外出实训学习成本较大，并且校企合作与校内教学内在联系存在脱节现象。

3. 实验室功能不足

信息网络实验教学中心承担了软件工程、电子信息科学与技术、计算机科学与技术、网络工程、物联网工程等专业的 40 多门实验课程的教学任务。该中心始建于 2006 年 10 月，是在信息学院信息技术（IT）实验中心基础上，整合相关教学资源，以培养学生创新实践能力，促进资源开放共享为宗旨，建立的一个电子信息类实习实训基地。

经过十余年的建设发展，现有 16 个专业实验室（含 3 个校企合作实训室），总面积为 1700 余平方米，设备总价值 830 余万元，逐步改善了专业教学条件，积累了优质教学资源。2014 年，信息网络实验教学中心被山西省教育厅评为省级实验教学示范中心，其中信息安全实验室被山西省信息化领导组批准为"山西省信息安全示范实验室"。尽管如此，现有的实验室功能还不能全部满足专业应用能力的培养要求。

4. 学生实践能力较弱

一般来说，实践能力是保证个体顺利运用已有知识、技能去解决实际问题所必须具备的生理和心理特征。实践能力包含着四个基本构成要素：实践动机、一般实践能力因素、专项实践能力因素和情境实践能力因素。实践能力构成要素为培养学生的实践能力提供相应的对策：第一，激发学生的实践动机是培养学生实践能力不可缺少的前提条件；第二，关注学生生理和心理素质综合协调发展是促进学生实践能力发展的基础性条件；第三，在解决具体问题过程中，实施具有针对性的专门训练是提高学生实践能力的重要途径；第四，在真实的情境中提出解决真实问题的要求和条件，是提高学生实践能力的关键环节。

目前，信息学院在课程设置上，理论课多，实践课少，仍存在着重认知轻实践、重知识轻能力的现象，大学生实践动机不强、情景模拟不足、实践能力偏弱、缺乏岗位竞争力。增强大学生实践动机和提高大学生专业实践能力，已成为信息现代化人才培养的当务之急。

5. 人才需求把握不准

大学毕业生的就业能力并没有基于职业路径的需要进行建构与培养，使大学毕业生难以满足人力资源市场的需求。随着我国经济体制改革的深入和劳动力市场的结构性变化，用人单位，特别是计算机、信息类用人单位的需求模式发生了显著的变化。用人单位的劳动力需求行为基于"职位分析下的任职资格模型"在劳动力市场上通过价格机制选用合适的人才。然而，由于大学生是作为一个"产品"在一个高等教育系统中被制造出来的，并不能很好地满足"任职资格模型"需求，因此就业能力不足主要是与大学联系在一起的。

这既与传统上相对集中的高等教育管理体制有关，也与我院本身的职业教育能力不足相联系。长期以来，我院没有迅速适应就业市场对高等教育所提出的日益苛刻的要求。从传递知识的角度上看，在整个信息现代化人才培养教育中，知识教育仍然是非常大的一个比重，理论功底及其相应的分析解决问题能力的构建仍然极为薄弱；持续的扩招导致教育资源更加紧张。此外，对于大学生从学校到工作的转换，我院缺乏系统的职业指导与服务规划，导致学生或许有专业能力，但是缺乏"市场能力"——获取职业信息、展示专业能力、适应实际工作以及应对职业转换，等等。

三、大数据背景下信息学院信息现代化人才培育的探索

在当今时代大数据背景下，国家和地方都对信息现代化人才有巨大需求。山西省当前正处于转型跨越发展时期，努力建设全国重要的现代制造业基地、中西部现代物流中心和生产性服务业大省。在这其中，信息化人才要起到重要支撑作用。

近年来，信息学院在人才培养上进行了具有针对性、创新性的研究与探索，对现有五个专业应用技术型人才培养质量提升进行了针对性的工作。

（一）精准定位人才培养目标

目前，根据学生的实际需求、企业的市场需求、学科的学术需求三个层面，根据社会、行业对IT人才的培养需求，信息学院对信息现代化人才培养进行了重新定位，把"实现信息网络战略性新兴产业急需的应用技术型人才"作为新时期的培养目标，实现"一个新定位"对全局工作的统领作用。

（二）提出"1234"架构的应用型人才培养模式

基于校企合作的"1234"应用型人才培养模式即学院、企业双方在共同的教育教学理念指导下，充分发挥学院学科、人才、科技综合优势和企业平台、技术、设备、资金、信息独特优势，遵循需求对接、自愿协商、优势互补、资源共享、互惠共赢的原则，共同建设应用型人才培养平台，建立与培养目标相匹配的教师团队体系、课程体系、实践教学体系等，培养具有创新精神、实践能力强的应用技术型人才。

"1234"架构的人才培养模式，即1个目标，2个特色，3种能力，4维体系。具体地说，就是要实现1个目标（培养信息网络战略性新兴产业急需的应用技术型人才），凸显2个特色（突出培养电子信息类行业应用系统的设计、开发、维护能力，突出培养其他应用领域智慧化产品的创意设计、研制能力），培养3种素质（基本理论、工程技能、创新能力），构建4维体系（理论教学体系、实践教学体系、选修课辅助体系、第二课堂辅助体系）。

（三）创新实训教学模式

学院从实践教学环节入手，将基于岗位能力培养的实践教学体系引入教学当中，实施"任务引导、项目驱动"的实训教学模式。在整个教学过程中，教师以完成一个个具体任务为线索，把教学内容巧妙地隐含在任务中，让学生分组完成任务从而领会课程的核心内容。此种方式可以培养学生的创新意识和创新能力以及自主学习的习惯，引导学生发现问题、思考问题、解决问题，最终达到让学生自己提出问题，经过思考自己解决问题。

（四）联合培养双师双能型师资队伍

充分利用学院合作实训单位的条件，学院派出教师分别到上海杰普软件科技有限公司实训基地、山西思软科技有限公司实训基地、北京达内时代科技集团有限公司接受培训、挂职工作和实践锻炼；同时通过校企合作，探索尝试引进一定数量的行业企业专家承担校内实验实训教学，提高专业教师的实践动手能力及项目开发能力，鼓励教师通过各种方式实现"双师双能型"教师的转型发展，提升学院双师双能型教师比例。

（五）深入推进校企合作力度

1. 校企共同修订应用型人才培养方案

多年来，信息学院充分发挥达内集团在 IT 行业的优势，及社会对 IT 人才的需求，结合山西区域经济、社会发展，通过岗位类别、职业技能需求分析，按照"信息网络战略性新兴产业急需的应用技术型人才"的培养目标确定专业人才培养定位，合理修订人才培养方案。教学体系的构建以培养目标为依据，根据培养模式的不同进行不断地调整。如 2009 年，学院与达内集团开始实施"3 + 1"人才培养模式，主干课程的学习在校内前三年完成，最后一年的实习实训在达内集团完成。因此需要对原教学计划和教学进度进行调整，按照人才培养方案（第 7 学期的教学计划），制定相应的教学计划和课程置换办法，完成实习实训期间的课程置换工作。

2. 校企共同完善应用型专业课程体系

信息学院与达内集团双方共同构建面向企业行业需求的专业课程体系和实践教学体系，共同设计课程教学方案，不断优化、完善课程教学内容。依托 IT 产业和行业，采用由岗位需求定课程的机制，根据专业所对应的主要技术岗位要求具备的知识和技能，从时间和空间两个维度确定专业的课程体系。

同时实施高等学历教育与职业技能培训内容相衔接的人才培养计

划，构建以职业能力为需求的应用型本科课程体系。2017年，达内集团在信息学院计算机科学与技术、软件工程、网络工程、物联网工程专业选拔优秀学生，成立JAVA大数据特色班，围绕应用型转型综合实践需求，制定符合大数据人才培养目标的JAVA大数据课程方案，实施校企合作联合人才培养。

3. 校企联合开展全方位实习实训教学改革

在人才培养实施过程中，加大专业实践教学比例，根据行业的需求，以校企合作共同培养的愿望和产学做相结合为目的，每个学期依托"实践教学"模块，结合学生关键能力和专业能力的培养，开展课程设计、实习实训、专业认知性实习、综合项目训练，毕业实习、毕业设计等，循序渐进地培养学生的专业应用技术职业能力。

4. 引进新式设备、平台，进行实验室建设

以校企联合办学为契机，按照"优势互补、合作双赢、共同发展"的原则，结合我院实际，规范和加强校企共建实验室的建设和运行管理，成立和建设信息网络实验中心，提高实验室管理水平、保证实验教学质量、培养应用型人才。2017年5月，达内时代科技集团在我院投资建设了JAVA大数据技术、移动互联开发技术两个高性能实验室。

大数据技术实验室面积85平方米，设备总额达到45万元，可同时容纳60名学生开展实验教学。实验课程主要包括：JAVA基础+OOP、JAVA Web开发基础、JAVA高级编程、JAVA框架及应用、企业级大数据架构等课程等。实验项目包括：捕鱼达人、飞机大战、EasyMall商城、电信云笔记、京淘项目等。主要利用大数据分析主流软件框架，搭建与业界主要用户一致的实验与科研环境，将理论课程中学到的数据挖掘算法运用到实际的数据分析过程中，提升学生的动手操作和项目实践能力，使得学生所学与企业项目人才需求无缝衔接，与教师的科研工作紧密配合。

移动互联实验室面积160平方米，可同时容纳70名学生开展实验实训。实验课程主要包括：移动互联技术开发、功能测试、Android技术应用、Python语言编程、Web前端技术等。实验项目有：音乐播放器、阅读软件、网上商城等。移动互联技术，汇聚移动互联网不同层面的核心技术，聚焦嵌入式网关、移动通信技术及移动互联开发等三大平台，满足网络层—应用层的实训要求，可承担移动通信开发测试、安卓应用程序开发、网站建设、移动互联综合实训、Linux 系统嵌入式开发、Android 系统嵌入式开发等实训项目。通过学习，学生们能够更加深入学习到安卓开发技术、iOS 开发技术，使学生们对现在安卓和苹果手机的应用软件有更加深入的了解，符合企业需求。

信息网络实验中心，将推动信息学院网络化、数字化、个性化学习平台建设，推动信息学院慕课工程建设，为大数据时代下信息现代化人才培养创造良好教学环境。现在一批重点建设专业课程已完成前期课程视频制作，为实现"可视化"教学奠定了基础。

5. 强化第二课堂，组建师生研发团队

创新和规范学生第二课堂辅助体系学分的获取，本着"强化专业、提升素质"的原则，以四个大项——理想信念教育、素质拓展教育、技术技能培训、专业应用提升，制定和完善《信息学院第二课堂辅助体系实施方案》。

在进行专业课教学的同时，辅以体验式综合素养提升活动的开展，以发展学生职业综合能力。积极组建师生研发团队，以项目开发为核心，以专业知识应用和拓展、专业实践与顶岗实习、创新与创业为形式，以科技作品竞赛、创业计划竞赛、专业类竞赛等为载体，以专业前沿信息、行业法律法规、职业道德操守为补充，与专业就业岗位结合，增强学生专业素质，提高学生的就业层次和就业能力。

6. 实施多维监控，确保学生培养质量

为了确保信息学院人才培养质量监控及评价体系有效运行，在大数据时代下，将侧重考核学生的能力和素质。既强调结果评价，又注重过程评价，建立将过程评价与结果评价相结合，全面衡量人才培养、选拔、评价的标准和制度。通过学生互评、小组互评、教师把关，对学生的学习活动进行评价，减少学生重结果轻过程、重理论轻技能、重竞争轻合作等本末倒置的不良现象。

积极探索校企合作新模式，注重理论培养及项目实战，主要从以下四个维度进行监控、评价。

第一，加强学期/学年人才质量评价。具体包括：学生基础技能评价与学生项目能力评价。其中，学生基础技能评价主要是对学生对基础学科理论知识、基础实战技能掌握程度的评价。对学生基础知识、技能掌握情况进行有效监控与反馈，便于及时调整教学重点。其评价方式为课后案例作业、中期考察、期末考试。评价办法包括作业标准完成占比10%、期末考试占比40%。而学生项目能力评价，主要是对学生对基于本课程相关实战项目完整度的评价。评价方式包括项目操作演示、项目答辩。评价办法包括项目能力整体占比50%，其中项目完整度10%、项目演示10%、项目答辩20%、项目创新10%。

第二，加强学生就业质量评价。主要目的是确保学生高质量就业。评价指标主要包括：就业单位、薪资待遇、企业性质（境内外上市企业、国内一流企业、国内知名企业、快速发展企业）、就业岗位（软件研发、需求分析、工程实施、项目管理、软件测试）、发展前景等。

第三，加强后期跟踪保障评价。通过学生就业质量评价，确认学生所从事职业是否跟专业技术相关，确认学生是否属于高质量就业，学生在该企业是否有发展前景，学生是否满意。提供为期10年就业保障服务，无时间、无次数为学生提供就业推荐服务，直到达到预设就业目标，学生满意。

第四，加强用人单位评价。主要通过用人企业单位对学生工作能力评价来检验教学效果。通过用人企业单位对学生专业技能、项目研发能力、沟通能力、团队合作能力、培养潜力等方面的评价，最终形成企业单位用人反馈表，确保实验班教学及技能培养紧跟企业一线。

四、结语

大数据时代已经来临，我们既需要把大数据放在人的发展中加以透视，感受它作为时代变革的力量，更需要把大数据放在人才培养中加以明晰，理解它作为时代变革的内涵需求。在转变人才培养理念的前提下，信息现代化人才培养已传递出教育变革的回应之声，这种回应之声在时代科技发展中必将不断强大。在习近平总书记网络强国战略、教育强国战略、人才强国战略的指导下，各高校将不断推动构建大数据背景下人才培养格局，发展校企多元合作模式，推进教育教学实践改革，在大数据时代抢占人才高地。独立学院将一如既往地秉持务实创新的作风，利用独特的办学优势和灵活的办学机制，尝试开拓信息现代化人才培养的新思路与新模式，为高校转型发展提供可借鉴的模板与范例。

▶产教融合与电子商务人才培养

苏雪峰　岳云康

习近平总书记在党的十九大报告中指出要优先发展教育事业，完善职业教育和培训体系，深化产教融合、校企合作，加快一流大学和一流学科建设，实现高等教育内涵式发展。山西大学商务学院是一所地方性应用型本科院校，承担着培养适应区域经济发展的应用型人才的重任。电子商务专业作为我院首批省级特色专业，在校企合作、产教融合方面先行先试，进行了积极的探索和实践，为服务山西电子商务产业发展培养高水平的专业人才。

一、产教融合：内涵、优势及意义

应用型人才培养本质上是一种就业教育，而产教融合、校企合作是应用型人才培养的一种办学模式，是办好应用型本科的重要探索。应用型人才培养在三个层面体现了其特征，即在管理体制上的产教融合，在办学模式上的校企合作，在课程教学上的工学结合。三个层面的主体、要素、关系集中反映了应用型人才培养理论与实践的重要问题。当前，关于校企合作、产教融合的基本原理，理论界研究尚在深入，这既反映了校企、产学和产教的结合方式和内容的复杂性，也体现了"结合""合作"和"融合"的主体多元性和多样性。

（一）校企业合作、产教融合的基本内涵

通过"校企合作"进行人才培养在西方国家已有近百年历史。对于"产教融合"的研究，较早的是美国芝加哥大学教授福斯特在他

《发展规划中的职业学校谬误》中提出的。在我国，推进校企合作、产教融合的国家政策经过了一个不断发展的历程。从2005年全国职教工作会上"校企合作"的提出，到2013年十八届三中全会在党的报告中"产教融合"出现，再到党的十九大"产教融合、校企合作"成为近年来促进职业教育、高等教育发展，加强创新型人才和技术技能人才培养模式一脉相承的重要决策。历时四年，国家一级的文件就有八个，反复提出"产教融合"问题，反映了国家的高度重视。校企合作与产教融合既有区别也有联系。

"校企合作"是学校为了实现人才培养目标接近企业、寻求与企业联合办学的教育策略。起初，高等院校为专业建设或学生就业而主动接触企业，聘请行业人员作为兼职教师或咨询顾问，在企业建立学生实习实训基地，开展学生实习、就业，或者企业职工教育培训等。早期校企合作的建立和维系主要靠彼此"关系"或"感情"，交往简单，联系灵活，一般多是从学校到企业的单向过程，具有暂时性和易变性特点。

"产教融合"是在校企合作的基础上，通过学校教育教学过程与企业生产过程的对接，融教育教学、生产劳动、素质养成、技能提升、科技研发、经营管理和社会服务于一体的行为或过程。其本质是以对接产业发展为先导，以系统培养技术技能为基础，强化实践教育，打破藩篱分割，开展合作育人。产教融合是校企双向互动与整合的过程，校企交往由单向自发走向双向自觉，具有较高的交融性和稳定性，是校企合作的高级阶段。

从语义上看，"校企合作"着重的是"学校"与"企业"之间的单体互动，"产教融合"则可以看作为"产业"与"教育"行业或系统之间的结合。"合作"体现的是在同一框架下，双方共同完成内容与任务；而"融合"则体现的是"我中有你，你中有我"，相互交融、双方关系密切甚至合而为一；二者交融深度和广度是不尽相同的。

从主体参与程度上看，"校企合作"主要体现的是"学校"和"企业"在人才培养、科技服务和社会培训等方面的互动。在这个过程中，学校常常因为自身需要而成为合作的主动发起方，企业常常是被追求的合作方。而"产教融合"则是校企合作深度交融,即将产业的理念、技术、资源整合到学校的培养体系、课程、实训以及师资建设中,同时将学校培养的学生、科研和双创成果带给产业,共享和优化产学资源配置,助力产业建设,培养高素质创新人才。校企双方都是合作主导者,形成发展的共同体。

从教学过程看,校企合作下的学校,一般开展的多是"订单培养""合作办班""定向培训""企业冠名班"等,对接的常常是某个企业,其教学标准也多囿于企业要求。而产教融合意义下的学校对接的则是行业统一性要求,教学采用产业、行业标准;实训、实习强调的也是在真实的工作环境中实干真做,成为教学计划的组成部分,学生学业水平的测评是以企业标准进行。因此,学习与工作一体,学做人与学做事统一。

如果说"校企合作"具有具体性和微观性特点,那么"产教融合"则具有宽泛性和宏观性特点。产教融合的关键是学校和企业主体积极性,这既涉及人才培养模式改进,还事关教育组织形态和政策服务供给方式变革,深化产教融合是完善现代高等教育治理体系的一项制度创新,也是深化教育供给侧结构性改革的一个重大举措。

(二)校企合作、产教融合的意义和优势

校企合作与产教融合是加快应用型人才培养的关键,是应用型人才培养的大趋势。应用型高等教育本质就是就业教育,是一种重实践,以能力为本,促进学生未来就业、竞争、发展的一种教育,如何实现其教育目标,靠学校单方面的力量是远远不够的,学校的教育只有和产业结合起来,实行产教融合、校企合作,才能使学生学到真正的本领。通过校企合作、产教融合,将学校和企业两种不同的教育环境和教育资源高效整合,使专业培养与产业发展密切相连,更好地为地方经济服务,同时将新工艺、新技术充实于教材,丰富教育内容,提高学生的全面素质和综合能力,以适应市场经发展对人才素质的需要。

1. 校企业合作有利于学生和企业的共同发展

校企业合作促进了应用型人才培养的市场化、社会化,提高了教育教学工作的针对性和时效性，提高了毕业生的就业率，使学生在企业文化的熏陶和规范的岗位工作中提高自身的专业技能与职业素养，为今后的工作和学习打下良好的基础。通过校企合作，企业则可省去二次培训，节省了人力、财力和时间。学校的培养目标和培养方向与企业一致，即实现双赢。

2. **校企业合作有效地整合了社会资源**

学校利用企业资源，一方面为学生提供了"真刀真枪"的实习实践机会，同时也用活了企业设备，使其发挥了最大的效益，降低了学校的培养成本，保证了学生专业技能学习与企业最新技术、最新设备的更新同步。另一方面，企业能优先选用合作院校的学生，节约了人力资源招聘与培训的成本，解决了企业用工不足的问题，大大降低了企业成本，提高了企业经济效益。

3. **校企业合作加快了"双师型"队伍建设**

应用型人才培养倡导"理实一体化"教学，对教师的能力提出了更高的要求，加快"双师型"队伍建设是实现"理实一体化"教学的关键所在。学校的专业教师到合作企业接触新工艺、新技术、新理念，直接获取实践经验，提高教师理念与实践水平。聘请一线工程技术人员、技师来校任教或指导实践，双方在教学配合中共同完成对学生的培养，加快了"双师型"队伍的建设步伐。

二、我国电子商务发展与人才培养

国内知名电商智库（电子商务研究中心与国内专业电商人才服务商）、赢动教育共同发布了《2017年度中国电子商务人才状况调查报告》。报告对中国电子商务人才发展存在的四大特征、三大问题进行了分析。该报告对国内376家样本电商企业进行问卷抽样和网络调查，调查企业以在国内主要企业到用户（B2C）电商平台上开店的像伊芙丽女装、Artka女装（阿卡）、七格格、misscandy健康指彩、猪哼少、韩束、亿超眼镜等平台大卖家为主，以及企业到企业（B2B）电商平台、跨境电商平台、电商服务商等。

（一）电子商务人才需求的四大特征

1. 电商行业不断向纵深发展，新零售崛起

随着消费意识和消费能力的升级，便宜不再是首选，个性、认同、互动、品质更能打动人心；电商行业转型升级，促使企业在营销、市场、物流、生产等方面进行一系列变革，电商线上线下一体化、无边界时代来临；大数据、云计算、物联网、人工智能等基础设施的完善，大力推动了电商行业的技术升级，数据成为企业最有价值的资源。

2. 人才缺口仍然比较大，招聘压力大

78%的被调查企业认为人员招聘难度大，有稳定招聘需求和大规模招聘需求的企业比例达到87%。人才需求结构呈多样化趋势，除了传统的电商运营、推广销售、技术等人才缺口外，供应链管理、产品策划及规划等人才缺口也开始凸显。

3. 企业人力资源各项成本逐年攀升

在人员招聘成本方面，电商企业综合成本不断上升，成本在每人300元以上的电商企业比例和去年相比上升了9%。不少电商企业为了提高招聘效率和效果，提升了第三方人力资源服务商或猎头的招聘比例，进一步加大了企业的招聘成本。通过调查发现，薪酬低是员工离职的最主要原因之一，为了留住人才，企业薪酬支出逐年上升。44%的被调查企业认为员工培训与开发成本压力大，同时，电商人才跳槽频繁，造成企业置换成本大幅上升。

4. 企业人力资源管理挑战大，迫切需要转型升级

90后、95后员工是电商企业的主要人群，他们独特的成长环境，鲜明的个性和价值观等特征，要求企业的管理能够因势利导，而不是僵化管理；学习能力、责任心是电商企业最看重的素质，而90后、95后员工，特别是刚毕业的大学生在这方面有很大不足，比如频繁跳槽、好高骛远等现象，加大了企业管理难度。在员工离职的主要原因中，抗压能力低排在第一位，占被调查企业的51%。一方面和电商企业员工偏年轻有关，另一方面也促使企业要在情绪压力管理、工作过程指导等方面投入较大的精力。

（二）电子商务人才培养面临的三大问题

1. 行业快速发展与人才供应不足之间的矛盾

电商行业不断向纵深发展，新零售、物联网、跨境电商、农村电商、人工智能、现代物流等不同电商形态的快速推进，更需要大量的人才，当前的人才存量及人才结构明显跟不上发展的要求。高校每年电商专业毕业生有数十万，但不管是从知识结构，还是能力要求，都与企业实际需有较大断层。

2. 电商企业人力成本上升与精益化运营之间的矛盾

招聘压力大、员工流失率高、薪酬上涨快等现象并没有明显的改善，不断加重了企业的人力成本压力；团队问题、组织管理问题成为企业发展、提升利润的主要障碍，越来越需要会领导、懂管理的高水平人才操盘；市场竞争也是造成企业发展压力的重要因素，传统运营推广方式的效果越来越差，多网络、多渠道、新媒体、内容运营等新推广形式呈现出强大的效果。

3. 企业对电商人才的要求与传统教育模式之间的矛盾

当前，高校电商专业理论更新速度慢，跟不上电商的快速发展。同时，与企业的需求对接又比较少，无法给予学生有效的指导和帮助。电商是一个实践性极强的行业，高校教师大多经验不足，无法进行针对性的实操教学。虽然高校近年来加大了实践性教学活动的比重，但更多的还是为了完成学业和考试而草草了事。学习能力、团队协作能力、敬业精神等职业素养是学生走向社会，走向职业化的通行证，高校需要不断加强类似的教学和活动，提高学生的内在素养。

（三）未来电子商务人才需求的四大方向

《德勤：2017 年全球零售力量》数据显示，最近两年的实体店购物比例正在逐渐回升，每周至少去实体店购物一次的消费者比例经历了从 2013 年的 42% 降至 38%、36% 到 2016 年、2017 年的 40%、41%。这意味着发展到现阶段的电子商务面临用户回归线下的危机。在这种背景下，马云提出了"新零售"的概念，新零售背后是供应链管理、物流设备智能化、网络精准营销、社交引导等一系列互联网化手段在支撑，从机器学习到自然语言处理、云计算等领域，都需要大量人才注入。

1. 数据分析人才

随着大数据、云计算、人工智能发展，预计到2020年，第一个"机器人"网商将诞生。人和机器组成新的商业主体，从事简单操作的传统电商岗位将逐步被淘汰，取而代之的是能够实现人机对话的技术研发人才，特别是具备数据分析、挖掘技术的数据分析人才，能够帮助企业优化供应链，减低库存，实现智能决策和个性化服务。

2. 新媒体营销和运营人才

移动互联网、共享经济、网红+直播电子商务的快速发展使得企业对新媒体营销运营人才需求激增，企业更加强调从业者"移动互联"和"社交媒体"两方面的能力，强调跨行业、学科、媒介、渠道的跨界复合能力。据物流产业大数据平台统计，仅2017年上半年，人才市场上对新媒体运营人才的需求量就达到了1.8万人，预计到2020年，新媒体运营人才的需求量将突破8万人。

3. 农村电商人才

受限于农村落后的经济和文化环境，农村电商的人才缺口巨大，且未来高素质农村电商人才缺口还有进一步扩大的趋势。据《县域电子商务人才研究微报告》，未来两年县域网商对电子商务人才的需求量将超过200万，最缺运营推广、美工设计和数据分析三类人才，其他还包括客服、物流仓储人才。

4. 跨境电商人才

阿里研究院预测，到2020年中国跨境电商交易额占中国进出口总额的比重将超过37%。跨境电商的快速发展必然带来对人才的巨大需求。未来三年，兼具国际贸易、国际物流、电子商务、跨境营销特征的高端复合型人才将会更受跨境电商企业的青睐。

（四）高校电子商务人才培养的措施

1. 明晰自身定位，明确人才培养目标

从人才需求端来看，企业最缺的是大专及以上学历的电商人才，但

目前中职院校是电商人才培养的主力，培养目标大多是在电商企业或网店从事操作岗位的人才，人才培养定位低，甚至部分院校的人才培养没有明确的方向和定位。实际上电子商务是一个非常宽泛的领域，人才培养时必须进行细分和准确定位。

2. 紧跟行业发展，及时更新教学内容

电子商务行业发展日新月异，新业态和新理念层出不穷，知识迭代速度快，但目前大部分院校电商专业的教学内容过于陈旧，理论体系无法指导未来工作实践。学校可通过建设数字化教学资源库的形式，及时更新教学内容，构建教学资源升级更新的机制，使教学内容及时跟上产业发展。

3. 加大教学投入，重点完善实训条件

大部分院校的实训课程都是依托于淘宝等平台开展实训，只能进行美工、客服等岗位的实践训练，无法满足数据分析、优化、平台运营、跨境电商等岗位的实训。据长风职业教育研究院调查，全国开设电子商务专业的院校中，只有0.78%的高职院校和0.38%的中职院校建设了大数据实训平台，只有5.43%的高职院校和1.46%的中职学校建设了跨境电商实训平台。学校可通过校企合作共同开发综合实训平台，实现模拟学练＋虚拟现实操作，满足电商相关岗位的实践训练需求。

4. 加大双师型队伍建设，全面优化师资队伍

由于电子商务专业开设时间较短，大量电子商务专业教师是从计算机、经济管理等其他专业借调，缺乏电子商务专业背景；加上我国电子商务行业发展日新月异，而专业教师大多通过研讨会和培训获取行业信息，知识更新速度慢；且部分院校专任、兼任教师结构不合理，甚至无企业兼职教师。据朋程研究院调查，中职电子商务专任教师中只有41.55%有超过1个月的企业实践经验，高达55.22%的中职学校没有企业教职教师。专任教师可通过多种途径丰富自己的实践经验。同时应加强校企合作，企业给师生提供更多顶岗和实习的机会，学校从企业吸收工作经验丰富的实践专家作为兼职教师，全面优化师资队伍结构。

5. 产教融合，升级当前的人才培养体系

产教融合，共建实用的电子商务人才培养体系。利用高校优质的教学资源，结合企业的最佳实践，共同打造实效人才培养体系。

三、山西大学商务学院电子商务专业校企合作的探索

应用型大学建设是当前高等教育的一项重要战略任务，不主动作为就没有一席之地。应用型本科是普通本科高等教育体系中的一种类型，就是要培养适应新一轮工业革命需要的高效劳动者、创造者，培养优秀的管理者和践行者。要实现这样的办学目标，产教融合、校企合作是必然趋势，也是必由之路。

我院电子商务专业结合电子商务人才需求现状和自身的不足，尤其是在校企合作、产教融合方面的不足，本着有利于专业发展，有利有学生培养，有利于老师成长，有利于学生就业的原则，积极寻求合作企业，与宁波热点网络科技有限公司开展了深度合作。合作双方以校内、校外实训基地共建为依托，开展人才培养、项目合作，发挥企业在区位、产业、资源、平台方面的优势，发挥学校在政策、人才、技术等方面的优势，实现优势互补、产教融合、合作共赢。

（一）校外实训基地共建

电子商务专业宁波热点网络科技有限公司校外实训基地位于宁波市余姚市电子商务产业园（慧聪电商公园）慧聪家电城。2016年园区内入驻商户达52家，其中大学生企业有29家。园区位于市区，交通较便利，环境较好，周边配置完善。宁波市与"电商之都"杭州相邻，电子商务产业发达，地理环境优越，区位优势明显。

通过宁波热点网络科技有限公司校外基地，可以搭建学校与园区内几十家企业合作的平台，拓宽了我校电子商务专业校企合作的渠道，打开了我校师生面向东南沿海经济发达地区学习交流、就业的窗口，使我校电子商务专业学生，甚至更多专业的学生从中受益。

在经过充分调研和两方不断沟通的基础之上，2016年11月两方签

订了《合作共建电子商务实训基地协议书》，明确了校外实训基地与运营过程中两方的职责、合作内容和运作模式。学生实习和教师企业实践是基地共建的主要内容。

1. 学生实训实习

宁波热点网络科技有限公司校外实训基地主要服务于毕业实习。毕业实习共分为两个阶段：校内强化实训和基地实习。

（1）校内实训。

校内实训是对学生进行岗位实践能力培养的专门训练，目的有两个，一是对学生所学知识和技能通过项目的方式进行综合训练，强化所学知识和技能，培养学生的综合能力；另一方面是培养学生的职业素养、岗位技能、安全意识，使学生能"零距离"适应将来的实习和就业岗位。

强化实训阶段由合作双方共同组建管理团队，共同制订教学计划和选拔学生组建"热点电商班"。"热点电商班"主要开设电商项目策划、跨境电商项目实战、移动电商实战等专业综合技能训练课程，另外还举办职业素养、企业文化、安全意识等专题讲座。实训指导教师以宁波热点网络科技有限公司有丰富一线工作经验的导师为主，我院教师为辅，共同承担学生的强化实训。

（2）企业实习。

强化实训课程完成后，还要对"热点电商班"学生进行考核，对于考核优秀的学生进入宁波热点网络科技有限公司宁波校外基地实习。基地依托慧聪电商园，组织专门的企业人才供需对接会，综合考虑企业的岗位需求和学生的能力特点，安排合适的学生到合适的岗位。

为使实习取得更好的效果，每名实习学生配备有两名指导老师，一名校内指导老师，一名基地指导老师。校内指导老师通过网络对学生在实习过程中遇到的专业问题进行远程辅导，学生通过《实习周记》的形式向指导老师汇报工作，请教和讨论问题。基地指导老师主要负责学生的日常管理、职业素养教育、安全教育等工作，对实习学生进行现场指导，帮助学生快速适应工作岗位、适应企业环境，使其快速成长为一名合格的企业员工。

在实习期间，基地及时反馈学生实训期间的表现和问题，对出现的问题及时与学校协调解决。同时，负责对学生实训期间违纪违规行为与学校协商后做相应的处理。基地负责协助学校办理实训学生就业的相关手续；负责协助学院指导老师完成特色班学生毕业设计、毕业答辩等事宜。

2. 教师企业实践

宁波校外实训基地搭建了教师与企业交流的平台。学院定期组织专业教师赴宁波学习、调研、实践，宁波热点网络科技有限公司利用自身的资源优势、平台优势和行业影响，推荐有需求的教师到适合的企业进行企业实践。如针对跨境电商专业教师能力不足、实践经验缺乏的问题，由学院选派相关教师到宁波进行企业实践，由宁波热点网络科技有限公司负责与跨境电商企业对接，安排教师到相关企业进行学习、交流和实践。

（二）校内实训基地建设

校内实训基地建设是转型发展的重要内容和必然要求，为了进一步完成转型任务，深化校企合作、产教融合，我院与宁波热点网络科技有限公司在校外实训基地合作的基础上，达成了共建校内实训基地的合作意向。2017年11月，我院与宁波热点网络科技有限公司签订了《校企合作共建跨境电商校内实训基地建设方案》，共同建设跨境电商实训基地，基地包括跨境电商实训室、电子商务综合实训室、跨境项目运营室。跨境电商实训实习基地于2018年9月建成并投入使用。

跨境电商实训实习基地以培养应用型人才为目标，以"增强能力"为落脚点，以满足实际教学需要和实验教学为标准，服务于人才培养、项目合作、顶岗实习、社会培训等合作项目和日常的实验实训教学环节，以跨境电商教学和跨境电子商务项目运营为核心内容，不断深化校企合作，推进产教融合向纵深发展。

1. 课程置换

宁波热点网络科技有限公司根据山西大学商务学院教学计划及教学

需求，在各专业人才培养方案的框架内，发挥自身师资优势开设特色实训课程，成立热点电商特色班，通过课程置换、开设公选课等方式与现有人才培养方案相衔接。课程置换的方式和要求为：参与置换的课程在教学内容上要与人才培养方案中所列的某门课程内容相似和相关，保证人才培养方案实施不走样。如特色课程《跨境电商项目运营》可以置换人才培养方案中的《跨境电商实务》，两门课程的教学内容相近，但教学方法、侧重点不同。特色班的学生选修了特色课程，并取得了成绩，可以置换人才培养方案中对应课程的成绩，可以不修改人才培养方案中对应的课程。特色班可置换的课程不超过五门，保证教学内容的完整性和系统性，使特色班学生既能顺利完成人才培养方案中规定的核心课程的学习，又能学习相关的特色课程。特色班开设的其他课程一律纳入学院的公共选修课中供特色班学生和全校学生选择，使更多的学生受益。

2. **项目合作**

校内实训基地建成后，宁波热点网络科技有限公司利用自身的人才与资源优势引入电子商务实战项目，在基地内开展项目运营和项目合作。山西大学商务学院提供相应的政策与制度支持，对实战项目进行必要的审核与管理。目前在跨境电商实训实习基地已引入多个电子商务实战项目。

除了电子商务项目运营外，随着合作的深入，双方还要开展其他形式的校企合作项目，进行校企协同创新，比如共同开发课程、开发教材、研发产品等深度项目合作，以市场化思维将合作的成果产品化、市场化，一方面提高教师的实践和社会服务能力，另一方面提高基地和电子商务专业的影响力。

3. **顶岗实习**

顶岗实习的目的是为了提高学生的动手能力，真正做到工学结合、学做一体化，定期轮流分派学生到不同的岗位上进行锻炼。顶岗实习是以真实商业项目为基础，在企业导师或项目负责人指导下的实践。基地项目合作的顺利开展是顶岗实习实施的前提和基础。

进入基地的项目要与基地签订入驻协议,享受基地的政策,同时还有解决学生顶岗实习实践的义务,每一项目根据项目运营的需要设置相关岗位,选拔符合条件的学生进入基地参加项目运营,进行顶岗实习。

为保证顶岗实习顺利有序地进行,基地需要成立相关的管理机构,负责项目管理、岗位设置、人才选拔、轮岗等具体工作;学院各相关部门需要制定相关的配套制度和措施,既要保证项目运营的正常运转,又要为学生提供更多的实践锻炼机会。岗位设置要与人才培养方案相统一,不能脱离人才培养的总目标。顶岗实习不能与正常教学相冲突,在保证正常教学的情况下,学生利用空余时间进行实践。

目前,先后有40名学生参与了基地晋兴通跨境电商进出口平台项目的运营工作,主要从事美工、客服等基础性岗位工作。

4. 社会培训

以基地为依托,发挥基地在设施设备、师资、项目运营等方面的优势,承担政府部门、相关企业、行业协会组织的面向社会人员(待业大学生、在岗进修人员、创业者等)的电子商务培训(包括公益性培训),既满足了学员的就业创业需求,同时学员的口碑相传以及媒体传播将会为学校带来良好的社会影响。

在学院的正确领导下,在学院各相关部门的积极配合下,经过一年多的共同努力,电子商务专业与宁波热点有限公司摸索出了一条校企合作、产教融合的实现路径。在共建校内、校外实训基地的框架下,以基地为依托开展了人才联合培养、顶岗实习、毕业实习、教师企业实践、项目合作、社会培训等合作项目。随着合作不断深入,各项制度不断完善,在现有合作内容的基础上可能还会形成更多的合作项目和合作形式。双方的合作真正实现了资源优势互补,迈出了产教融合的第一步,为未来的更深层次的融合打下了坚实的基础。

四、结语

开展校企合作、产教融合,建立校企之间良好有效的合作机制,既是国际应用型高等教育发展的成功经验,也是破解我国企业人才需求与高等院校人才培养供需矛盾的一剂良方。可以说校企合作、产教融合是时代的召唤,是应用型高等教育的发展趋势。电子商务飞速发展的今天,企业对电商人才的需求飞速变化,高等院校唯有与企业深度合作,才能满足新时代电商企业对电商人才的需求,缓解电商人才供需矛盾,促进教育行业与电子商务产业共同发展。因此,加强校企合作、产教融合是应用型人才的必由之路;现阶段,实现产教融合只是迈出了万里长征的第一步,未来还需要不断创新合作模式,克服各种障碍,需要学校、社会、企业等各方的共同努力,开创校企合作、产教融合应用型人才培养的新局面。

参考文献

[1] 蓝洁. 职业教育治理体系与治理能力现代化的框架 [J]. 教育与职业, 2014 (23): 5-7.

[2] 付菊, 孙弼. 福斯特职教思想对我国职业教育的启示 [J]. 世界职业教育技术, 2006 (5): 22-24.

[3] 蓝国兴. 从校企合作到产教融合——商务英语教学改革探索与实践 [J]. 黑河学院学报, 2016 (5): 61-63, 14.

[4] 孔原. 基于互联网思维的产教融合模式创新与实践 [J]. 职教论坛, 2015 (8): 62-65.

[5] 管丹. "校企合作" 与 "产教融合" 概念辨析 [J]. 职教通讯, 2016 (15): 41-42.

[6] 李永生, 牛增辉. 论产教融合及其深化内容 [J]. 北京教育 (高教), 2018 (5), 19-22.

[7] 乾泉. 关于产教融合的模式研究 [EB/OL]. (2018-06-06) [2018-08-01]. http://www.sohu.com/a/234322305_532369.

[8] 中德职教联盟. 关于产教融合的一些思考 [EB/OL]. (2017-07-06) [2018-08-02]. https://www.sohu.com/a/154966029_99926894.

[9] 陈燕. 浅谈校企合作,产教融合的办学模式[J]. 艺术科技, 2018, 31(5).

[10] 电子商务研究中心, 杭州赢动教育咨询有限公司. 2017年度中国电子商务人才状况的调查报告[EB/OL]. (2018-04-09)[2018-08-01]. http://www.100ec.cn/zt/17rcbg/.

[11] 电子商务研究中心. 盘点:中国电子商务人才发展特征的四大特征与三大问题[EB/OL]. (2018-04-16)[2018-08-01]. http://news.cnfol.com/chanyejingji/20180416/26287459.shtml.

[12] 电子商务研究中心. 德勤:2017年全球零售力量[EB/OL]. (2017-08-01)[2018-08-01]. http://www.100ec.cn/detail—6408269.html.

▶ "一带一路"倡议与涉外人才培养

张立刚

"一带一路"倡议是党的十八大以来，以习近平同志为核心的党中央提出来的，是党的十九大关于新时代对外开放的重要战略部署。"一带一路"倡议部署的实施，对涉外人才培养提出了新的要求。在中国特色社会主义进入新时代的今天，高等院校外语人才培养必须确立新的发展理念，制订新的发展规划，适应新的形势需要。

一、"一带一路"倡议的内容与要求

（一）"一带一路"倡议的形成

2013年9月和10月，中国国家主席习近平在访问哈萨克斯坦和印度尼西亚时，先后提出共建"丝绸之路经济带"与"21世纪海上丝绸之路"的合作倡议，简要地说就是"一带一路"。2013年11月，中国共产党十八届三中全会通过的《中共中央关于全面深化改革若干重大问题的决定》指出："建立开发性金融机构，加快同周边国家和区域基础设施互联互通建设，推进丝绸之路经济带、海上丝绸之路建设，形成全方位开放新格局"。[①] 2014年3月，李克强总理所做的《政府工作报告》中也提到，开创高水平对外开放新局面，抓紧规划建设丝绸之路经济带和21世纪海上丝绸之路，推进孟中印缅经济走廊和中巴经济走廊建设，推进一批重大支撑项目，加快基础设施互联互通，拓展国际经

---

① 十八大以来重要文献选编：上[M]．北京：中央文献出版社，2014：526．

济基础合作新空间。① 2014 年 11 月，习近平主席在中央财经领导小组第八次会议上强调，丝绸之路经济带和 21 世纪海上丝绸之路倡议顺应了时代要求和各国加快发展的愿望，提供了一个包容性更大的发展平台，具有深厚的历史渊源和人文基础，能够把加速发展的中国经济同沿线国家的利益结合起来。2014 年 12 月召开的中央经济工作会议更是将"一带一路"与京津冀协同发展、长江经济带并列为今后中国优化经济发展空间格局的三大战略。② 2015 年 2 月 1 日，在北京召开的"一带一路"建设工作会议确立了一个至少拥有 1 名政治局常委、2 名政治局委员、2 名国务委员的高规格组织架构。③ 2015 年 3 月 28 日，国家发改委、商务部、外交部联合发布《推动共建丝绸之路经济带和 21 世纪海上丝绸之路的愿景与行动》，该文件从"一带一路"时代背景、共建原则、框架思路、合作重点、合作机制、中国各地方的开放态势、中国积极行动以及共创美好未来八个方面阐述了"一带一路"的主张与内涵，提出了共建"一带一路"的方向与任务。④ 2015 年 7 月 21 日，"一带一路"建设推进工作会议正式划定新亚欧大陆桥、中蒙俄、中国—中亚—西亚、中国—中南半岛、中巴、孟中印缅六大国际经济走廊作为今后"一带一路"的重点推进方向。

由此，中国在今后一段时间内正式开启了以"一带一路"为内政外交的大型战略。

（二）"一带一路"倡议的主要内容

"一带一路"是党的十八大以后，以习近平同志为核心的党中央提

---

① 李克强总理作政府工作报告［EB/OL］．(2014-03-05)［2018-08-23］. http://www.gov.cn/guowuyuan/2014-03/05/content_2629550.htm.

② 中央经济工作会议在京举行习近平李克强作重要讲话［EB/OL］．(2014-12-11)［2018-08-23］. http://www.ce.cn/xwzx/gnsz/szyw/201412/11/t20141211_4103857.shtml.

③ 张高丽：努力实现"一带一路"建设良好开局［EB/OL］．(2015-02-01)［2018-08-23］. http://www.gov.cn/guowuyuan/2015-02/01/content_2812983.htm.

④ 推动共建丝绸之路经济带和 21 世纪海上丝绸之路的愿景与行动［EB/OL］．(2017-04-25)［2018-08-23］. http://ydyl.people.com.cn/n1/2017/0425/c411837-29235511.html.

出的倡议,是新时代我国对外开放的重大举措,是我国与世界合作共赢的策略之一。"一带一路"是"丝绸之路经济带"与"21世纪海上丝绸之路"的简称,其主要内容包括政策沟通、道路联通、贸易畅通、货币流通以及民心相通五个方面。

1. **加强各国间政策沟通**

"一带一路"将加强各国间政策沟通作为主要内容之一,就是要为改善略显疲态的国际政策沟通机制做出贡献和示范。通过加强各国政府之间的合作,促进政治互信,深化利益融合,达成合作新共识。沿线各国对经济发展战略及政策在充分交流对接的基础上,共同制定推进区域合作的规划及措施,形成更务实的合作、协调有效的政策支持和机制。

2. **实现国家间设施联通**

抓住交通基础设施的关键通道、关键节点和重点工程,优先打通缺失路段,畅通瓶颈路段,配套完善道路安全防护设施和交通管理设施设备,促进国际通关、换装、多式联运有机衔接;加强能源基础设施的互通互联,共同维护输油、输气管道的运输通道安全,积极开展跨境电力网的建设和升级改造;共同推进跨境通信网络的建设,提高国际通信互通互联水平,扩大信息的交流合作。

3. **实现各国间贸易畅通**

努力促成沿线国家的海关合作,改善通关设施条件,降低通关成本,提升通关能力,共同提高贸易自由化便利层次;拓展贸易领域建设,优化结构,巩固扩大传统贸易,加强投资和贸易的结合,积极发展跨境电子商务等新的商业业态;鼓励建立研发生产营销体系,提升产品配套综合竞争力,扩大服务业相互开放和发展;推动促进沿线国家新兴产业领域的合作等。

4. **积极探索资金融通**

扩大沿线国家双边本币互换、结算的范围和规模;推动亚洲债券市场的开放和发展;加快丝路基金组建运营。同时,各国间加强金融监管合作,推动签署双边监管合作谅解备忘录,逐步在区域内建立高效监管协调机制。充分发挥丝路基金以及各国主权基金作用,引导商业性股权投资基金和社会资金共同参与"一带一路"重点项目建设等。

5. 促进各国民心相通

扩大各国相互间留学生规模,开展合作办学,深化沿线国家间人才、文化、体育等方面的交流合作;强化与周边国家在传染病疫情信息沟通、专业人才培养等方面的合作;加强科技合作,共建联合实验室(研究中心)、国际技术转移中心、促进科技人员交流,共同提升科技创新能力;充分发挥政党、议会交往的桥梁作用,加强沿线国家之间立法机构、主要党派和政治组织的友好往来。

总之,"一带一路"在政策、道路、贸易、货币、民心五个方面,都有着丰富的内涵和应用基础,对于我国的对外交流将产生重大的影响,对于高校的涉外人才来说,是一次重要的发展契机,也是新的要求。

(三)"一带一路"倡议对人才培养的要求

全新的经济发展模式带动了社会新的需求,"一带一路"实现了经济跨国发展,从而刺激了市场上对语言的需求。面对这一形势,国内高校必须在深化优势学科的基础上培养高素质综合性人才,满足国家和区域经济发展的需要,形成和整个国家经济社会共同发展的动态机制,必须坚持秉承全面服务国家和民族的理念。

这样的形势对我们相关教学部门和管理工作者提出了新的要求,要根据形势的变化不断对教育的结构进行调整使之符合形势的需要。"一带一路"的提出到发展,使得学科专业、研究方向以及传统的语言教学定型等成了亟待解决的问题,具体来讲就是必须尽可能地在短时间内为"一带一路"建设培养出既懂技术又会灵活运用的高质量的复合型人才。

从语言的适用性角度上看,外语对于"一带一路"的重要性不言而喻。随着"一带一路"经济带的建成,国内涉外人才的市场将会越来越广,技能型的涉外人才将会供不应求。山西大学商务学院外语系教学的目的就是培养应用型技术人才,在对于"一带一路"市场的开拓中,这种人才的重要作用将会是显而易见的。

二、"一带一路"视域下人才培养的理念

(一)复合型人才培养理念

我国强调素质教育的根本目的就是,为国家培养德智体美劳全面发展的接班人和建设者,实现人与社会、自然的统一和谐发展。随着社会的发展,对复合型人才的需求与日俱增,这类人群具有综合素质高、思维辐射广以及社会适应能力强等多种优势。根据素质教育理论,要想培养这类人才就需要和素质教育的价值取向二合一。当前形势下,素质教育就是源源不断地输出复合人才,反过来复合人才又促进素质教育理念的贯彻、落实、提高。由此可见,培养复合型人才的教育理论的前提是素质教育,这才是素质教育的重中之重。

(二)创新型人才培养理念

在"一带一路"建设中,国家竞争力最直接的体现就是一个国家的创新能力,而创新能力提升的基础就是创新型人才培养的质量和数量。创新型人才的基本内涵是"创新思维"和"创新能力"的综合体现。随着"一带一路"的建设发展,涉外人才与旅游、经贸等领域密切联系,因此,必须把涉外创新型人才培养作为下一步教学工作单位的重点之一。

培养创新人才是学校的根本任务,也是建设创新型国家的必然要求。学校必须转变旧的教育观念,充分认识创新教育在素质教育中的重要地位,把培养具有创新精神、创新意识、创新能力的各类人才放到关系国家前途、民族命运的高度来认识、来实践。通过实施创新教育培养满足社会需要的高素质创新人才。

(三)涉外人才培养理念

1. 培养国际意识和能力

"一带一路"要求与沿线国家进行深入的政治经济文化的交流,因此涉外人才的国际意识和能力就显得尤为重要。共建"一带一路"既是中国的倡议,也是沿线国家的共同愿望。要想将和平、开放、包容、

互学互鉴、互利共赢的理念深入人心，要想真正打造利益和命运的共同体，与沿线国家进行深入的政治经济文化的交流，就必须培养学生的国际意识和能力，将国际、各地区和各国的有关情况反映到自己的教学和科研中，将国际化渗透到课程、教学和学习过程中。

2. 探索"外语+X"人才培养模式

推进"一带一路"外语人才建设，需要对部分外语专业的人才培养方案进行改革，加强不同学科的交叉和融合，打破现有学科的分类，整合语言、文学、宗教、历史、地理、政治、经济、艺术等学科专业，开发出跨专业的"一带一路"学科，实现"一带一路"人才的多视角培养，尝试探索"外语+X"人才培养模式，以体制制度改革创新促进各类复合人才的培养。同时要进行"一带一路"建设背景、合作机制、实施重点以及"一带一路"沿线国家历史文化、社会经济、民族宗教等通识教育，将相关重点要素渗透到外语的专业教育内容中。

3. 加强实践交流和合作

"一带一路"沿线国家经济社会发展阶段不同，历史文化传统各异。高等院校应以国际人才培养实践为主要渠道，通过专项资金、学校或个人自筹资金等形式，结合外语专业培养计划和课程安排，有针对性地派遣学生到"一带一路"沿线国家的相关机构、企业、国际组织开展实习、实践活动，加强两者间的合作和联系。"走出去"的办法，既能了解相关国家的机构、企业、国际组织相关需求，增强教学的针对性，给我国高等院校传递人才培养的信息，为制订人才培养计划，联合开展人才培养形式提供依据。

综合以上几点来看，我们高等院校提升教学质量要综合提高学校、教师、教学内容、培养模式等方面的质量。这些因素共同决定了一所高校的教学质量，并直接影响到学生步入社会后的工作能力和实践水平。在当前"一带一路"提出的大环境下，市场对于我们高校人才的需要正在逐步扩大，对于人才的质量要求也在进一步提高。"一带一路"建设对于人才的需求是全方位的，其中语言方面的人才需求更是突出的，这就要求我们高校将课程教育和实践教育紧密结合，提高到一定高度，将培养复合型人才、创新型人才和"外语+X"人才作为重点。

三、"一带一路"视域下人才培养模式

（一）"一带一路"人才培养模式规划与设想

1. 确立国际化及地方人才培养目标

高等教育国际化是指国际的、跨文化的、全球的观念融合到本国高等教育学、科研和社会服务的全过程，是指高等教育的教育思想、人才模式、课程内容、教师及学生进行国际的交流趋势。随着经济社会发展和对外开放的扩大，高等教育日趋向国际化。高等教育的国际化，有利于培养具有国际视野、国际贸易、电子商务、法律法规等知识的高级复合型人才。在高等教育国际化及"一带一路"倡议实施的双重背景下，我国高等院校的外语人才培养，必须放眼世界，顺应时势，将国际化及地方人才作为培养目标。唯其如此，才能适应国家"一带一路"发展的需要和地方经济社会发展的需要，为国家发展战略的实施奠定坚实的人才基础。

2. 构建发挥区域优势的专业体系

我国地方高等院校，大多都是主要依靠地方资源并为地方的经济社会服务，也是地方社会经济发展的重要支撑力量。但是，一些地方高校的定位并没有适应国内外以及地方经济社会发展的变化，专业设置、学科建设尚停留在原有水平上，难以培养出服务地方经济社会发展的创新型人才。因此，地方本科院校要想发展，就要合理分析各个方面的不同需求及"一带一路"的需求，不断调整学科专业体系，增设适应地方经济社会发展需要的新学科、新专业以及新的研究方向，使学科专业体系设置更合理化，更能发挥区域优势，为地方本科院校赢得"一带一路"背景下的发展先机。

3. 设置"外语+X"多元化课程体系

面对21世纪科技知识时代的到来以及"一带一路"的全面实施，地方高校的人才培养模式、课程体系、专业设置等，都需要按照多元

化、多样化的需求进行调整和变革。地方本科院校多元化课程体系的设置和实施要以社会需要及学校发展特色为依据,更多地注重和强调基础性、应用性、综合性及宏观性。多样化的课程结构集中体现在课程设置的科学性和多元性,并且针对不同专业培养目标及学生的需求类型,提供多种选择。如外语教学,就要适应新形势的需要,把大语种和小语种结合起来,同时,还要设置相关人文课程及历史、地理课程。我们将这种课程设置理念概括为"外语+X"多元课程体系。这样的课程设置,不仅能够满足经济社会发展需要、学生需要,也反映了地方高校的地域文化、价值和特色。

4. 组建专业化的多层次教师队伍

教师的多元化发展不仅体现在教育教学过程中,而且在教师的职业素养、道德情操等方面都有所体现。由于教师职业的特殊性,教师具有不同智能类型,而这些与教师的智能相关,进而影响教学效果。地方本科院校专业化的智能教师的建设,要强调教学过程,无论是教学目标的设计还是教学内容的选择都要具备多元的入口,教师必须用多元的视角观察学生,以便培养学生多方面的智能和知识。"一带一路"沿线国家和区域对智能人才的需求使得地方本科院校从教师队伍的发展着手,极力组建专业化的智能教师队伍。而组建专业化的智能教师队伍的基础是对其重要性有相应的认识,不仅学校要认识到组建专业化智能教师队伍的重要性和必要性,而且教师也要从自身做起,了解专业化智能教师的内涵和重要性,以有效促进专业化的智能教师队伍的组建。

(二)"一带一路"人才培养模式实施与举措

1. 重视与市场接轨,培养创新人才

随着"一带一路"的发展,具有国际眼光并懂得拓展国际业务的外向型人才将成为用人单位争夺的主要目标。所以高校的外语专业要按照学校的整体发展规划,结合地方经济发展状况,立足就业,接轨市场,不断调整和优化专业发展定位,研究确定新的增长点,丰富和发展本专业特色,培养以外语专业为基础的全面发展的应用性人才作为目标,让人才培养模式落地于就业,符合社会发展所需。

2. 整合社会资源，灵活管理机制

高校担负着人才培养、科技创新与服务社会的三大职能。在为"一带一路"培养人才的要求下，必须坚定不移地协调三者发展，积极加强校际、国际、企业间的交流与合作。学校要调整管理模式，参与重大项目的合作、科技文化的交流、科技成果的转化，发展特有的高校科技产业，培养知名品牌和优质企业等，积极拓展合作空间，努力为地方经济建设和"一带一路"发展培养高素质的复合型人才，实现国家、地方和学校的共赢。

3. 依托专业建设，组建高素质师资队伍

高素质的大学教师队伍是培养优秀人才的关键所在，建设一支高素质的创新型教师队伍对学科建设和发展具有决定的意义。加强专业建设：要按照学校总体发展规划，结合地方经济发展及市场需求，不断调整和优化专业发展方向，确立专业新的增长点；要引进人才，学校应结合专业建设需要，从年龄、学历、职称、技能、双师等多角度入手，引进国内外学科带头人、骨干教师等学科顶尖人才，并积极主动创造条件，服务于引进人才的生活、学习、教学，让其发挥出模范带头作用，加快专业骨干教师、"双师双能"教师的培养；扩大具有相关实践经验的校外行业专家、高校知名学者的交流，增加教师队伍知识的外延；鼓励教师通过访学、进修、自主学习或走进相关企业进行短期见习或阶段性兼职，获取专业实践经历；提高教师队伍的创新能力、科研教学水平，鼓励教师把现有的科研成果与课堂教学内容有效结合，把学科的前沿知识传授给学生，用科研所提倡的创新思维激发学生的创新思维，充分提高学生的学习兴趣和科研水平；注重教师队伍的师德师风建设，引导广大教师"以德立身、以德立学、以德施教、以德育德"，争做"四有"好教师，使师生关系和睦、学术氛围浓厚。

4. 加快课程改革，注重实训教育

随着全球经济一体化的发展，就业市场对涉外人才的需求量日益增加，对涉外人才更看重的是其实用技能的掌握。因此，高校应以课程建设为重点，以建设精品课程为驱动，以培养学生职业能力为主线，调整

课程体系和教学内容，不断更新教学方法、手段，积极开展考试方法改革，尤其关注实践性教学内容的更新与完善，逐步建立起以培养职业能力、职业素养为核心的课程体系。在培养学生的实践教学部分应深化产教融合，促进教育链、人才链与产业链、创新链有机衔接，推进人力资源供给侧结构性改革和高校转型发展目标的需要；在充分整合本省周围省、市优质教育资源的同时，扩大校外实训基地建设，加强顶岗实习、校企合作的力度；积极培植特色课程，开发校企合作课程，以特色课程、校企合作课程彰显专业特色；推广现代化教育新技术，重视优质教学资源和网络信息资源的合理利用。

四、结语

"一带一路"倡议的提出与实施，使我国社会、经济、文化等方面都受到沿线国家极大的关注，"一带一路"提出五年以来，我国社会发展受益匪浅。地方本科院校作为高等教育系统的重要组成部分，主要为地方经济社会发展服务，而"一带一路"不仅为地方社会发展创造了机遇，同时对地方本科院校的发展起到了推动作用。因此，地方本科院校应抓住"一带一路"实施的契机，发挥本科院校特有的区域优势，进而为地方社会经济发展服务，为"一带一路"实施服务，提高院校自身的综合影响力，促进院校的全面发展。

参考文献：

[1] 胡建，谭伟平. 优化知识　强化能力　内化素质：新建地方本科院校应用型人才培养模式研究［M］. 广州：世界图书出版社，2013.

[2] 潘懋元. 应用型人才培养的理论与实践［M］. 厦门：厦门大学出版社，2011.

[3] 蔡敬民. 地方本科院校应用型人才培养的理论与实践探

索——以合肥学院为例［M］．合肥：合肥工业大学出版社，2013．

［4］顾永安．新建本科院校转型发展论［M］．北京：中国社会科学出版社，2012．

［5］彭旭．新建本科院校专业设置与挑战研究［M］．北京：光明日报出版社，2013．

［6］赵磊．"一带一路"年度报告：从愿景到行动（2016）［M］．北京：社会科学出版社，2016．

［7］王辉．"一带一路"国家语言状况与语言政策：第一卷［M］．北京：中国社会科学出版社，2015．

［8］刘复兴．做好与"一带一路"战略相适应的教育政策规划研究［J］．比较教育研究，2015（6）．

［9］曾丽．就业能力及其影响因素研究综述［J］．经营管理者，2011（24）．

［10］庄智象，等．关于国际化创新型外语人才培养的思考［J］．外语界，2011（6）．

［11］王爱玲．论英才教育和创新型人才培养［J］．教育理论与实践，2015（1）：29-31．

▶全面依法治国与法学人才培养

郭英杰　潘淑岩　李训伟

坚持全面依法治国，是党的十九大报告提出的坚持和发展中国特色社会主义的基本方略之一。从法学专业来说，落实全面依法治国基本方略的关键一环，就是坚持以马克思主义法学思想和中国特色社会主义法治理论为指导，建设符合我国实际的法学学科体系和教学体系，坚持德法并举、德法交融，努力培养更多优秀法治人才。

一、全面依法治国的提出与内涵

法律属于社会上层建筑，随着社会发展而发展。中国共产党深刻认识到法治在现代化进程中的重要作用，坚定不移厉行法治，坚持党的领导、人民当家做主、依法治国有机统一，坚定不移走中国特色社会主义法治道路，建设中国特色社会主义法治体系，建设社会主义法治国家，不断提高全民族法治素养，法治中国焕发出旺盛活力与强大生命力。

（一）全面依法治国的形成和发展

依法治国是党领导人民治理国家的基本方略。党的十八届四中全会通过的《中共中央关于全面推进依法治国若干重大问题的决定》，开启了中国法治建设的新时代，为全面推进依法治国制定了清晰的路线图，开启了法治中国建设的新篇章。依法治国基本方略的形成和发展，大致经历了以下三个阶段：[①]

---

①　王利明．依法治国方略是怎样形成和发展的？[J]．求是，2014（21）．

第一阶段：孕育阶段（1978年到1997年）：1949年中华人民共和国成立，中国共产党成为执政党。党如何执政？采用什么方略治理国家呢？在这个问题上，党经历了一个艰难而曲折的探索过程。1954年制定了共和国第一部宪法，初步奠定了社会主义法制的基础。"文化大革命"十年，社会主义法制遭到严重破坏。在总结"文化大革命"深刻教训的基础上，我们党开始探索治国理政的新方法。党的十一届三中全会确立了解放思想、实事求是的思想路线，同时提出了加强社会主义民主、健全社会主义法制的任务目标。尤其是"有法可依，有法必依，执法必严，违法必究"这"十六字方针"，准确地描述了法治的基本精神内核，阐述了依法治国的基本内涵，为依法治国方略的最终提出奠定了思想基础。

第二阶段：形成和发展阶段（1997年到2012年）：党的十五大正式提出"依法治国"基本方略。十五大报告指出："依法治国，是党领导人民治理国家的基本方略，是发展社会主义市场经济的客观需要，是社会文明进步的重要标志，是国家长治久安的重要保障。"这就正式将"依法治国"提升为国家治理的基本方略。依法治国方略的提出，是对我们党治国理政经验的全面总结与升华，标志着党在执政理念、领导方式上实现了一次历史性跨越，为我国此后的国家治理和社会治理指明了方向，具有里程碑意义。1999年3月，九届全国人大二次会议通过的《中华人民共和国宪法修正案》规定："中华人民共和国实行依法治国，建设社会主义法治国家"。正式将"依法治国"确立为宪法的基本原则，通过国家根本法对依法治国予以保障，使其有了宪法保障，也使依法治国这一基本方略有了长期性、稳定性的制度基础。2010年，我国如期基本形成了以宪法为统帅，以宪法相关法、民商法等多个法律部门的法律为主干，由法律、行政法规、地方性法规等多个层次的法律组成的中国特色社会主义法律体系，国家和社会生活各方面总体上实现了有法可依。在这一阶段，依法治国方略的正式确立，有力推动了法治观念的普及，指引了中国特色社会主义法律体系的形成，促进了法治政府建设和司法体制改革，我国法治建设在立法、行政、司法等各个领域都取得了重大进展和显著成就。

第三阶段：完善阶段（2012年至今）：党的十八大强调，依法治国是党领导人民治理国家的基本方略，法治是治国理政的基本方式。十八大确立了依法治国的新任务和目标，即到2020年全面建成小康社会时，"依法治国基本方略全面落实，法治政府基本建成，司法公信力不断提高，人权得到切实尊重和保障。"这个战略目标是与2020年实现全面建成小康社会宏伟目标同时提出的，进一步凸显了依法治国的重要性。十八届三中全会提出，要推进国家治理体系和治理能力现代化。在实现国家治理体系和治理能力现代化这一目标下，全面深化改革的重点之一，就是推进依法治国基本方略的具体落实。正是在这一背景下，党中央首次将"依法治国"确立为党的十八届四中全会的主题。

我国依法治国基本方略提出、发展和完善的历史经验表明，党的坚强领导是中国特色社会主义最本质的特征，是坚定不移走中国特色社会主义法治道路、不断推进社会主义法治建设最根本的保证。把党的领导贯彻到依法治国的全过程和各方面，是我国社会主义法治建设的一条基本经验。

（二）全面依法治国的基本内涵

依法治国就是依照体现人民意志和社会发展规律的法律治理国家，而不是依照个人意志、主张治理国家；要求国家的政治、经济运作、社会各方面的活动统统依照法律进行，而不受任何个人意志的干预、阻碍或破坏。简而言之，依法治国就是依照宪法和法律来治理国家。为适应新时代坚持和发展中国特色社会主义的需要，更好领导人民进行伟大社会革命，以习近平同志为核心的党中央从党长期执政和国家长治久安的战略高度，着力加强法治现代化的顶层设计，开创了依法治国新局面。

（1）全面依法治国是发展中国特色社会主义的本质要求。依法治国是坚持和发展中国特色社会主义的本质要求和重要保障，是实现国家治理体系和治理能力现代化的必然要求。我们要实现经济发展、政治清明、文化昌盛、社会公正、生态良好，必须更好地发挥法治引领和规范作用。坚持和完善人民代表大会制度，发展人民民主必须坚持依法治国,使民主制度化、法律化。法律是治国之重器,法治是国家治理体系和治理能力的重要依托。党的十八大以来,党中央从坚持和发展中国特色社会主义全局出发,提出并形成了全面建成小康社会、全面深化改革、全面依法治国、全面从严治党的战略布局。要把全面依法治国放在"四个全面"的战略布局中来把握,深刻认识全面依法治国同其他三个"全面"的关系,努力做到"四个全面"相辅相成、相互促进、相得益彰。

(2) 全面依法治国的核心在于加强和改进党对全面推进依法治国的领导。中国共产党是中国特色社会主义事业的领导核心,处在总揽全局、协调各方的地位。社会主义法治必须坚持党的领导,党的领导必须依靠社会主义法治。法是党的主张和人民意愿的统一体现,党领导人民制定宪法法律,党领导人民实施宪法法律,党自身必须在宪法法律范围内活动,这就是党的领导力量的体现。党和法、党的领导和依法治国是高度统一的。"全面依法治国,核心是坚持党的领导、人民当家做主、依法治国有机统一,关键在于坚持党领导立法、保证执法、支持司法、带头守法。"[1]

(3) 全面依法治国要完善以宪法为核心的中国特色社会主义法律体系,坚持依宪治国。宪法是国家的根本法,是治国安邦的总章程,是党和人民意志的集中体现,具有最高的法律地位、法律权威、法律效力。我国宪法是符合国情、符合实际、符合时代发展要求的好宪法,是我们国家和人民经受住各种困难和风险考验、始终沿着中国特色社会主义道路前进的根本法制保证。"坚持依法治国首先要坚持依宪治国,坚持依法执政首先要坚持依宪执政。要坚持党的领导、人民当家做主、依法治国有机统一,坚定不移走中国特色社会主义法治道路,坚决维护宪

---

[1] 在庆祝中国共产党成立95周年大会上的讲话 [EB/OL]. (2016-07-01) [2018-07-02]. http://news.163.com/16/0701/14/BQT5AQUN00014JB6_all.html.

法法律权威。"①

（4）全面依法治国要正确处理法治与改革的关系。改革和法治如鸟之两翼、车之两轮。我们要坚持走中国特色社会主义法治道路，加快构建中国特色社会主义法治体系，建设社会主义法治国家。"科学立法是处理改革和法治关系的重要环节。要实现立法和改革决策相衔接，做到重大改革于法有据、立法主动适应改革发展需要。在研究改革方案和改革措施时，要同步考虑改革涉及的立法问题，及时提出立法需求和立法建议。"②实践证明行之有效的，要及时上升为法律。实践条件还不成熟、需要先行先试的，要按照法定程序做出授权。对不适应改革要求的法律法规，要及时修改和废止。

（5）全面依法治国要增强全民法治观念，推进科学立法，保证公正司法，加快建设法治政府。要保证人民在党的领导下，依照法律规定，通过各种途径和形式管理国家事务，管理经济和文化事业，管理社会事务。要把体现人民利益、反映人民愿望、维护人民权益、增进人民福祉落实到依法治国全过程，使法律及其实施充分体现人民意志。"要发挥法治对转变政府职能的引导和规范作用，既要重视通过制定新的法律法规来固定转变政府职能已经取得的成果，引导和推动转变政府职能的下一步工作，又要重视通过修改或废止不合适的现行法律法规为转变政府职能扫除障碍。"③公平正义是我们党追求的一个非常崇高的价值，全心全意为人民服务的宗旨决定了我们必须追求公平正义，保护人民权益、伸张正义。

全面依法治国的基本方略要求高校作为法治人才培养的第一阵地，

---

① 习近平在首个国家宪法日之际作出重要指示［EB/OL］. （2014 - 12 - 04）［2018 - 06 - 07］. http：//sx. people. com. cn/n/2014/1204/c189130 - 23103748. html.

② 习近平主持召开中央全面深化改革领导小组第六次会议强调：学习贯彻党的十八届四中全会精神运用法治思维和法治方式推进改革［EB/OL］. （2014 - 10 - 27）［2018 - 05 - 26］. http：//news. cntv. cn/2014/10/27/VIDE1414408500397751. shtml.

③ 十八大以来习近平同志关于依法治国的重要论述［EB/OL］. （2014 - 03 - 29）［2018 - 04 - 06］. http：//politics. people. com. cn/n/2014/0329/c1001 - 24771411. html.

努力办好社会主义的政法大学。以践行社会主义核心价值观为根本，以中国特色社会主义法治理论为基础，构建具有中国特色的社会主义法治人才培养体系，全面推进依法治国、全面加强法学教育、全面促进青年成才。

二、用全面依法治国思想培养法学人才的初步探索

培养"什么样的法学人才""如何培养法学人才"一直是法律系教学工作不断思考的问题。围绕这一问题，在法学专业人才培养过程中，我们进行了不断的探索、修正与提升。总的来看，法律系在法学专业的本科教学实践中，既有总体规划又有具体措施，从人才培养目标、人才培养定位、人才培养方案的制订、教学大纲的编写、课程设置、实践教学等诸多环节加强了对法学人才培养的探索改革，为培养优秀的法学人才提供了全面保障，并取得了卓有成效的教学效果和社会效益。

（一）法学人才培养的总体规划

1. 商务学院法学人才的培养目标

法学专业根据学院人才培养总体发展规划，以我院商科优势为依托，以市场需求为导向，以服务山西地方经济社会发展和建设法治社会为宗旨，实行与山西大学法学专业错位发展的人才培养理念。法学人才的培养目标为：面向区域、面向基层，培养具有服务社会主义法治国家建设和具有较强实践能力，能够"下得去、用得上、留得住"的基层法律人才。

2. 商务学院法学人才的培养定位

法学专业认真贯彻"以服务为宗旨、以就业为导向、以能力为本位、以学生为中心"的办学理念和"服务地方经济建设，培养新型应用型人才"的办学宗旨，将法学专业定位为：以法学专业基本建设为基础，以人才培养定位为核心，以教学内容与课程体系改革为重点，突出实践教学，夯实基础与专业发展并重，理论学习与实务开拓并举，立足山西，为山西经济转型发展和全面推进依法治国培养应用型法律人

才,最终建成山西省基层应用型法律人才的培养基地。

(二)商务学院法学人才培养的改革实践

目前,法学专业为我院"上水平"的院级重点建设专业,办学思路清晰,培养目标立足基层,定位准确,学科发展态势良好,学科队伍建设已初显成效,学术梯队和相对稳定的专业研究方向正在形成,办学层次稳中有升,规模适中,具体的人才培养措施有:

1. 积极探索建立法学专业应用型人才培养体系

根据《山西省教育厅关于确定本科高校向应用型转变试点的通知》(晋教高〔2016〕8号)精神,我院被确定为向应用型转变试点高校。为促进法学专业的特色发展,我们精心制订了法学专业向应用型转变试点建设方案,从发展规划、转型路径、目标任务、建设项目、工作进度、改革措施、预期成效等方面进行了统筹设计,积极推进法学专业应用型人才培养体系的进一步完善。加强实践教学,突出特色建设,逐步把应用型人才的培养教育落实到学生培养过程中。

人才培养方案是实现法学专业人才培养目标和基本规格标准的法学专业总体方案,是对法学专业学生进行教育培养的基本依据。为加快教学改革步伐,促进学院内涵发展,根据学院的安排,法学专业不断优化人才培养方案,先后制定了2001版、2003版、2007版、2010版、2013版和2016版人才培养方案,坚持知识、能力和素质协调发展的原则,从培养目标、培养要求、专业特色、课程设置等方面进行了多次论证和修改,加大实践教学的内容。尤其是2016版人才培养方案,突出体现了应用型人才培养的特点:一是为学生参加国家法律职业资格考试打好基础;二是为学生提升就业竞争力提供帮助。

2. 构建了全方位、多层次的实践教学体系

坚持"注重实用性,突出应用型"的原则,强化实践教学,构建了包括社会调查、社区服务、专业实习、毕业实习等各种形式的实践教学,构建与政府机关、知名企业、律师事务所等的合作与交流平台,为学生实践、实习和就业提供了丰富资源。围绕专业建设开展丰富多彩的学生社团活动,引导学生探究式学习,形成"法律服务进社区"等特色鲜明的实践教学项目和成果，开创了教学活动、学生活动与社会服务三位一体的教学体系。

（1）课堂教学实践。课堂教学实践的基本目标是在理论学习的基础上熟悉法律的具体运用环境，基本途径是通过专业核心课程、专业基础课、法律实务课程等教学环节，帮助学生掌握运用法律解决实际问题的能力。根据2016版人才培养方案，分别制定了相应的实践教学大纲，基本涵盖开设的所有课程，即每门课程都由理论讲授和实践实训组成。在实践环节，我们采用模拟法庭、模拟调解、模拟仲裁、旁听案件、普法宣传、观看"庭审现场"教学影片、课堂案例讨论等多种形式，让学生通过认知实习达到更好的教学效果。

（2）专业实习社会实践。专业实习是人才培养的重要组成部分，对于培养学生运用法学专业知识分析、解决实践问题的能力和法律职业素养，掌握司法实践工作的方法和程序起着非常重要的作用，在整个实践教学体系中占有十分重要的地位，是培养合格的法律人才不可缺少的职业训练环节。在2016版人才培养方案制定中，我们通过延长实习时间、压缩课时、丰富实习基地类型等手段给学生提供更多的实践机会，使学生毕业、就业"零适应"。

（3）模拟法庭实践。积极贯彻以学生为主导的教学模式，指导学生将理论知识运用于司法实践，提高学生的务实创新能力。模拟法庭实践包括模拟法庭实验室、"模拟法庭进社区"、"模拟法庭进校园"、"模拟法庭训练营"。建立辅助教学的目标是：通过模拟法庭演练，增强学生的法律应用能力，提高其法律职业技能。它的基本途径则是模拟司法工作者的身份参加民事、刑事、行政等案件的审理活动。为选拔优秀选手参加山西省大学生模拟法庭大赛，面向全院成立了"模拟法庭训练营"。"模拟法庭训练营"的日常工作主要是在教师的指导下，使营员具备扎实的理论功底和良好的专业素养，训练营员的论辩技巧、临场应变能力。

（4）综合实训实践。法律系设立了"综合实训中心"实验室，综合实训内设模拟仲裁、模拟调解、民商事实务谈判和12355校园工作站四个实验室。各实验室根据具体需要引导学生进行相关实训,模拟不同性质、不同类型的案件或纠纷,并设置相应的情景,使实践教学活动具体化、情景化,具备了较强的针对性,力争实现多角度、立体化的实践教学活动,例如,12355校园工作站作为省内第一家高校工作站,在山西省青少年维权中心、山西大学商务学院法律系的领导下,在学院团委的协助下,在校园广播站开设了每周一期的"法律在你身边"栏目,为学生能力的全面发展、综合素质的培养提供了良好的外部环境。

3. 组建了"社区法律服务科研创新团队",构建了校社协同创新平台

"社区法律服务科研创新团队"以转型期应用型法律人才培养工程为契机,以队伍建设为核心,以法学专业社会法方向为依托,通过开展长效、规范、多元化的社区法律服务活动,创新社区法律服务形式,成立社区法律服务研究中心,形成一套科学、合理、有效的社区法律服务理论体系,并致力于推动社区法律服务多元化模式的建立。通过由教师、学生、社区工作者、法律实务工作者联合的多元化法律服务模式,为社区担负起法制宣传、法律咨询、家事纠纷解决、社区矫正以及社会保障的责任,帮助社区解决在发展过程中遇到的一些理论和实际问题。这不仅对构建和谐社区具有积极意义,更能丰富专业建设内涵,提升师生服务社会的能力。

4. 不断改进和创新教学方法,人才培养质量逐年提高

依法治国的要求体现在法学专业的课程设置方面,就是要贯彻"全面依法治国"的精神。真正增强学生的参与意识,把培养学生的创业精神、社会责任和创新能力贯穿于教学,以学生为"中心",不断改进和创新教学方法。加强实训演练,落实"四个结合"。课程内容要与"学生社团活动"相结合,与"学生社会实践"相结合,与"社会热点案件"相结合,与"培养学生的职业素养"相结合,因材施教,培养"表达能力强、实务能力强、综合能力强"法学应用型人才。学生的社团活动搞得有声有色,有暑期社会实践标兵团队、"广角论坛学社"优秀学生社团、大学生模拟法庭大赛金牌辩护人、金牌公诉人和金牌审判

长等等，考取研究生人数和法律职业资格考试通过率、就业率在全国同类院校名列前茅。

三、新时代商务学院法治人才培养的发展规划

依据党的十九大精神、习近平总书记"为全面依法治国培养优秀人才"的讲话、《普通高等学校法学本科专业类教学质量国家标准》、山西转型发展的要求，以及我院自身特点和长期的教学改革的实践，初步确立了新时代商务学院法学人才培养的发展规划。

（一）新时代法治人才的培养理念

1. 法治人才培养方向要正

坚持正确的政治方向是法学教育健康发展的根本要求。法治人才培养要按照党的十八届四中全会精神和"三个提高""四个忠于""五个过硬"的要求，把思想政治教育摆在首位，加强理想信念教育，把思想政治工作和党的建设工作结合起来，把社会主义核心价值观融入教育教学全过程，切实增强道路自信、理论自信、制度自信、文化自信。

2. 法治人才培养站位要高

党的十九大做出了"中国特色社会主义进入新时代"的重大判断，必将引领我国社会主义法治建设进入新时代。法治人才培养一定要立足新时代，面对新形势，站在新起点，将依法治国、建设社会主义法治国家的治国方略与创新型治国理政的人才培养紧密结合。

3. 法治人才培养视野要宽

法治人才培养要立足法治国家、法治政府、法治社会一体建设的全局，坚持"宽口径、厚基础、重创新、强能力"，围绕"服务需求、内涵发展"这一核心，创新法治人才培养模式，形成具有中国特色、中国风格、中国气派的多层次高等法学教育体系，以全局视野培养社会主义法治人才。

4. 法治人才培养衔接要畅

法治人才培养端与需求端衔接要畅，在内涵上实现二者的良性互

动,机制上要建立衔接机制。法律职业需求要能够合理引导法律人才培养,促进法律人才培养结构优化。只有如此,法学教育培养的优秀法治人才方能被源源不断地输送到全面推进依法治国伟大事业的各个岗位上。

（二）新时代法治人才的培养目标

1. 坚持立德树人,培养德法兼修的法治人才

法学教育要坚持立德树人,不仅要提高学生的法学知识水平,而且要培养学生的思想道德素养,立足立德树人、德法兼修,整合知识教育和实践教育,培养德才兼备、全面发展的法治人才。

2. 关注中国现实,培养具有创新能力的法治人才

立足中国国情,明确法学教育的职业属性。2017年5月3日,习近平总书记在考察中国政法大学时指出:"法学学科是实践性很强的学科,法学教育要处理好知识教学和实践教学的关系。"2018年4月9日教育部发布了《普通高校本科专业教学质量国家标准》,明确法学专业教育是素质教育和专业教育基础上的职业教育。法治人才培养是一项系统性的社会化工程,需要凝聚社会各方的智慧和力量。

（三）新时代法治人才培养的路径选择

1. 加强师资队伍建设,全面提升执教能力

专任教师要坚定理想信念,坚持正确的政治方向,具有高尚的道德情操,成为马克思主义法学思想和中国特色社会主义法治理论的坚定信仰者、积极传播者和模范实践者;要具备广博的专业知识,精通专业理论和方法,具有完成本专业教学任务的知识储备;要深入了解法治实际情况,促进理论和实际相结合;要具备基本的人文社会科学知识、实事求是的工作作风、勇于创新的科学精神;要具有较强的教学能力和科研能力,并能够将科研成果转化为教学内容。

加强特色专业教学团队建设。根据专业建设需要,以专业、专业方向和课程为建设平台,在现有教师基础上,拟引进和外聘高职称、高学历、低年龄的教师和知名人士来充实师资队伍。在教学改革与实践中形成由副教授、讲师及教辅人员组成的教学团队。多渠道、多形式聘任校外专家、高校知名学者和政法实务部门具有丰富实践经验的法官、检察官、律师为兼职教师，定期或不定期来校讲学，努力形成一支专兼结合、素质良好、结构优化，具有明确发展目标、良好合作精神和梯队结构，相对稳定的充满生机与活力的特色专业教学团队。

2. 以教学质量国家标准为依据，构建科学的课程体系

法学类专业课程总体上包括理论教学课程和实践教学课程。理论教学课程体系包括思想政治理论课、通识课和专业课三部分；实践教学课程体系包括实验和实训课、专业实习、社会实践与毕业论文。通识课程涵盖外语、体育、计算机课程，并从人文科学、社会科学、自然科学等方面设置有全院公选课。

专业核心课程采取"10＋X"分类设置模式，"10"指法学专业学生必须完成的10门专业必修课，包括：法理学、宪法学、中国法律史、刑法、民法、刑事诉讼法、民事诉讼法、行政法与行政诉讼法、国际法和法律职业伦理。"X"指根据我院办学特色开设的其他专业必修课，"X"选择设置门数原则上不低于五门，包括：经济法、知识产权法、商法、国际私法、国际经济法、环境资源法、劳动与社会保障法、证据法和财税法。

专业选修课程与专业必修课程形成逻辑上的拓展与延续关系，开设有电子商务、金融法、犯罪学、证据法学、法律逻辑学、律师执业技巧、司法职业道德等专业选修课程模块，供学生选择性修读。此外，开发了跨学科、跨专业的新兴交叉课程，有社会心理学、商事谈判技巧、论辩演讲口才等等，还有法律实务系列应用创新创业实践类课程。

3. 加强课程教学改革，择优选用教材

坚持以本科教育为标准、以能力培养为重点，在教学内容上紧跟现代法学新理论、新观点和新技术的发展，突出就业和职业技能的培养教育。法学专业初步形成以法律职业资格考试为课程导向，以法学基础知识模块为课程内容，以学科前沿引领为课程视野，以职业能力培养为课程核心，以"双师双能型"教师为课程主导的课程教学体系，加强课程体系中的案例研究教学力度。到2020年，在统一使用马克思主义理论研究和建设工程重点教材、择优选用教育部法学学科专业教学指导委员会推荐（审定）的教材、普通高等教育"十一五"国家级规划教材、面向21世纪课程教材、省部级优秀教材和重点教材的基础上，力争所有课程有多媒体课件、理论教材，促进立体化教材建设。鼓励教师参与各级规划教材的申报与建设，重点建设体现学院办学特色，适应高级应用型法学人才培养需要的高质量、应用型法学教材，自编适用于独立学院法学专业使用的特色实践教材三部。

4. 创新实践教学模式，提升学生的就业竞争力

注重强化实践教学，提升学生理论应用能力。在理论教学课程中设置一定的实践教学环节，改革教学方法，强化案例教学，增加理论教学中模拟训练和法律方法训练环节，挖掘充实专业课程的创新创业教育资源。巩固和拓展基层实践教学基地，法学专业继续巩固和建设已有的实习基地并开拓新的实习基地。每年增加高水平、高质量、较稳定的校外实训基地一个，并积极落实互利互惠的合作机制。社会工作专业拟建立比较稳定的四个实习基地，需要制定比较完善的实习大纲、实习指导书、实习计划等实习文件，并确保其具有实用性和可操作性，有利于提高学生从事社会工作的能力。围绕专业建设开展丰富多彩的学生社团活动，引导学生探究式学习，形成"法律服务进社区"等特色鲜明的实践教学项目和成果，提高学生的实践及就业能力。

5. 积极开展科学研究，促进产学研深度合作

整合资源、凝聚力量，充分发挥科研创新团队的作用。以法学实践教学和社区法律服务为研究内容，积极开展科学研究。有效挖掘"双师双能型"教师的潜力，加强与实习实训基地的合作，加深合作的内涵。发表和出版一批高水平、有影响的法学科研教学成果。以服务地方经济和建设法治社会发展为己任，注重法商结合应用型人才培养体系的建立与健全。在严密组织教学的同时，进行多种形式的产学研合作。与实习单位共同进行课题研究，组织法律专业人才培训，帮助实习单位解决实践中的问题，对一些部门规章、规定的适用与修改等进行探讨，全面促进教学与科研的深度融合。

6. 完善协同培养机制，健全质量保障体系

围绕山西司法人才培养的行业要求，结合用人单位的评价体系，从社会利益和个人发展等多角度建立校外监督、校内质量保障体系。围绕各质量保障目标要求，制定质量保障实施规范，建立信息反馈机制和调控改进机制，开展经常化和制度化的质量评估，确保对教学质量形成全过程有效监控，保证教学质量的持续提高和专业人才培养目标的充分实现。加强毕业生质量与就业分析，利用反馈信息，及时调整教学计划。每年进行一轮毕业生信息反馈调查，通过对用人单位的调查，反馈毕业生的学识、能力等与专业培养有关的信息，结合我国及我省司法人才培养的现实状况，对人才培养进行定位修正。

全面依法治国是关系我们党执政兴国、关系人民幸福安康、关系党和国家长治久安的基本国策。法治人才培养是进一步推进全面依法治国和法学教育改革的重要组成部分，必将对我国法治建设的充实深化、法学教育的改革创新、法治人才的成长成熟产生重大而深远的影响。山西大学商务学院法学专业经过多年的探索实践，正积极行动起来，努力践行习近平总书记的谆谆教导，以切实加强思想政治工作为保障，以应用型法律职业人才培养为目标，创新法治人才培养机制，进一步提高办学质量，为全面依法治国培养更多更好德才兼备、全面发展的基层法治优秀人才，为山西提供更多更好贡献地方、惠及人民的社会服务。

▶健康中国与体育人才培养

成民铎　高梦锦

一、健康中国思想的形成与内容

2017年10月18日，习近平同志在党的十九大报告中指出，实施健康中国战略。完善国民健康政策，为人民群众提供全方位全周期健康服务，不仅仅是对医疗卫生讲的，也是对教育，尤其是高等教育讲的。它要求高等学校切实、全面落实党的教育方针，深化教育改革，把体育放到与德育、智育相同的位置，为培养新时代中国特色社会主义事业合格建设者和可靠接班人做出应有的贡献。

（一）健康中国思想的形成

19世纪末20世纪初中国从日本和西方引进"体育"的解释。其最初是指学校教育中对学生进行的身体方面的教育，即教育系统里面关于身体内容方面的部分，主要方法是各种体操，目的是促进学生发育成长、增强体质。这是"体育"的真义或本义，即国际共识的 physical education[①]。以后把这种以体操为主的身体锻炼方法从学校推向了社会，在社会群众中广泛开展，衍生出"社会体育"这个概念。

新中国成立初期，中国政府成立了专门管理体育运动的政府机构"国家体育运动委员会"，俗称"体委"，并把"体育运动"转换成了

---

① 韩丹．纵论中国体育：特征、概念、历史和转型［J］．体育与科学．2014，11(35)．

"体育"。1952年,毛泽东同志为"中华全国体育总会"成立大会题词"发展体育运动,增强人民体质"。在这里,毛泽东同志所指的"体育"广大人民群众进行身体锻炼的"体育",是全国人民的大事。1953年,中央政治局要听取荣高棠代表中央体委的工作汇报,毛泽东看见荣高棠走进来了,用手一指,说:"噢!来了位管六亿人民大事的人!"以后又把这句风趣语言改成了"最高指示":"体育是关系六亿人民健康的大事。"这些说明,毛泽东所指的"体育""体育运动"主要是指广大人民群众的身体锻炼活动①。

1952年11月,中央人民政府委员会第十九次会议,决定成立"中央人民政府体育运动委员会",1956年,国务院批准了国家体委"组织简则":规定国家体委在国务院领导下,负责统一领导和监督全国体育事业,发展体育运动,以增强人民体质,培养人民勇敢、坚毅和集体主义精神,并向劳动人民进行共产主义教育和劳动卫国教育。也就是说,在这个时期,国家体委的中心任务是在全国广大人民群众中开展各种各样的身体活动,以增强体质为目的。

健康中国是2016年8月,习近平总书记在全国卫生与健康大会上发表的重要讲话内容。此后,中共中央、国务院印发了《"健康中国2030"规划纲要》(以下简称《纲要》)。其总体战略指导思想是:推进健康中国建设,深入学习贯彻习近平总书记系列重要讲话精神,紧紧围绕统筹推进"五位一体"总体布局和协调推进"四个全面"战略布局,认真落实党中央、国务院决策部署,坚持以人民为中心的发展思想,牢固树立和贯彻落实新发展理念,坚持正确的卫生与健康工作方针,以提高人民健康水平为核心,以体制机制改革创新为动力,以普及健康生活、优化健康服务、完善健康保障、建设健康环境、发展健康产业为重点,把健康融入所有政策,加快转变健康领域发展方式,全方位、全周期维护和保障人民健康,大幅提高健康水平,显著改善健康公平,为实

---

① 韩丹.纵论中国体育:特征、概念、历史和转型[J].体育与科学.2014,11(35).

现"两个一百年"奋斗目标和中华民族伟大复兴的中国梦提供健康基础。在十九大报告中，习近平总书记指出：实施健康中国战略。人民健康是民族昌盛和国家富强的重要标志。要完善国民健康政策，为人民群众提供全方位全周期健康服务。

由此不难看出，从1949年新中国成立至今，党中央一直将人民群众的健康，作为国家发展的首要工作，不遗余力地为人民群众的健康提供各种服务，无论是新中国成立初期的大力发展经济时期，还是现如今的经济快速发展时期，"健康"都是政府工作的重要内容之一。

（二）健康中国思想的内容

健康是促进人的全面发展的必然要求，是经济社会发展的基础条件。实现国民健康长寿，是国家富强、民族振兴的重要标志，也是全国各族人民的共同愿望。党和国家历来高度重视人民健康。新中国成立以来特别是改革开放以来，我国健康领域改革发展取得显著成就，城乡环境面貌明显改善，全民健身运动蓬勃发展，医疗卫生服务体系日益健全，人民健康水平和身体素质持续提高。

推进健康中国建设，是全面建成小康社会、基本实现社会主义现代化的重要基础，是全面提升中华民族健康素质、实现人民健康与经济社会协调发展的国家战略，是积极参与全球健康治理、履行2030年可持续发展议程的重大举措。未来15年，是推进健康中国建设的重要战略机遇期。经济保持中高速增长将为维护人民健康奠定坚实基础，消费结构升级将为发展健康服务创造广阔空间，科技创新将为提高健康水平提供有力支撑，各方面制度更加成熟、更加定型将为健康领域可持续发展构建强大保障。

为推进健康中国建设，提高人民健康水平，根据党的十八届五中全会战略部署，国家制定了《"健康中国2030"规划纲要》。《纲要》的目的是推进健康中国建设的宏伟蓝图和行动纲领。全社会要增强责任感、使命感，全力推进健康中国建设，为实现中华民族伟大复兴和推动人类文明进步做出更大贡献。

为确保《纲要》的顺利实施，必须遵循以下原则：

（1）健康优先。把健康摆在优先发展的战略地位，立足国情，将促进健康的理念融入公共政策制定实施的全过程，加快形成有利于健康的生活方式、生态环境和经济社会发展模式，实现健康与经济社会良性协调发展。

（2）改革创新。坚持政府主导，发挥市场机制作用，加快关键环节改革步伐，冲破思想观念束缚，破除利益固化藩篱，清除体制机制障碍，发挥科技创新和信息化的引领支撑作用，形成具有中国特色、促进全民健康的制度体系。

（3）科学发展。把握健康领域发展规律，坚持预防为主、防治结合、中西医并重，转变服务模式，构建整合型医疗卫生服务体系，推动健康服务从规模扩张的粗放型发展转变到质量效益提升的绿色集约式发展，推动中医药和西医药相互补充、协调发展，提升健康服务水平。

（4）公平公正。以农村和基层为重点，推动健康领域基本公共服务均等化，维护基本医疗卫生服务的公益性，逐步缩小城乡、地区、人群间基本健康服务和健康水平的差异，实现全民健康覆盖，促进社会公平。

二、健康中国思想对体育人才培养的新要求

（一）把健康中国思想作为体育人才培养目标

习近平总书记在致中国人民大学建校80周年的贺信中指出，当前党和国家事业正处在一个关键时期，我们对高等教育的需要比以往任何时候都更加迫切，对科学知识和卓越人才的渴求比以往任何时候都更加强烈。这也是习总书记对我国教育工作者提出的更高要求，也是新时代中国特色社会主义赋予广大教育工作者的历史使命。作为教育工作者应该从我国生产力水平总体上显著提高、社会主要矛盾发生新变化、经济发展进入新常态等角度来把握党的十九大精神实质。

教育部部长陈宝生同志指出，各级各类学校都要把思想和行动统一到党的十九大精神上来，把智慧和力量凝聚到落实党的十九大提出的各

项任务上来，让十九大精神"进教材、进课堂、进头脑"。对于体育教育教学而言，也是这样。不仅要把党的十九大的提出的"实施健康中国战略"付诸体育教育教学实践之中，更重要的是，要以"实施健康中国战略"统领整个体育教育教学，要将其作为体育人才培养目标的重要内容。

（二）把增强人民体质落实到体育人才培养的方案中

党的十八大以来，习近平总书记对教育工作发表了一系列重要讲话，深刻论述了新时期我国教育在改革和发展中的重大理论问题和实践问题，形成了现代教育思想体系。深入学习和研究习近平教育思想，对于建设中国特色的现代教育理论体系，指导我国教育事业的改革发展，具有重要的理论意义和实践意义。习总书记在与北京大学师生座谈时讲到"大学是立德树人、培养人才的地方，是青年人学习知识、增长才干、放飞梦想的地方。"其意义深刻，从国家、民族、政府视角告诉我们，大学的根本任务就是立德树人、培养人，这是对高等教育提出的要求，指明了方向。同时也告诉了广大青年学生在大学是一个学习知识、增长才干、放飞梦想的地方。习近平总书记在十九大报告最后，掷地有声地对青年一代提出了新希望、新要求，强调了中国梦是历史的、现实的，也是未来的，是我们这一代的，更是青年一代的。中华民族伟大复兴的中国梦将在一代代青年的接力奋斗中变为现实。

习近平总书记对教育给予了高度的定位，明确了教育的根本任务就是要完成好、履行好立德树人的职责，培养造就中国特色社会主义事业建设者和接班人。把教育与中国特色社会主义建设和国家复兴紧密联系在一起，教育是传承文明和知识、促进人类进步、创造美好生活的根本途径、重要途径，是提高人民素质、促进人的全面发展、推动民族振兴和社会进步的基石。同时指出了教育决定着人类的今天和未来，教育是对中华民族伟大复兴具有决定性意义的事业。中国"两个一百年"目标的实现、中华民族伟大复兴中国梦的实现从根本上讲靠人才、靠教育。这是对我国教育工作者的殷切期望和要求，意味着我国高等教育的使命神圣，任务艰巨，责任重大。

在办学理念上要认真学习党的十九大精神，坚定中国特色社会主义理想信念，切实增强道路自信、理论自信、制度自信、文化自信，树立正确的人生目标，实实在在地坚持梦想，实实在在地充实自己，实实在在地贡献社会，实实在在地担负起高等教育民族复兴的使命。

针对中国教育的未来习总书记指出：要扎根中国、融通中外、立足时代、面向未来，办中国特色的社会主义教育。要求我们高等教育要为人民服务，为中国共产党治国理政服务，为巩固和发展中国特色社会主义制度服务，为改革开放和社会主义现代化建设服务。作为地方高等学校要认真学习领会习总书记的讲话精神，办教育要有大局观，扎根中国，在为地方经济建设发展服务上下功夫。在工作中，认真学习宣传贯彻党的十九大精神，结合实际学起来、教起来、传起来、研起来、干起来、实起来，坚持立德树人，把社会主义核心价值观融入学校教育的全过程，培养出德、智、体、美全面发展的社会主义建设者和接班人。通过进一步完善体育人才核心素养培养方案，通过组织不同类型的专业技能竞赛、相关理论竞赛、校企合作对接等形式，提高教学能力、展示能力、组织能力等综合素质，以应用型转型发展为导向，促进学生健康中国理念的形成，并能够将各项能力应用于社会服务工作中。

三、新时代体育人才培养的理念与设想

（一）新时代体育人才培养的理念

1. 将健康中国战略融入体育人才培养之中

党的十九大的主题是：不忘初心，牢记使命，高举中国特色社会主义伟大旗帜，决胜全面建成小康社会，夺取新时代中国特色社会主义伟大胜利，为实现中华民族伟大复兴的中国梦不懈奋斗。这一主题用短短的六句话68个字，十分鲜明地表达了中国共产党在新时代举什么旗、走什么路、以什么样的精神状态、担负什么样的历史使命，实现什么样的奋斗的重大问题，对中国共产党带领全国人民奋发图强、开拓进取具有十分重大意义。习近平新时代中国特色社会主义思想是十九大的主线

和灵魂，是党必须长期坚持的指导思想，对党和国家是一个具有重大政治意义、理论意义、实践意义的历史性决策与贡献，反映了全党的共同意志和全社会的共同意愿，充分体现了我们党在理论上的成熟和自信。党的十九大对"新时代"做出了清晰的解读，是承前启后、继往开来、在新的历史条件下继续夺取中国特色社会主义伟大胜利的时代，是决胜全面建成小康社会、进而全面建设社会主义现代化强国的时代，是全国各族人民团结奋斗、不断创造美好生活、逐步实现全体人民共同富裕的时代，是全体中华儿女勠力同心、奋力实现中华民族伟大复兴中国梦的时代，是我国日益走进世界舞台中央、不断为人类做出更大贡献的时代。在这个新时代，中国共产党的历史使命就是实现中华民族伟大复兴的目标，要付出更为艰巨、更为艰苦的努力，要进行伟大斗争、建设伟大工程、推进伟大事业、实现伟大梦想。

党的十八大以来，习近平总书记多次就体育工作发表重要讲话，提出明确要求，指出体育在提高人民身体健康素质和健康水平，促进人的全面发展，丰富人民精神文化生活，推动经济社会发展，激励全国各民族人民弘扬追求卓越、突破自我的精神方面，都有着不可替代的重要作用。把全民健身事业作为全面建成小康社会的重要组成部分，更好发挥全民健身在实现中华民族伟大复兴中国梦中的积极作用，是习近平总书记亲自谋划和推动全民建设事业的关切所在。《"健康中国2030"规划纲要》的出台，已把全民健身纳入其中，勾勒出从全民健身到全民健康，进而实现全面小康的逻辑链条，体现了以人民为中心的发展思想，将使全体人民有更多获得感和幸福感。

依据"健康中国"战略发展的布局，国家和社会对体育人才的培养提出了更高更新的要求，高校体育学科专业的发展建设，要以满足健康中国战略需求、体育产业发展需求、全民健身需求为导向，不仅要培养适应市场需求的高素质、高层次体育专业人才，同时还要在应用型人才培养上下功夫。只有这样，才能满足"健康中国"战略发展的人力资源配置的需要。

深刻领会习总书记对高等教育的重要讲话精神，要立足山西，放眼全国，围绕山西经济社会发展重要理论和实践问题，找准定位，选准方向，抓实突破点，在应用型人才培养上下功夫。坚持正确办学方向，突出办学特色，努力提升办学层次、办学水平，要在育人上有新成效，打造精品课堂，努力提升学科发展水平，构建全员育人、全过程育人、全方位育人的应用型人才培养模式，为健康中国战略目标的实现培育更多栋梁人才。

科学地处理好教学、科研、服务社会三大职能之间的关系。理清"我是谁、我应该是谁"，找准定位，以社会需求为导向，依据自身的办学特色和师资状况等确定人才培养的规格，将把握好应用型创新人才与学术型、技能型人才的区别作为转型发展过程中的重要课题。不断完善人才培养方案，为地方培养人才作为专业建设的根本任务，要主动适应地方科学技术、教育文化和经济建设的需要，特别是适应山西省体育事业和体育产业发展的需要，主动地走出去与有关企事业单位合作，不断拓展自身的生存和发展空间。在教学上加快向应用型本科院校转变速度，突出"武"为主、"文"为辅的办学理念，要加大由理论主导型向理论与能力并重型转变，加大产学研相结合办学力度，将课堂教学、实践教学、岗位实践有机结合起来，实现应用型创新人才的培养。在专业建设方面本着满足体育教育专业设置要求，满足服务社会经济发展需求，满足培养学生实践能力提升要求的原则，设置课程体系，在人才培养过程中，重视学生的思想政治素养的培育，重视体育人文素质的提高，重视学生实践应用能力的提升。

深刻领会习近平总书记"人才培养，关键在教师。教师队伍素质直接决定着大学办学能力和水平。……政治素质过硬、业务能力精湛、育人水平高超的高素质教师队伍是大学建设的基础性工作。"要建设一支师德高尚、结构优化、业务精湛、富有活力的高素质教师队伍是应用型创新人才培养的基本保障。大学上水平关键是教师有水平，没有高水平的教师队伍，就不会有高水平的学科建设，更不会有一流的专业的讲话精神，在师资队伍建设上下功夫，要培育教师争做有理想信念、有道德情操、有扎实学识、有仁爱之心的四有好教师。关心教师健康，尊重教师，注重教师可持续发展，为每一位教师制定成长规划，将教师成长与学科专业发展结合在一起，在双师双能型教师的培养上下功夫，关注学科发展方向与前沿动态，加强与外界的沟通与合作，提高教师教学能力。

在人才培养体系上下功夫，明确专业的指向性，突出教学专门性、针对性、实践性和行业性，以社会需求的应用型人才培育为教学改革出发点，以学生专业知识能力培育为抓手，积极开展应用型教育，充分发挥专业优势，在充实体育教育能力培养的基础上，拓展学生体育管理、运动保健等专业知识技能，实现课程教学与社会需求紧密结合，培养面向地方、服务基层的适应健康中国战略发展的应用型优质创新人才。

2. 将竞技体育与全民体育教育有机结合起来

根据目前竞技体育与全民体育教育的基本情况，从竞技体育与全民健身的运作协同机制、战略协同机制、资源协同机制、文化协同机制四个设计面出发，连成一个循环结构，对竞技体育与全民健身的良好发展起到推动作用。

（1）运作协同。①体育政策制度的协同。通过体育制度改革来树立正确的体育发展理念，不断提高人民的建设意识，转变以往的体育只是为夺取奖牌的狭隘体育观，理解体育功能的多元化和理性化，重视增强人民体质、提高人民素质的体育最重要的价值。为促进两系统协同发展提供良好的政治环境基础。②社会环境的协同。为竞技体育与全民健身两个系统提供公平的体育环境。想要实现体育强国的发展目标首先需要把发展的根本点放在最广大人民群众的利益上来，尊重社会大众尤其是其中弱势群体的权利，让普通群众积极加入全民健身体系中来。

（2）战略协同。竞技体育与全民健身的战略协同是为了实现健康可持续发展目标，根据竞技体育与全民健身系统的实际情况，做出系统性的、全局的长远谋划，是两个系统在战略上的协同，也是系统协同发展的基础与前提。在战略协同中最重要的就是战略协同的实现机制。战略定位：①内部环境战略定位，是对竞技体育与全民健身的发展状态的分析，了解竞技体育与全民健身的经济发展水平、人才储备情况、组织管理水平、经济资源结构等系统要素的发展状态，掌握系统发展的优势及劣势。②外部环境战略定位：外部环境的情况及条件会给竞技体育与全民健身系统发展带来动力或阻力，机遇或挑战。因此需要对经济形势、市场需求以及政策法规等进行状态分析。在战略定位的基础上，需要将竞技体育与全民健身发展的目标、愿景、使命等要素进行交流和反馈，因此需要系统发展战略的协同，以达到竞技体育与全民健身的发展要求。而战略协同的实现机制，依据两个系统的资源拥有情况和符合目标统一的要求，可将竞技体育活动与全民健身的战略协同总结为四个：合作发展战略、引进创新战略、人才流通战略和自主发展战略。竞技体育与全民体育可以根据自己的现实情况来选择自己的发展战略，同时也可以选择更多的战略组合，达到系统的战略协同且促使竞技体育与全民健身更好发展。

（3）资源协同。竞技体育与全民健身资源协同指的是系统发展在自组织的基础上，针对竞技体育与全民健身的现存资源实施协同运作，进而产生协同效应，通过资源的协同作用来调整和平衡竞技体育与全民健身之间的资源管理，使资源的使用到达最优状态，取得最佳效果。这其中的资源包括：物质资源、信息资源、技术资源。

信息资源的整合可为竞技体育与全民健身的发展路径的研究提供资料基础，大力推进竞技体育与全民健身的信息资源的开发与协同，可以减少竞技体育与全民健身在发展中的物质浪费和能源浪费。

（二）新时代体育人才培养的设想

党的十八届五中全会首次明确提出推进健康中国建设，习近平总书记2016年在全国卫生与健康大会上指出：没有全民健康，就没有全面小康，要把人民健康放在优先发展的战略地位，推动全民健身和全民健康深度融合。这为全面推动健康中国建设指明了目标与方向。在体育事业不断发展的今天，社会对体育专业人才需求不断增强，但人才培养和社会服务"产品"存在供需错位现象，目前的"产品"质量与种类对于"健康中国"需求侧的供给能力而言明显不足。因此，高校体育专业人才培养的供给侧必须进行结构性改革，以"健康中国"建设和社会需求为目标，以市场为导向，调整人才培养模式，不断提高与社会人才需求的吻合性。这不仅对健康服务业的发展有重要的理论和现实意义，还是高校体育专业破解发展困局的必由之路。

对"健康中国"战略背景下需求侧的相关要素进行解析，为审视高校体育专业人才培养和谋划供给侧改革提供思路。

1. 体育产业转型升级，体育消费成为热点

2014年，《国务院关于加快发展体育产业促进体育消费的若干意见》（国发〔2014〕46号），在体育产业的供给侧与需求侧两端共同发力，为体育产业发展注入了新活力——全民健身上升为国家战略，体育消费成为新的热点，这也构成了"健康中国"的重要内容。随着群众健康意识日渐增强和健身热潮的兴起，体育休闲已经成为健康、娱乐的最佳方式，"推动体育产业成为经济转型升级重要力量"的时机已经成熟。政府主动性的不断发挥和相关行业、企业的纷纷加入，使体育消费迅速成为热点并拥有了良好的发展前景，在转方式、调结构、适应经济新常态的背景下，发展体育产业、促进体育消费无疑成为拉动内需、推动经济转型升级的重要力量。基于发展健康产业、升级体育产业、拉动体育消费的需求侧现实，高校体育专业人才培养应更多关注于体育专业人才培养质量这个核心内涵，着力解决当前专业同质、人才培养规格低、课程设置和教学模式陈旧、社会适应性明显不足等问题。

2. 体育投资不断增加，公共服务日益完善

《纲要》指出，到2030年，基本建成县、乡、村三级公共体育设施网络，体育面积≥2.3平方米/人，城镇社区15分钟健身圈全覆盖，学校体育场地器材配置达标率100%，健全政府购买体制机制。公共体育服务设施的社会开放程度，以及运动健身、休闲娱乐设施的建设与运营投入，对优化全民健康服务起着至关重要的作用。需要健全健康领域的投入机制，充分发挥政府的主导作用，吸引社会力量广泛参与。政府在调整财政结构的同时，将会加大对健康服务的"投资"力度，履行责任，针对区域不平衡等现象给予倾斜。另外，调动行业、企业以及社会组织的积极性，形成对健康领域的多元投资格局，并支持开展多样化

的健身俱乐部和业余体育赛事，积极培育带有消费引领功能的运动休闲健身项目。除完成三级公共体育设施网络投资、学校体育设施和设备经费分配外，政府购买体育公共服务体系将进一步完善。应该说，健康领域已经成为热门的投资行业。因此高校体育专业应该转向于健康领域的人才培养，以应对需求侧的变化。

3. 健康领域更加广泛，人才需求更加多元

2030年，健康生活方式得到普及，主要健康指标进入高收入国家行列；到2050年，建成与社会主义现代化国家相适应的健康国家。这些目标的实现，需要通过加强健康教育、塑造民众自主自律的健康行为、提高全民身体素质等途径来实现。①将健康教育纳入国民教育体系，不仅是课堂内外体育与健康相关学科的融合，还体现着宣传方式的结合和对师资的新要求。②广泛开展全民健身运动，提高社会体育指导与服务水平，注重生活化运动健身项目的选择与推广。③加强体医融合和非医疗健康干预。运动处方库的大数据健身科技创新平台与服务站点的建立，可有效开展体质监测，做好健身运动的风险评估与防范。④促进重点人群体育活动，实施不同群体的体质健康干预计划。学校健康教育推进、全民健身实践环境建设、体医结合和非医疗健康干预、社会体育指导等措施的实施，有利于普及健康生活方式，提高健康水平。从这些角度审视体育专业人才培养，高校应努力做到输出高质量的体育专业人才、高水平的康复创新成果和一流的社会体育指导与服务。

4. 供给侧——高校体育专业人才培养的分析

当前，各领域都围绕"健康中国"战略快速发展，并对体育专业人才的能力与素质提出了种种"跨界"要求。国家和社会高度重视体育人才对健康服务业的支撑作用，但与此形成鲜明对照的是，我国体育健康服务业人才培养不足、层次不高、人才结构矛盾突出。高校必须认清体育专业人才培养工作的本质内涵和基本逻辑，主动满足社会对健康服务人才的多元化需求。

供给侧结构性改革是当前我国全面深化改革的重要任务。聚焦高校体育专业人才培养的供给侧结构性改革，就是以提高教育供给质量和人

才培养质量为目标，优化体育专业人才培养相关参与要素的配置，增添有效供给，建立起管理体制完善、布局结构合理、规模效益良好、适应社会主义市场经济体制和现代化建设需要的高校体育专业人才培养体系。高校体育专业人才培养的供给侧结构性改革，一是提高体育专业人才培养供给侧的"产品"质量。立足于体育消费实际，在培养方式、专业设置、课程安排、考核方式、创新创业就业等环节，努力改革脱节于实践的刚性供应模式，达到实践育人的"降成本"、课程设置的"高效率"、考核方式的"扬长补短"、创业就业"产能提升"等目的。由此可见，只有对高校体育专业人才进行有效、精准、创新培养，才能满足人民群众的期待和需求。二是改善高校体育专业人才培养供给结构。通过教学资源整合、丰富资源配置、优化服务模式等，形成丰富、多元、可选择的新的供给结构，实现高校体育专业人才培养从"需求侧的拉动"到"供给侧的推动"的转变。

高校体育专业人才培养供给侧结构性改革的外在逻辑是社会需求的逻辑，从高校自身角度看，是其服务社会功能的发挥。健康中国建设和社会发展都需要高校体育专业提供优质的人才"产品"，可是目前体育专业人才市场中，中低端人才总量趋于饱和且供需错位，高端体育产业、健康服务业等跨界人才则十分短缺，从而推动高校不断提高供给质量和效率，提供更多高质量的人才"产品"。按照这一逻辑，高校体育学科专业的发展建设，要以满足健康中国战略需要、体育产业发展需要、全民健身需要为导向，培养"适销对路"的高素质、高层次体育专业人才，使之成为健康中国战略的引擎、体育产业转型升级的智库、全民健身发展的服务站。

高校体育专业人才培养供给侧改革受外在系统影响较大，但是内在系统才是其真正动力。人才"产品"规格不高、供需错位、产能过剩等供给问题，严重影响了高校体育专业的健康发展，所以高校体育专业人才培养供给侧改革的内在逻辑就是高校自身发展的逻辑。高校体育专业人才培养供给侧改革要取得实效，必须将其改革的逻辑设定在高等教育自身发展规律的语境下，将其着力点放在破解高校发展难题上。所以，迫切需要回归高等教育根本，树立科学的人才培养理念，不断完善教育管理，保证输出高素质的人才和提供优质的社会服务。

5. 培养供给侧体育人才，创新教学改革路径

为全面落实健康中国战略，促进全民健康生活，体育系始终致力于培养高素质应用型体育专业人才和高水平竞技体育人才。如何培养出社会普遍认同的高素质体育人才、高素质体育人才具备哪些特征、评价标准是什么，成为当前工作的首要任务。为此，我们遵循"以学生发展为中心、以学习成果为导向、持续改进"的理念，构建并实施了体育类专业综合能力评价标准与测试方法，进而回归课程，打造了体育类专业"四项基本能力"培养的复合应用型人才培养模式。

（1）创新界定体育类本科专业综合能力内涵。培养社会普遍认同的高素质体育类人才，其关键在于高素质的内涵界定上。依据"健康中国战略"需求、学校学科及专业发展定位、学生及家长、校友期望，结合体育类专业的特点，在论证基础上，通过多年的总结提炼，创造性地提出"四项基本能力"：运动技能展示能力、教学教案编写能力、体育竞赛的组织能力、运动处方的开具能力。充分做到学以致用，做到四位一体的综合立体化培养模式。

（2）全力构建体育类本科专业人才培养体系。坚持"以学生发展为中心，以学习成果为导向"，充分考虑体育类专业集群共性和专业特色，锤炼体育类专业学生综合能力，设计学习成果评价标准、指标体系和测量方法，根据测试结果，按照反向设计的原则，构建体育特色鲜明的"3+1"课程体系，提供多元化的模块，打破专业壁垒，将传统刚性人才培养体系变为柔性交互式人才培养体系。一方面充分激发学生的学习主动性，为学生完善知识体系和明晰职业发展方向搭建平台；另一方面促使各专业向交叉复合型转化，培养符合社会需求的体育复合应用型人才。整个过程分为"开展综合能力测试—改革课程与教学—构建人才培养体系"几个关键环节。

（3）全面开展体育类专业综合能力评价与测试。基于体育类专业核心能力培养，研究确定专业综合能力评价的指标体系。从2018年起，对体育系在校学生进行基本功素质大赛的组织，对学生基本能力进行测试，对比学生入学时期的相关数据，评价学生学习成效，同时对四届学生测试数据的对比分析，进一步调整与完善评价标准。

（4）全方位改革课程体系和教学内容。依据专业综合能力评价与测试结果，全方位推进课程体系改革，构建"3＋X"课程体系。"3"是指专业教育课程模块，包括通识课程模块、基础课程模块和专业课程模块；"X"是指校选课程模块，包括实训课程模块、实践课程模块、专项技能课程模块。

参考文献：

［1］韩丹. 纵论中国体育：特征、概念、历史和转型［J］. 体育与科学，2014，11（35）.

［2］中共中央、国务院印发《健康中国"2030"规划纲要》［J］. 中华人民共和国国务院公报，2016（32）.

［3］国务院印发《关于加快发展体育产业促进体育消费的若干意见》［EB/OL］.（2014－10－20）［2018－10－10］. http：//www. gov. cn/xinwen/2014－10/20/content－2767791. htm.

［4］李奕. 教育改革，"供给侧"是关键［N］. 人民日报，2016－01－14（18）.

［5］韩志芳，何海燕. 体力活动与公共健康互动发展的路径选择［J］. 河北体育学院学报，2016，30（3）：7－11.

▶秉持立德树人理念　推进思政教育改革

李生敏

习近平总书记在十九大报告中指出,"青年兴则国家兴,青年强则国家强。青年一代有理想、有本领、有担当,国家就有前途,民族就有希望。中国梦是历史的、现实的,也是未来的;是我们这一代的,更是青年一代的"。这一论述既是对新时代广大青年的殷切期望,也是对青年提出的新要求。高校肩负着将大学生培养成为德、智、体、美全面发展的社会主义事业建设者和接班人的光荣使命,面对中国特色社会主义进入新时代所呈现的新任务、新矛盾、新机遇、新挑战,如何加强和改进大学生思想政治教育工作,成为摆在广大教师面前的一项十分艰巨任务。习近平总书记在全国高校思想政治工作会议上的重要讲话中指出,"要坚持把立德树人作为中心环节,把思想政治工作贯穿教育教学全过程,实现全程育人、全方位育人、努力开创我国高等教育事业发展新局面"。这一论断为我们高等教育指明了发展方向和根本任务,这就需要广大教师在教育教学实践中,面对新问题,适应新变化,迎接新挑战,实现新突破。

一、坚持立德树人理念,开创思政教育新局面

习近平总书记在全国高校思想政治工作会议上强调:"高校思想政治工作关系高校培养什么样的人、如何培养人以及为谁培养人这个根本问题。要坚持把立德树人作为中心环节,把思想政治工作贯穿教育教学全过程,实现全程育人、全方位育人,努力开创我国高等教育事业发展

新局面。"这一论述既是对高校立德树人根本任务论述的深化，又为高校如何实现立德树人的任务指明了方向。

1. 牢牢把握"立德树人"根本方向

党的十八大提出"把立德树人作为教育的根本任务"，为教育指明了前进的方向。为落实党中央号召，教育部于2014年印发《关于全面深化课程改革落实立德树人根本任务的意见》指出，立德树人是发展中国特色社会主义教育事业的核心所在，是培养德、智、体、美全面发展的社会主义建设者和接班人的本质要求。习近平总书记于2018年5月2日在与北京大学师生座谈时指出："要把立德树人的成效作为检验学校一切工作的根本标准，真正做到以文化人、以德育人，不断提高学生思想水平、政治觉悟、道德品质、文化素养，做到明大德、守公德、严私德。要把立德树人内化到大学建设和管理各领域、各方面、各环节，做到以树人为核心，以立德为根本。""德"之内涵是丰富多维的，"立德"任务是广泛多向的。"灵魂"是"德性"的精华，一个真正"有德性"的人必定是"有灵魂"的人。人因德而立，德因魂而高，"魂"是"德"的统领与根基，"立德"的根本在于"铸魂"，"铸什么魂"决定着"立什么德"，"铸魂育人"决定着"立德树人"的性质和方向。"立德树人"作为习近平教育思想的核心内容，凸显了"以人为本"的教育理念，是对以人为本教育理念的发展和升华，是我们党的优良传统和马克思主义中国化历史经验在教育中的重要体现，是中国特色社会主义教育的本质特征、重要内容和本质要求，是学生健康成长与成才的必由之路，是中国特色社会主义事业持续健康发展的根本保证，全面建成小康社会的内在要求和力量源泉，是全面实施素质教育的根本要求。因此，高校要通过制度建设创造性地贯彻立德树人根本任务，完善教书育人工作机制。高校教师要坚持把立德树人作为各项工作的中心环节，把思想政治工作贯穿教育教学的全过程，增强全员育人、全过程育人、全方位育人的自觉性。

2. 秉持"立德树人"根本要求

"培养什么人、怎样培养人"，是我国社会主义教育事业发展中必须解决好的根本问题。十八大报告提出要"立德树人",抓住了教育的本质要求,明确了教育的根本使命,符合教育规律和人才培养规律,进一步丰富了人才培养的深刻内涵。为此,第一,"立德树人"要坚持熔铸师魂。立德为先,树人为本。也就是说,教育的根本任务是引导青年学生树立正确的世界观、人生观、价值观和荣辱观,培养德、智、体、美全面发展的"和谐的人"。但是,要做到这一点,首先要立师德、铸师魂。第二,"立德树人"要坚持德育为先。学校德育格局要从课程德育、社会实践和学校文化三方面进行建构;要把德育渗透于教育教学的各个环节,贯穿于学校教育、家庭教育和社会教育的各个方面。创新德育形式,丰富德育内容,不断提高德育工作的吸引力和感染力,增强德育工作的针对性和实效性。第三,"立德树人"要着眼促进学生全面发展。教育作为实现人的全面发展的重要途径,必须以学生为本,关注学生的全面发展、和谐发展、持续发展、终身发展和健康成长。第四,"立德树人"要坚持培育学生健全人格。要培养学生积极的心理品质和乐观向上的品格,关注学生的内心世界,塑造学生纯真完美的心灵。加强学生心理辅导,注重对特殊群体学生的关怀和帮助。高度重视对学生的人文关怀,营造良好的师生关系、同学关系,为培育学生健全人格提供良好氛围。第五,"立德树人"要致力于"让每个孩子都能成为有用之才"的教育理想。我们要尊重教育规律和学生身心发展规律,为每个学生提供适合的教育,为每个学生提供公平的受教育机会、满足每个学生的学习需要,促进每个学生都主动地、生动活泼地发展,使每个不同家庭背景、不同智力水平、不同性格的学生潜能都得到充分的发展,都获得教育的成功,人人都能成才。

3. 完善"立德树人"工作机制

习近平总书记关于"立德树人"的教育思想,既丰富了思想政治教育和高等教育理论,又从宏观和微观的角度阐述了"立德树人"的路径,为高校落实"立德树人"根本任务提出了要求,指明了方向。结合当前我国高等教育实际,全面贯彻"立德树人"教育思想,需要在实践中做到如下几点。首先,立德树人,"德"字为先。立德即树立德业，学校教育要坚持以理想信念教育为核心，以爱国主义教育为重点，以基本道德规范为基础，以全面发展为目标，开展德育教育。其次，立德树人，入心为要。多元的价值观，日新月异的社会，海量的信息，让德育面临着前所未有的挑战和机遇。照本宣科式的德育教育，或许能用分数"考出"高低，但无法将"德"字镌刻在学生们心中。提高思想政治教育的科学化水平，是立德树人面临的重要课题。只有切实增强思想政治教育的针对性、实效性和亲和力、感染力，为学生健康成长营造良好的氛围，才能让社会主义核心价值体系真正入脑入心。再次，立德树人，师德为范。"学高为师，身正为范"，知识或可言传，德行需得身教。教师肩负着为人师表、教书育人的重任，是社会主义精神文明的传播者和建设者，是青年学生成长的引路人。立德先立师，树人先正己，培养和造就一支学高身正的教师队伍，是立德树人成败的关键。立德树人，培养德智体美全面发展的社会主义建设者和接班人，不仅关系党和人民教育事业的发展，也关系整个中国特色社会主义事业的全局和长远。正如十八大报告指出的，"中国特色社会主义事业是面向未来的事业，需要一代又一代有志青年接续奋斗。"因此，我们要高举中国特色社会主义伟大旗帜，坚持以立德树人统领高等教育学科建设、人才培养、科学研究、社会服务、文化引领以及国际交流等各项事业，把中国高等教育推向崭新境界。

二、适应时代要求，造就合格人才

1. 加强大学生思想政治教育是实现中华民族伟大复兴的迫切需要

当今世界，国与国的竞争，说到底是人才的竞争。从一定意义上说，谁拥有了人才方面的优势，谁就赢得了竞争方面的主导权。大学生是十分宝贵的人才资源，是民族的希望，是祖国的未来，加强和改进大学生思想政治教育，提高他们的思想政治素质，确保中国特色社会主义事业兴旺发达、后继有人，具有重大而深远的战略意义。高校作为意识形态工作前沿阵地，肩负着学习研究宣传马克思主义，培育和弘扬社主义核心价值观，为实现中华民族伟大复兴的中国梦提供人才保障和智力支持的重要任务。随着世情、国情、党情的变化，大学生思想政治教育既具备有利条件，又面临前所未有的挑战。在经济全球化的进程中，一些西方意识形态，包括政治多元化、经济私有化、思想自由化等思潮的涌入，削弱了马克思主义意识形态的主导地位，侵蚀了社会主义思想道德，冲击了大学生共产主义理想信念，淡化了民族精神和爱国主义情感，对大学生思想政治教育提出严峻挑战。随着文化交流日益频繁，各种思想文化相互激荡，形成多元化发展态势。有些大学生经受不住西方文化诱惑，对马克思主义产生怀疑，对执政党表现出不信任的情绪，再加上西方势力通过网络等现代媒体的恶意宣传，给大学生的思想观念、行为方式和价值取向带来前所未有的影响和冲击。所以，加强和改进大学生思想政治教育，培养德智体美全面发展的社会主义事业建设者和接班人，是实现中华民族伟大复兴的迫切需要。

2. 加强大学生思想政治教育是办好中国特色社会主义高校的内在要求

习近平总书记强调"扎实办好中国特色社会主义高校"。这个"特色"的科学内涵表现在，中国特色社会主义高校必须坚持正确政治方向，这是中国特色社会主义高校的前提；坚持立德树人，是中国特色社会主义高校的立身之本；坚持以马克思主义为指导，是中国特色社会主义高校的灵魂；坚持党的领导，是中国特色社会主义的核心。这就为我国高等教育指明了方向，提出了要求，也体现出了它同西方高校教育的本质区别。社会主义中国倡导社会主义核心价值观，集体利益成为国家和个人所要坚持的基本原则、底线和要求。体现在学校教育中，突出了集体主义和爱国主义。而在西方，个人主义是其整个社会的核心价值理念，在这个理念指导下的教育，突显个性化，并承认追求个人利益的权利。也正是基于此，习近平总书记要求中国的高校对年轻人"加强爱国主义、集体主义、社会主义教育"，引导他们"树立和坚持正确的历史观、民族观、国家观、文化观，增强做中国人的骨气和底气"。所以，加强和改进大学生思想政治教育，是办好中国特色社会主义高校的内在要求。

3. 加强大学生思想政治教育是推进高等教育发展的重要内容

高校的根本任务是培养人才，质量是高等教育工作的生命线，加强内涵建设、提高人才培养质量是我国高等教育发展的重中之重。大学生思想政治教育是高等教育人才培养的一个重要组成部分，大学生思想政治教育质量是高校人才培养的质量之魂、质量之本。自 2011 年起，教育部启动实施"大学生思想政治教育质量工程"，把提升大学生思想政治教育质量作为推动高等教育发展的一项重要内容。随后，教育部分别于 2017 年和 2018 年先后制定并出台了《高校思想政治工作质量提升工程实施纲要》《新时代高校思想政治理论课教学工作基本要求》等文件，为深入贯彻落实习近平新时代中国特色社会主义思想和党的十九大精神，进一步巩固马克思主义在高校意识形态领域的指导地位，坚持社会主义办学方向，全面贯彻党的教育方针，加强新时代高校思想政治理论课建设，全面推动习近平新时代中国特色社会主义思想进教材、进课堂、进学生头脑，培养担当民族复兴大任的时代新人提出了更高的期望和要求。

三、创新教学路径，提高教育质量

高校思想政治理论课作为对大学生进行思想政治教育的主渠道，历来受到党中央的高度重视。特别是党的十八大以来，党中央就进一步加强和改进高校思想政治理论课建设做出了重大的战略部署，取得了明显的效果。尽管如此，在高校思想政治理论课教育教学实践中仍然存在着一些亟待解决的问题，如教学内容重复烦琐，学生不易理解；教学方式传统单一，学生难以接受；教学效果欠佳等。随着习近平新时代中国特色社会主义思想的创立、社会主要矛盾的变化和高等教育领域主要矛盾的转变等，创新思想政治理论课教学模式，全面提升教育质量和水平显得尤为重要。

1. **教学内容专题化**

专题式教学，是通过对教材内容加以归纳整理，提炼综合，设置既相互联系又相对独立的专题进行教学的授课方式，是变教材体系为教学体系，增强教学实效性的有效方法。

目前，高校使用的思想政治理论课教材为国家统编教材，具有科学性、权威性和理论性等特点。同时教材内容丰富，面面俱到，涉及的概念、范畴及原理十分广泛，对教师素质与教学工作提出了更高要求。为了更好地贯彻中央及新教材精神，需要教师不断研究、探索思想政治理论课的教学规律，把握教学原则，通过认真分析教材内容，挖掘教材的深刻思想内涵，既弄清知识的认识价值，又把握知识的德育价值，采取专题教学方式开展教学活动，因势利导地进行思想政治教育，培养学生形成科学的世界观、人生观、价值观，帮助学生树立坚定的中国特色社会主义理想信念。在专题内容的选择上，要遵循"精"和"管用"的原则，提高思想政治理论课的理论性和现实性，从而在教学中实现教材体系向教学体系的有机转化。对思想政治理论课来说，要提高专题式教学的质量，进一步增强教学的实效性，关键在于如何设置专题内容。基于该课程的特点，在研究设置教学专题时，既要考虑教学内容和教学目的，也要考虑从教学对象的理论需求、教师的学科优势和特点及当前经济社会发展和学生的实际。只有做到"三贴近"，才能更好地实施"三进"工作。不断改进和完善"专题教学"模式，能够有效化解思想政治理论课课时少与内容多的现实矛盾，顺利完成预定的教学任务；能够最大限度发挥教师的专业特长，优化教师的知识结构；能够充分调动学生的学习热情和积极性，锻炼和培养学生的自主学习能力。

2. **教学方式立体化**

在高校思想政治教育格局中，思想政治理论课教学和日常思想政治教育是两项重要内容。思想政治理论课侧重提升大学生的马克思主义理论素养和思想品德培养过程中的理论认识问题，而日常思想政治教育侧重解决大学生在学习、生活、实践中面对的现实问题。虽然途径不同，但二者的目标是一致的，它们都致力于提升大学生认识世界和改造世界的能力，促进大学生成长成才与全面发展。要真正发挥好大学生思想政治教育的"主渠道"和"主阵地"作用，教育理念的转变和教育方式的创新至关重要。当代大学生思想主流积极向上，追求个性，强调自主，思维独立，敢于向传统与权威挑战，而传统的教育理念和方法远远落后于时代的发展和大学生的实际需求。过去那种忽视学生个体差异而采取居高临下、空洞冗长的说教式、填鸭式教育方法由于没能考虑当代大学生的思想特点，只注重简单的理论灌输，降低了青年学生对思想政治理论课的认同感和接受度。在日常思想政治教育活动中，由于没能考虑青年学生的成长体验和实际需求，缺乏"以学生为本"的现代教育理念，使学生的主体地位得不到足够重视，个人价值需求得不到有效的满足，常常导致课堂内教师主动讲，学生被动听，课堂外教师积极组织，学生消极应付的窘况。由于针对性不强，学生缺乏获得感，导致实效性较差，学生学习、参与的主动性、积极性难以发挥，进而使思想政治教育的功效大打折扣。

习近平同志指出，高校思想政治理论课要坚持在改进中加强，提升思想政治教育亲和力和针对性，满足学生成长发展需求和期待。在教育过程中我院要摒弃过去"以教育者为中心"的思维模式，确立"以学生为本"的现代教育理念，以培养学生做人为本为教育目标，以服务学生成长为本为教育思想，以引导学生思考为本为教育方法，以激起学生兴趣为本为教育形式。在思想政治理论课教学活动中，要坚持遵循学生的身心发展规律，尊重学生的个性特点，培养、发展学生的主体性，深入实施高校思想政治理论课建设体系创新计划，积极构建立体化教学模式。联系新时期大学生思政课在教学环境、教学对象、教学载体的变化，构建"课堂教学＋在线教学＋实践教学"的立体教学模式。该模式力图把教学过程与学生习得过程有机结合，增强教学对象的主动性、教学内容的丰富性、教学结果的实效性，努力使思政课成为大学生"有用、乐学、善行"的课程。同时，在教学过程中，要坚持请进来与走出去相结合。紧扣教学内容，既邀请国内知名专家学者到校开展专题讲座，又注重发挥校内基地平台、学科建设、师资队伍优势，鼓励校内专家学者外出交流学习。坚持理论教学和实践教学相统一。将实践教学纳入思政课建设体系创新计划，制定思政课实践教学实施方案，严格落实学分、内容、学时，坚持在理论教学和实践教学的互联互动中提升思政课教学效果。坚持思政课与其他课程协同育人。整合宣传、人事、教务、计财、学团、科研等力量，加强思政课指导和人财物保障。同时，充分发挥课堂教学主渠道作用，深入挖掘和利用各类课程蕴含的德育要素，与思政课形成协同效应。通过构建立体化教学模式，合力推动的思想政治理论课教育教学质量上新水平。

3. 过程教育制度化

教育是一个循序渐进的过程。这一过程是"教育主体与教育客体在教育过程之中的相互作用生成教育功能的过程。"没有过程，便没有教育。就思想政治教育教学而言，"立德树人"的目标决定了其更是一个润物细无声的熏陶过程。为此，针对思想政治理论课教学中存在的问题和不足，需要加强探索和创新，强化教学过程管理，将过程教育制度化。自2017年4月以来，我们以增强教育教学针对性和实效性为目标，针对思政课普遍存在的抬头率不高、亲和力不够、针对性不强等问题，对思政课教学方法、教学手段等进行了一系列的思考与探索，逐步形成以"《学习与实践手册》制"为抓手，注重过程性评价，实施弹性考核制度，试行免试制度。

（1）《学习与实践手册》制是根据高校思政课的教学目的、特点和要求，针对课堂教学所面临的具体问题，而实施的一项旨在引导学生全面参与教学过程的教学改革。主要栏目包括听课笔记、读书报告、实践报告、学习总结，还附有思政课教学计划、阅读书目、名言警句、学习要求、实践教学安排、考核办法及平时成绩统计等项目。任课教师于开学第一周将学院统一印刷的《学习与实践手册》发给每位学生（每课一册），并说明使用方法和要求，包括：学生上课须携带并使用，随听随记，发表感言感想；课程作业（即实践报告、读书报告和学期总结）须按要求书面完成；教师定期或不定期进行督导检查，期末集中评阅，并综合学生表现给出平时成绩；教学结束后，教师将《学习与实践手册》统一交思政部归档管理等。

推行《学习与实践手册》制度对于加强课堂教学管理、营造良好教学氛围、提升思政课的教学效果具有显著作用。首先，《学习与实践手册》成为教师加强课堂教学管理、规范课堂纪律的一个重要抓手。《学习与实践手册》是学院免费配发给学生的思想政治理论课教学学习用具，目的积极良好，学生易于接受，教师便于借力，据此要求学生上课必带、听课必记、作业必写，并随时督促，及时检查，从而极大地遏制了违反课堂纪律及影响教学氛围的种种不良现象。其次，《学习与实践手册》成为学生学好思政课、提高自律能力、养成良好习惯的有效助手。如今，电脑、网络、手机等新科技极大地丰富和方便了人们的学习、工作和生活，同时也对人们静心读书、用心思考形成了严峻挑战。而推行《学习与实践手册》制度则是一个积极的探索。如前所述，《学习与实践手册》包含思政课教学计划、阅读书目、免试条件、考核办法及有关的名言警句等，这些栏目可以帮助学生全面了解思政课课程体系及教学目的、内容和要求。更重要的是，学生可借助《学习与实践手册》和老师的严格要求把自己的注意力管控在听课、笔记和思考问题上，最大限度地参与教学过程，从而有效抵御手机诱惑，有效遏制无所事事、打盹睡觉说闲话的无聊状态。再次，《学习与实践手册》成为全面准确考察和评价学生的可靠依据。过程评价在教育教学中的重要性正越来越为人们所重视，如何把教学过程做实做好却是一个考验。如果教学过程单一，过程评价的比重提得越高，考核的水分就越大，考核的作用就越小。按照《学习与实践手册》各栏目的要求给予考核，为客观、公正评价学生的平时表现提供了可靠的依据。最后，"《学习与实践手册》制"对改善课堂教学氛围、提升教学效果具有明显作用。作为制度，"《学习与实践手册》制"不是选择性的，而是所有思政课、所有教师和学生都必须坚持的一项教学规范。虽然也存在个别学生抄袭应付的问题，但总体看，其对于课堂教学的积极影响和作用是非常明显的。实施以来，学生到课率得到了保证，听课热情普遍提高了，课堂笔记明显认真了，互动讨论明显积极了，思政课课堂教学氛围得到了明显改善，教师的教学热情和信心也得到了空前激发和鼓舞，师生教与学的良性循环逐步形成。

（2）学习小组制度。建立学习小组制度，每位小组设立小组长，发挥学生骨干的模范带头作用。学习小组，是引导学生自律自学，也是引导学生互帮互学，充分发挥主体作用的重要举措。思政课都是大班授课，课堂人数容量大、建立学习小组的必要性尤为突出。任课教师在首节课将教学班划分为若干学习小组（10人以内），确定小组长，小组上课建议集中就座，以便讨论、学习和管理。教师还可以召集各小组长座谈，一方面要求他们在教学活动中发挥模范带头作用，另一方面赋予他们督促检查的责任和权力。

（3）弹性考核制度。思政课实行过程性评价和结果性评价相结合的弹性考核制度，加大过程性评价的力度。对积极参与教学过程且优质完成《学习与实践手册》的同学试行弹性考核制。课程成绩实行百分制，由平时成绩70%和期末成绩30%构成。期末成绩于学期末通过闭卷考试获得，考核内容主要依据教材及教学知识点；平时成绩主要依据学生参与教学过程的具体表现，包括到课、听课、笔记、读书、互动、讨论及实践教学报告、总结等。平时表现优秀者，可按规定申请免除期末考试。免试可极大缓解学生应对期末考试的压力，吸引力非常大。绝大多数同学都能积极主动认真地参与教学过程，并力求高质量地完成《学习与实践手册》。

（4）网络机考制度。对于少数未获得免试资格的同学，使用网络机考的形式进行期末考试。思政部组织教师建立四门课程的考试题库，主要考查学生对于基础知识点的把握和理解。研发思政课网络考试系统，以全自动化的方式，实现考生信息管理、试题库管理、考务管理、自动组卷、在线考试、自动评阅等功能，准确快捷，节约资源，提高考试效率。

大学生思想政治教育工作是一项复杂而艰巨的系统工程，任重道远。我们要以习近平总书记在全国高校思想政治工作会议重要讲话精神和党的十九大精神为契机，以坚持正确的政治方向为基本前提，以坚持立德树人为立身之本，以坚持马克思主义为指导，以坚持党的领导为核心，集聚各方力量，攻坚克难，砥砺前行，进一步加强和改进大学生思想政治教育路径，为培养德、智、体、美全面发展的合格建设者和可靠接班人，为实现中华民族伟大复兴的中国梦做出积极的贡献。

参考文献：

［1］习近平在全国高校思想政治工作会议上的讲话［N］．人民日报，2016 – 12 – 09（1）．

［2］习近平在哲学社会科学工作座谈会上的讲话［N］．人民日报，2016 – 05 – 19．

［3］习近平在中国共产党第十九次全国代表大会上的讲话［N］．人民出版社，2017 – 10 – 28．

［4］中共中央国务院印发《关于加强和改进新形势下高校思想政治工作的意见》［EB/OL］．（2017 – 02 – 28）［2018 – 09 – 11］．http：//China. cnr. cn/news/20170228/t20170228_ 523624888. shtml．

►大学生"双创"与校企合作

董有尔

青年是国家的未来和希望。大学生作为青年的代表、精华,其创新、创业的水平和能力,从一定意义上讲,代表着、决定着国家的创新、创业的程度。要提高大学生的创新水平、创业能力,先要提高创新创业教育水平,强化校企合作。通过对学校教育模式的改革,不断探索、深化产教融合、校企合作,才能稳步实现我们的教育目标。

一、大学生创新创业教育与校企合作

(一)大学生"双创"与校企合作发展历程

1. 创新创业教育发展历程

大学生"创新创业教育"简称大学生"双创教育",是"适应经济社会和国家发展战略需要而产生的一种新的教学理念与模式"。[①] 大学生"双创"起源于美国,现已在全球兴起。1989年国际教育会议上将专业教育、职业教育和创业教育称为21世纪教育的三张通行证。1998年英国政府针对18~25岁的在校大学生开设创业项目。联合国教科文组织在1999年发表的《21世纪的高等教育:展望与行动世界宣言》中提出:"必须将创业技能和创业精神作为高等教育的基本目标,为了

---

① 教育部关于大力推进高等学校创新创业教育和大学生自主创业工作的意见 [EB/OL].(2010-05-04)[2018-10-01]. http.//www.moe.gov.cn/srcsite/A08/s5672/201005/t20100513_120174.html.

便毕业生创业,高等教育应主要关心培养创业技能与主动精神"。[①] 中国创业教育的概念在1988年提出。2002年4月,在许多高校对创业教育做了有益的、自发性探索的基础上,教育部在九所大学开展创业教育试点工作,标志着我国高校创业教育由自发探索阶段进入教育行政部门引导下的多元化探索阶段。

2007年,教育部、财政部启动的"质量工程"中设立"大学生创新性实验计划"专项,支持大学生进行研究性学习。2010年4月,教育部办公厅、科技部办公厅出台了《高校学生科技创业实习基地认定办法(试行)》;2010年5月,教育部发布了《教育部关于大力推进高等学校创新创业教育和大学生自主创业工作的意见》(教办〔2010〕3号),对高校创新创业教育的课程体系建设以及创新创业教育实践活动提出更明确要求。

党的十八大以来,党和政府更加重视创新创业工作,坚持用改革的办法搭建优化创业平台,充分发挥市场力量创造更多的就业机会。2014年9月,在夏季达沃斯论坛上,李克强总理首次在公开场合发出"大众创业、万众创新"的号召,并被写进了《2015年政府工作报告》。党中央、国务院于2015年先后发布了《国务院办公厅关于发展众创空间推进大众创新创业的指导意见》(国办发〔2015〕9号)、《中共中央、国务院关于深化体制机制改革加快实施创新驱动发展战略的若干意见》(中发〔2015〕8号)、《国务院关于进一步做好新新形势下就业创业工作的意见》(国发〔2015〕23号)、《国务院办公厅关于深化高等学校创新创业教育改革的实施意见》(国办发〔2015〕36号)等文件,站在国家实施创新驱动发展战略,促进经济提质增效升级,推进高等学校综合改革,促进高校毕业生更高质量创业就业的高度,明确了深化高等学校创新创业教育改革的指导思想、基本原则和总体目标。

---

① 王柏玲. 大学生创业能力培养需要创新思维[J]. 黑龙江高教研究, 2012 (2).

2. 校企合作发展历程

校企合作思想始于美国，真正的校企合作是在第二次世界大战时期，发展在20世纪80年代。校企合作是一个内涵十分丰富的概念，是指学校和企业在人才培养、科学研究、产品开发的联合行为。高校与企业合作，无论从"人才—科研—产品—市场"的价值链，还是"知识创新—技术创新—成果转移—产业化—商品和服务"的价值链看，都是关键环节。高校的优势在于人才、信息和技术储备，而企业则在市场、资金、管理以及体制和机制方面存在一定的优势，通过校企合作实现科技成果的商品化和产业化，其实质就是通过合作发挥双方在技术创新过程中的比较优势，以谋求自身利益最大化。国外对于校企合作的研究比较早，首先是创新基础理论研究方面，创新理论是校企合作理论的起源。一些学者从国家创新系统的角度对产学研合作进行了研究，如乃斯比特所说："当今大学越来越像是企业，而公司也越来越像是大学"，这些都为更深入地研究企业和高校之间合作奠定了坚实的理论基础。

我国的校企合作经历了一个由点到面、由低到高、由浅入深的发展过程，合作规模不断发展，合作内容不断深化，合作形式不断丰富，合作水平不断提升，这种不断变化的特点也反映出校企合作具有时代特征。20世纪五六十年代组织的"两弹一星"军工研制实验，通过实行校企合作攻关，取得了显著的成效。在20世纪80年代，校企合作得到重视并且广泛开展。进入20世纪90年代，随着社会主义市场经济体制改革的不断深入而逐步建立，加上鲜明的政策导向及国际竞争的日趋激烈，对企业、高校的生存和发展提出了新的挑战，迫使校企合作进入了一个新的阶段。

进入21世纪，我国校企合作进入快速发展期。党的十七大报告中明确提出："要建立以企业为主体，市场为导向，产学研相结合的技术创新体系"[1]，校企合作成为建设我国技术创新体系的重要举措和突破口。2010年6月，教育部联合有关部门和行业协（学）会，共同实施

---

[1] 胡锦涛文选：第2卷[M].北京：人民出版社，2007：629.

"卓越工程师教育培养计划",旨在培养造就一大批创新能力强,适应经济社会发展需要的各类型高质量工程技术人才,为国家走新型工业化发展道路、建设创新型国家和人才强国战略服务。随着知识经济的兴起,高新技术的产生和发展,校企合作进入一个新的发展阶段。

为贯彻落实党的十九大精神,深化产教融合、校企合作、协同育人,促进教育链、人才链与产业链、创新链有机衔接,2017年12月19日《国务院办公厅关于深化产教融合的若干意见》(国办发〔2017〕95号)发布实施,其主要目标是:逐步提高行业企业参与办学程度,健全多元化办学体制,全面推行校企协同育人,用十年左右时间,形成教育和产业统筹融合、良性互动的发展格局,健全完善需求导向的人才培养模式,基本解决人才教育供给与产业需求重大结构性矛盾,显著增强职业教育、高等教育对经济发展和产业升级的贡献。

(二)习近平关于大学生创新创业教育和校企合作的论述

党的十八大以来,习近平总书记在各种会议上和考察学校时,对大学生创新创业教育和校企合作发表了一系列重要讲话,深刻论述了新时期我国大学生创新创业教育和校企合作改革发展的重大理论问题和实践问题,形成了习近平新时代教育思想体系。其博大精深、内涵丰富,是引领中国特色社会主义教育事业发展的重要指导思想,也是习近平新时代中国特色社会主义思想的有机组成部分。

早在2008年5月4日,习近平出席北京青年科技创新创业人才座谈会时就对青年如何成为创新创业人才提出了殷切的希望:"青年兴则国家兴,青年强则国家强,青年一代的健康成长和不断进步始终是党和人民事业兴旺发达的最大希望之所在。广大青年科技工作者要坚定理想信念,胸怀祖国、心系人民,自觉把个人的创新创业行动与推进国家的科技发展、经济繁荣、社会进步结合起来,坚定地走既灿烂又充实的人生之路;要不断发奋学习,努力掌握本领域最先进的知识和技术、最前沿的动态和趋势,力争在科技创新、产业发展、技能突破等方面不断取得新进步;要恪守科学精神,脚踏实地、埋头苦干,坚韧不拔、不畏挫折,淡泊名利、不浮不躁,始终保持探索真知的坚定意志和创新创业的高昂激情；要勇做创新先锋，善于攻坚克难，努力形成一流的科研成果，创办一流的科技企业，苦练一流的工作技能，成长为一流的创新创业人才，用自己的聪明才智创造无愧于时代和人民的业绩。"2013年5月，习近平同各界优秀青年代表座谈时进一步指出："创新是民族进步的灵魂，是一个国家兴旺发达的不竭源泉，也是中华民族最深沉的民族禀赋，正所谓'苟日新，日日新，又日新'。青年是社会上最富活力、最具创造性的群体，理应走在创新创造的前列。"2013年11月8日，习近平致2013年全球创业周中国站活动组委会的贺信中又指出："青年是国家和民族的希望，创新是社会进步的灵魂，创业是推动经济社会发展、改善民生的重要途径。青年学生富有想象力和创造力，是创新创业的有生力量。希望广大青年学生把自己的人生追求同国家发展进步、人民伟大实践紧密结合起来，刻苦学习，脚踏实地，锐意进取，在创新创业中展现才华、服务社会。"2016年4月26日，习近平在知识分子、劳动模范、青年代表座谈会上对青年创新创业进一步提出恳切的期望："要敢于做先锋，而不做过客、当看客，让创新成为青春远航的动力，让创业成为青春搏击的能量，让青春年华在为国家、为人民的奉献中焕发出绚丽光彩"。2017年8月15日，习近平给第三届中国"互联网＋"大学生创新创业大赛"青年红色筑梦之旅"的大学生回信时又指出："祖国的青年一代有理想、有追求、有担当，实现中华民族伟大复兴就有源源不断的青春力量。希望你们扎根中国大地了解国情民情，在创新创业中增长智慧才干，在艰苦奋斗中锤炼意志品质，在亿万人民为实现中国梦而进行的伟大奋斗中实现人生价值，用青春书写无愧于时代、无愧于历史的华彩篇章。"2017年10月18日，习近平在党的十九大报告中又一次对青年提出要求："青年兴则国家兴，青年强则国家强。青年一代有理想、有本领、有担当，国家就有前途，民族就有希望。"

不仅如此，习近平总书记对产教融合、校企合作也非常重视。2014年6月24日，就加快发展职业教育做出重要指示："要牢牢把握服务发展、促进就业的办学方向，深化体制机制改革，创新各层次各类型职业教育模式，坚持产教融合、校企合作，坚持工学结合、知行合一，引导社会各界特别是行业企业积极支持职业教育，努力建设中国特色职业教育体系。要加大对农村地区、民族地区、贫困地区职业教育支持力度，努力让每个人都有人生出彩的机会。"2017年10月18日，习近平总书记在党的十九大报告中对教育系统再次发出号召："完善职业教育和培训体系，深化产教融合、校企合作。加快一流大学和一流学科建设，实现高等教育内涵式发展。"

二、大学生创新创业教育和校企合作的探索与实践

建院以来，我院坚持"以市场需求为导向，培养具有现代商务理念、创新意识和创业能力的高级应用型人才"的办学定位，全面贯彻党的教育方针，落实立德树人根本任务。围绕我院向应用型转型发展的战略、目标和任务，认真学习贯彻落实习近平总书记关于大学生创新创业教育和校企合作的系列重要论述，坚持创意促进创新、创新引领创业、创业带动就业，深化产教融合校企合作，加强应用型人才培养的顶层设计，深入推进创新创业教育与理论教学体系、实践教学体系、第二课堂活动深度融合，贯穿于应用型人才培养的全过程，渗透到教育教学各环节，促进人才培养模式创新，激发学生的创意思维、创新精神、创业意识，增强大学生创新创业能力，积极构建具有商院特色的大学生创新创业教育体系，不断提升我院创新创业教育水平和应用型人才培养质量。

（一）大学生创新创业教育的探索与实践

1. 成立"就业与创业教研室"，不断提升就业指导水平

学院高度重视学生的就业，早在2002年就成立了就业指导中心，为全院学生的就业指导服务。目前该中心有专职就业导师18人，研究生学历占85%以上，取得国家高级职业指导师资格10人。2011年4月成立了由各院系党总支（支部）书记任组长、全体辅导员为成员的就业工作领导小组，并配备一名专职就业服务站站长，建立健全了院系两级管理的专职就业工作队伍，保证了就业指导工作的全面开展。

2012年3月，学院成立了"就业与创业教研室"，承担全院就业创业课程的规划、建设和教学，目前有专职创业教师20名，均取得创业培训师资格证书。同时聘请42名大中型企业专家作为我院创业培训兼职导师，进行创业活动面对面、创业专题讲座、创业政策咨询等工作，每年举办活动百余场，已初步形成了一支专职为主，专兼结合的创业教育师资队伍。

2. "就业与创业教育"纳入人才培养方案，不断完善课程体系建设

2004年3月，就业指导中心开设了"大学生就业指导"课程，2007年将其修订为"就业与创业教育"课程，纳入2007版人才培养方案，设定为36学时的全院公共必修课。为鼓励学生创业实践，修订学籍管理制度，实施弹性学制，允许学生保留学籍，休学创业，学制最长期限为六年。

在创新创业课程建设与教学中，坚持理论讲授与实践教学相结合、基础教育与专业教育相结合、必修课程与选修课程相结合、专题培训与网络教学相结合、模拟训练与实战训练相结合、第一课堂与第二课堂相结合、学科竞赛与创业竞赛相结合，在不断探索完善的过程中，逐步建立了从创业课程—创业培训—创业大赛—创业体验到实体创业的教学实践环节，形成了分层次、模块化、全过程的创业教育体系。2014年10月，根据省人社厅、财政厅、教育厅《关于开展普通高校大学生毕业学年创业培训专项活动的通知》（晋人社厅发〔2014〕36号），我院被批准为山西省第一批高校毕业学年大学生创业培训定点机构，引入并开设了GYB、SYB培训课程，2015～2017年连续三年被评为高校创业培训工作优秀单位。

3. 以赛带训，不断丰富学生创新创业实践活动

为了激发学生的创新创业活力，培育创新创业思维，我院坚持学科竞赛与创业竞赛相结合，不断完善和修订了《山西大学商务学院学科竞赛管理办法》《山西大学商务学院创业大赛管理办法》等管理制度，持续开展学科竞赛和创业竞赛，通过以赛代训，不断提高大学生的实践能力和创新创业能力和水平。每年组织开展"五一亚秀金店杯""晋商杯""兴晋挑战杯"等创新创业大赛,赛事覆盖全院40多个专业,每年学生参与人数达4800多人。

学院与社会企业联合组织实施创新创业大赛,至2018年已连续成功举办八届创业大赛,大赛设置商业计划书类、实体创业类、"互联网+"类、校园创业实训平台类、创新创意服务类。学院与山西省人力资源和社会保障局、太原市科技创业园等社会单位合作,对大学生创业项目从点子计划到成功孵化进行全程服务。2013~2014年,我院在国家级五大赛事中获得国家级二等奖7项,国家级三等奖2项;省级一等奖14项,省级二等奖12项,省级三等奖36项;在省级以及其他行业和协会组织的赛事中共获得省级特等奖8项,省级一等奖33项,省级二等奖8项,省级三等奖5项,学院共奖励20.29万元。其中我院信息学院电子科技协会荣获首届全国大学生"小平科技创新团队"荣誉称号。团队成功研发的"智能插板""防酒驾车辆启动系统""无摩擦自行车发电系统"已申请国家专利。据不完全统计,2014年《中国教育报》、《山西日报》、中新网、光明网、山西新闻网等20家媒体对我院"小平科技创新团队"和"骑行协力多座自行车"等16个创业项目进行全方位报道58次。

4. 组建双创学院,深化创新创业教育改革

创新创业教育是推进我院向应用型大学转型的重要支撑点与推手。为了深化我院创新创业教育改革,增强学生的创新精神、创业意识和创新创业能力,提高应用型人才培养质量,2018年1月我院成立双创学院,从机构建设、人员配备、场地设置、经费使用等方面,为大学生创新创业教育提供保障。修订完善我院深化创新创业教育改革实施方案,树立先进的创新创业教育理念,坚持面向全体学生、全体教师参与、分类施教、结合专业、强化实践、融入应用型人才培养全过程,坚持创意促进创新、创新引领创业、创业带动就业,深入推进我院向应用型转型发展。

5. 加强组织领导，健全创新创业教育组织管理体系

学院高度重视大学生创新创业工作，成立了以院党委书记、院长为组长，分管院领导任副组长，有关部门负责人参加的创新创业教育工作领导小组，强化领导决策，优化顶层设计，合理资源配置，加强部门协同。各院系成立了相应的创新创业教育领导小组，发挥院系、专业在学生创新创业教育中的主体和引导作用，形成校院分层规划、多部门协同、齐抓共管、全方位联动的创新创业教育组织体系，将就业工作纳入学院教学、管理、服务的全过程，坚持每月开展一次就业指导与服务专题办公会议，研究部署就业工作，解决具体困难与问题，出台了《山西大学商务学院毕业生工作条例》，学院财务预算专项安排就业工作经费，保证就业工作顺利进行。

学院将每年 11 月定为就业服务月，组织冬、夏两场大型招聘会，根据需求不定期召开专场招聘会，每年都有 500 余家用人单位到场招聘，提供上万个工作岗位供毕业生选择。学院建立了毕业生就业信息网，于 2011 年底嵌入"全国大学生就业信息服务一体化系统"，创建了山西大学商务学院就业工作微信平台和就业指导中心微博，创办了电子杂志《职点》，通过网络平台及时发布国家就业政策和就业资讯，借助信息联网掌握学生求职意向，并开展针对性的就业指导服务。学院建立了实名制就业进展情况动态管理机制，及时统计毕业生的就业数据，更新毕业生就业信息库。

（二）校企合作的探索与实践

1. 校企合作，加强实习实训基地建设，精心安排实习工作

实习教学是我院实践教学体系的重要组成部分，是实现学生与社会和企业无缝对接培养应用型人才的一个重要手段。建院以来我院高度重视校外实习实训基地建设工作和实习工作，在院领导办公例会上多次专题安排部署毕业实习工作，各教学单位结合专业特点，坚持本科四年实践实习不断线，认真规划和安排暑期社会实践、第七学期的综合实训、毕业实习工作。如管理学院旅游管理专业与北京首旅集团、建工集团旗下的民族饭店、东方饭店、香山饭店、建国饭店、山西商务国旅等 20

多家地方知名企业保持着密切的合作关系，为学生创造和提供了多渠道的实习机会。信息学院实行"校企合作3＋1"的人才培养模式，强化实践训练，增加工程实训环节。通过校企合作，共建校内实训平台、拓展校外实践平台，让学生参与公司的项目开发，实战实训，使每届学生都能够得到很好的锻炼，为学生搭建广阔的实践与就业平台，并取得了良好效果。

2. 加强共建共享实验室建设，深化产教融合校企合作

近年来，我院深入贯彻落实十九大报告、《国务院办公厅关于深化产教融合的若干意见》（国办发〔2017〕95号）等文件精神，充分认识到加强共建实验室建设、深化产教融合、校企合作、协同育人是应用型高校发展的必由之路，为此，认真总结建院以来实验室建设经验和成效，调整实验室建设思路，将新建的实验实训大楼调整为产教融合校企合作实验实训中心大楼，引企入校，用于共建共享实验室建设基地。目前进入校企合作实验实训中心的企业有北京达内时代科技集团、宁波热点网络科技、山西供销杂粮有限公司等企业，投资500余万元，完成和正建的共建实验室有"大数据技术实验室""移动互联开发技术实验室""跨境电商运营室""小杂粮营销实训实习基地"等八个实验室，不断将企业项目引入实验实训教学中，形成充分融合、良性互动、协调发展的工作局面。

毋庸讳言，我院的大学生创新创业教育和校企合作还是初步的，甚至还存在一些不容忽视的问题，如创新创业教育理念滞后、教学内容陈旧、教学方式单一、实践平台短缺、教师开展创新创业教育的意识和能力欠缺、与专业教育结合不紧、指导帮扶不到位，创新创业教育体系亟待健全。产教融合、校企合作主要存在的问题是：目标定位模糊，机制不健全，合作模式单一动力不足，经费短缺难以保障，"双师双能型"师资队伍建设滞后，质量保障体系和评估体系缺位等。

三、新时代背景下大学生创新创业教育和校企合作的规划

坚持以习近平新时代中国特色社会主义思想为指导，全面贯彻党的十九大精神、习总书记关于高等教育发展的重要讲话精神，依照山西省资源型经济转型发展和高等教育改革发展的总体要求，转变发展理念，主动服务我省产业结构调整、产业转型升级和技术进步，以提升价值创造能力为导向，整合校内外资源，完善保障机制，深化产教融合、校企合作、协同推进创新创业教育联动机制，营造"创意—创新—创业"氛围，创建创新创业教育与实践教学平台融合连通的创新创业教育生态圈，提高教师创新创业素养，全面培养学生的创新精神、创业意识和创新创业能力，促进我省教育链、人才链、产业链、创新链有机衔接，使经济发展和产业升级的贡献明显增强。

（一）把创新创业教育纳入人才培养体系，完善应用型人才培养方案

坚持以专业教学质量国家标准、服务岗位需求和提高职业能力为导向，聚焦山西地方需求，彰显专业特色，围绕专业链与产业链、课程内容与职业标准、教学过程与生产过程实现人才培养与社会需求对接，制定校内外课程教学相结合、行业企业实践与项目教学相结合、学校教学资源与区域行业产业相结合，积极构建理论教学、实践教学、创新创业教育、第二课堂与行业产业发展深度融合发展的应用型人才培养方案。

（二）把创新创业教育贯穿于人才培养全过程，构建应用型课程体系

根据应用型人才培养方案，把创新创业教育贯穿于人才培养全过程，覆盖全体师生，与理论教学、实践教学、第二课堂活动深度融合，形成必修课、选修课、专家讲座有机衔接、依次递进、层次分明、科学合理、四年不断线的创新创业课程体系。提升创新教育教学方法，倡导启发式、探究式、讨论式、参与式教学。深入分析毕业生就业岗位，以岗位所需的关键能力培养为导向，积极引入行业、职业技术标准，将产

业关键技术转化为教学内容，制定课程标准，明确教学目标，注重课程教学内容的组合与衔接，整体优化课程体系，有计划、有目的地进行应用型课程体系建设，形成一批教学质量高、特色鲜明的优质课程。

（三）加强"双师双能型"师资队伍建设，提升教师指导创新创业的能力

将创新创业教育与专业教育相结合，明确全体教师创新创业教育责任，增强教师创新创业教育的意识和能力，鼓励广大教师在日常教学中融入创新精神、创业意识和创新创业思维和能力的培养。采取专题培训、交流研讨等形式增强广大教师投入创新创业教育的意识和能力。明确教师在培养学生创新创业意识和能力方面的责任，加大对教师实施创新创业教育的支持力度。鼓励教师基于实验实训项目、科研项目带动学生创新创业，鼓励教师进行创新创业教育有关的理论、环境、需求和政策等的研究，编写教材和发表论文等，丰富创新创业教育理论成果。

组建专兼结合、校内外共建的高素质创新创业教师队伍。根据创新创业课程体系中的不同模块课程要求，整合一批具有创新创业指导经历、理论研究深厚和实践经验丰富的教师组建山西大学商务学院创新创业教育专业队伍。保证有一批具有专业知识的教师开设并讲授创业课程和实施专门化的创业培训。保证各院系有一批经验丰富、积极热心的优秀教师能为学生创新创业实践活动和参赛项目提供指导。保证有一批专兼职工作者为学生创业活动和实践提供常态化的指导和服务。培养一支优秀的辅导员队伍强化对学生日常创新创业活动的引导和指导。积极从社会各界聘请知名科学家、成功创业者、企业家、风险投资人等担任创新创业授课合作教师，组建创新创业实训课程师资队伍。建立师资导师库，实行动态管理。

加强创新创业师资培训，将创新创业教育理念融入教师岗前培训和在职轮训；充分利用教育部全国高校教师网络培训中心的优质课程资源，组织教师参加创新创业教育课程学习；每年选派一批创新创业教育教师和管理人员赴国内外一流大学进行短期交流培训，提升创新创业教学、研究和管理水平；支持创新创业教师到国家级创业园区、著名企业

微创平台等挂职锻炼，增强实践经验。

（四）加强产教融合校企合作实践教学平台建设，丰富创新创业实践资源

充分利用信息中心、各类实验实训中心、专业实验室、校企合作共建实验室、校内外实习基地等实践教学资源，面向全体学生开放共享，为学生提供良好的创新实践平台和空间，持续推进实验实训教学改革与创新，实现实验实训项目与创新创业实践项目有机对接，实验实训教学与创新创业实践深度融合。积极探索加强创新创业实验室、创客空间、大学生创业园、创新创业孵化运营中心和企业创业基地等创新创业实践服务平台建设，促进创新创业成果落地转化，使创新创业更好地服务于社会需求，实现创新与创业接轨，创业与社会接轨。积极探索校校、校企、校所、校地等协同育人新机制，吸引社会各界资源和国外优质教育资源，加强产学研载体建设，合力助推创新创业人才培养。

（五）健全创新创业教育制度，营造创新创业教育环境氛围

加强科学、规范的创新创业制度建设，是实施创新创业教育、提高人才培养质量的重要保障。为有效推动创新创业工作的开展，要不断建立和完善创新创业教育课程设置、项目管理、实践活动、学分认定、学籍管理等相关规章制度。设置合理的创新创业学分，建立创新创业学分积累与转换制度，探索将学生开展创新实验、发表论文、获得专利和自主创业等情况折算为学分，将学生参与课题研究、项目实验等活动认定为课堂学习。为有意愿有潜质的学生制订创新创业能力培养计划，建立创新创业档案和成绩单，客观记录并量化评价学生开展创新创业活动情况。优先支持参与创新创业的学生转入相关专业学习。实施弹性学制，放宽学生修业年限，允许调整学业进程、保留学籍休学创新创业。设立创新创业奖学金，并在现有相关评优评先项目中拿出一定比例用于表彰优秀创新创业的学生。

（六）积极拓展创新创业教育经费渠道，为创新创业教育改革提供经费保障

在学院年度经费预算中，合理安排用于支持创新创业教育改革实践

的专项经费；主动加强与企业、行业和其他社会团队的联系，以校企合作、项目合作等方式，吸引和争取社会力量支持参与学校创新创业技能竞赛、成果孵化和大学生创新创业中心建设，拓展经费来源渠道，确保我院创新创业教育实践活动的有效开展。

深化创新创业教育改革和深化产教融合校企合作是党中央、国务院为促进经济社会协调发展、完善教育资源布局、加快人才培养结构调整、创新教育组织形态、全面提高人才培养能力、促进教育和产业联动发展的重大战略部署，我院要紧跟时代发展，服务地方需求，常抓不懈，在应用型人才培养上办出特色、争创一流。

▶政策协同对科研创新发展的影响研究

——基于商院十年科研创新发展的变迁

张圣恩

党的十八大提出的创新、协调、绿色、开放、共享的"五大发展理念"是实现我国"两个一百年"发展目标、破解发展难题、厚植发展优势的理论指南,是"十三五"乃至更长时期我国发展思路、发展方向、发展着力点的集中体现。党的十九大报告强调,创新是引领发展的第一动力,是现代化经济体系的战略支撑。按照党中央的决策部署,把加快建设创新型国家作为现代化建设全局的战略举措,坚定实施创新驱动发展战略,强化创新第一动力的地位和作用,突出科技创新引领全局创新,具有重大而深远的意义。坚持创新发展,就是要把创新摆在学院发展的核心位置,让创新贯穿各项工作,让创新在校园蔚然成风。

一、创新发展与政策协同

(一)创新发展与政策协同的概念

"创新"的概念最早由经济学家熊彼特于1912年《经济发展理论》一书中首次提出。一个多世纪以来,创新理论不断丰富和发展,创新发展逐步上升为民族进步的灵魂和国家兴旺发达的不竭动力。创新的概念源于熊彼特提出的"先有发明,后有创新"的观点,这一观点认为创新是企业利用资源、以新的生产方式来满足市场需要的实现过程,还是促进经济成长的原动力。同时,熊彼特又指出,创新除了包含在发明时产生新事物的过程,包含了将新事物商业化的过程。因此,狭义的理解，只有把发明引入生产系统才能成为创新，或者说，创新是发明的首次商业化应用。广义的理解，创新既可以是一项新的科学发现，也可以是一种新思想，一种新的组织形式、政策体系、政策机制、制度框架等付诸实践的创新活动①。正确理解熊彼特的创新概念十分重要，创新不止于思，更践于行。

"政策协同"的概念可以从状态、过程和能力三个角度来诠释。状态视角认为政策协同是政策实施所达到的一种理想状态，取决于政策要素、政策子系统之间相互配合，形成不同于单独微观子系统简单加总的宏观系统功能。过程视角则强调政策协同不是一种静态表达，而是政策要素相互配合的动态过程，侧重于为实现政策协同目标而进行决策上的动态推进。能力视角则更偏向于把政策协同视为一种内生能力，使政策实施的整体表现优于部分的总和，防止政策肢解和碎片化的一种能力②。显然，无论是强调状态最优、动态推进，还是强调内生能力，都包含了一个共有的核心思想，即政策一致性和整体优越性，强调从政策指向、力度和措施三个层面的协同推进，实现政策战略与目标。

（二）创新发展与政策协同的关系

习近平总书记在哲学社会科学工作座谈会上的讲话中指出，加强对哲学社会科学工作的领导，"要深化管理体制改革，形成既能把握正确方向又能激发科研活力的体制机制，统筹管理好重要人才、重要阵地、重大项目规划、重大研究项目、重大资金分配、重大评价评奖活动……优化科研布局、合理配置资源，处理好投入和效益、数量和质量、规模和结构的关系，增强哲学社会科学发展能力"。创新是引领发展的第一动力，在创新资源的配置中人是创新的第一要素，人的创新动力源自创新素质的养成和创新政策的激励。用创新发展理念指导科研工作，必须

---

① 吴晓松. 国家创新体系与企业创新研究 [M]. 北京：社会科学文献出版社，2013.

② 周英男，柳晓露，宫宁. 政策协同内涵、决策演进机理及应用现状分析[J]. 管理现代化，2017，37（6）.

首先聚焦科研管理体制机制的建设,通过创新制度设计、推进政策协同,达到激发科研活力、增强科研发展能力的创新发展目标。

二、科研意识与科研基础

(一) 薄弱的科研基础

2007年学院专职专任教师302人,具有研究生学位的教师占31.8%;2008年分别达到355人和44.2%,均超过普通高等学校30%的基本办学标准;师生比包括外聘教师可达到20:1,基本接近办学标准。但具有高级职务教师2007年占到14.2%,2008年占到15.8%,均未达到30%的办学标准。师资队伍建设的主要问题不是数量,而是教师的教学能力与教学质量,主要有两个方面。其一是教师队伍的年轻化及非师范正规化。2008年专职专任教师平均年龄32.2岁,按年龄段划分,55岁以上的占3.08%,55岁至35岁的占23.8%,35岁以下的占73.1%。按教育正规化程度划分,来自师范类院校的仅占15.7%,绝大部分新教师来自非师范类院校。年轻化及非正规化的师资现状是难以保证教学质量的根本问题。其二是"双师型"教师队伍建设。"双师型"教师是培养应用型人才的重要手段,办学定位和严峻的就业形势要求我们的教师具有在一线工作的实践经历,要求教学能力与实践操作能力的结合。但是,现有教师大都不具有这种经历,而且这些年来的新聘教师大多是出校门进校门,对社会、企业了解不多,对自己所教授的专业内容在实际商务运作中的应用状况也知之甚少。面对这样的师资队伍状况,既缺乏得力的政策措施,更缺乏强有力的实施手段。

截至2008年,学院的科研经费投入虽然逐年有所增加,由于基数小,绝对值增长幅度不大,对科研工作的促动作用不明显。2007年学院科研项目经费7.1万元,2008年8.9万元,仅占学院年度总收入的万分之一。从学院历年获得纵向科技计划项目以及获得科研成果奖励的项目来看,数量极少,水平不高,且未有一项在学院备案的横向委托科研项目。

(二) 淡薄的科研意识

在 2008 年学院学习科学发展观分析检查报告中,有如下一段认识与评价,基本反映了当时的科研意识:独立学院的发展,主要依靠适应区域经济社会发展需要的办学定位和适应人才培养方向的教学质量。大学的声誉源于两个层次,其一是品牌,它所表现的是大学的品位与质量,主要由科研成果在同类大学间的排名而获得;其二是社会认知程度,它所表现的是大学的社会声誉,即老百姓的认知程度,主要由学生和家长的口碑而获得。无论是大学的品位,还是百姓的口碑,从根本上讲都是由大学的科研能力和水平而获得的。任何一项教学改革都需要通过科研的方法进行实验和比较研究;任何一项专业领域的科学研究,其研究成果必然充实、改进和提升教学。教学需要科研的促进,科研需要教学的基础,相辅相成,相得益彰,二者不可偏废。通过分析检查,一致认为,学院基本建设的规模与学生的增长规模基本适应,而其他教学条件如师资队伍建设、教学实验条件、图书文献、教育教学科研等方面还远远不能适应现有教学规模的需要。换句话说,就是发展速度过快,片面地追求规模与速度,没有按照科学发展观的要求做到规模与质量的全面协调发展,没有做到在坚持教学质量的前提下力争较快的发展规模与速度。

(三) 科研管理体制存在的主要问题

科研管理体制存在的问题主要反映在科研激励和创新投入不足两个方面:

科研激励方面。2008 年发布学术论文 148 篇,其中核心论文 13 篇;出版学术专著 2 部。当年的科研奖励除了奖励 C 刊以上论文外,还对省级期刊论文中的优秀者给予奖励,奖励标准为 1C 300 元/篇、2A 100 元/篇。当年教师月平均薪酬 3000 多元,以 1C 论文为例,奖励水平不及月平均工资的 10%。激励水平非常低,而且创新激励的差别化程度也非常小,一篇 1C 级核心论文的奖励标准仅仅是一篇省级论文的 3 倍。科研激励的作用十分薄弱。

创新投入方面。科研投入是反映一所大学创新能力的重要指标。根据《中国统计年鉴》数据，2008年全国本科院校1079所，拥有专任教师856040人，年度科技经费732.7亿元，发表科技论文964877篇；经测算可得，专任教师人均年度占有科技经费8.56万元，人均发表科技论文1.13篇。2007年，我院拥有专任教师302人，年度科技经费14.6万元（其中政府科技经费6.3万元，自筹8.3万元），发表科技论文121篇；专任教师人均科技经费483元，人均发表科技论文0.4篇。2008年，我院拥有专任教师355人，年度科技经费46.1万元（其中政府科技经费36万元，自筹10.1万元），发表科技论文148篇；专任教师人均科技经费1298元，人均发表科技论文0.4篇。无论投入与产出，我院与全国本科院校人均数据相比，存在着十分巨大的差距。

科研激励与创新投入的不足从主观上反映出办学当局对科研工作的重视程度。究其根源，其一，办学伊始，规模发展是主导，力争用较短的时间达到预期规模，并跨越盈亏平衡线；其二，教学型大学无须科研的认识误导，淡漠了科研意识。

三、协同理念下的制度设计逻辑与安排

随着科研意识的不断提升，转化为科研制度的变革，进而成为引导科研活动的约束和激励机制。自2008年至2017年的十年间，以正式制度形式制订和修订科研管理办法22件次，以年度工作计划和日常工作安排形式明确工作职责和工作流程等规范性管理办法37件次，涉及学院科研基金管理、科研经费管理、科研项目管理、科研团队管理、科研成果管理、科研绩效管理、科研考核管理、科技期刊分级管理等八个大类，贯穿科研管理工作全过程。这些制度的不断修订与完善，始终遵循着创新发展的工作理念，各项制度的政策指向聚焦科研管理规范化、科研能力上水平和科研成果提质量，构成了相对完善的科研管理制度体系。

（一）提高科研意识，加大科研投入

学院科研意识的提升充分体现了辩证唯物主义认识论的认知逻辑。

建院以来，学院的科研工作经历了零科研—有科研—抓科研的发展历程。建院之初，鉴于招生层次、师资力量、办学条件以及社会技能型人才短缺等现实状况，独立学院普遍选择以应用型人才为培养目标的教学型本科大学的办学定位，既反映了社会发展的客观需要，又体现了独立学院在办学实践中对自我认识的正确判断。在这一发展阶段，基本没有科研意识，或者说科研意识极其淡薄。教学型大学不需要科学研究是这一阶段的主流意识。然而，随着学院办学条件和办学能力的迅速提升，特别是"千亩校园、万人大学"的基本办学目标实现之后，如何实现学院可持续发展的忧患意识渐渐浮出水面，在学院第二个五年发展规划（以下简称"二五"）的中期，"转型发展、质量为本"成为学院可持续发展的主旋律。在可持续发展理念的指导下，首要的是教学改革需要科学研究，学科专业建设需要科学研究，教师职业生涯的提高需要科学研究，然后逐步演进为学院未来发展的探索需要科学研究。于是，在实践—认识—再实践—再认识的往复过程中，科研意识在商务学院发展的实践中逐步形成，并反过来促进科研实践活动。到了学院"二五"发展规划的后期，科研工作逐步得到学院的大力支持并得以快速发展。从2009年开始，学院大幅增加科研投入，当年实现科研投入50万元，相当于2008年全年投入总额（10万元）的5倍，到2017年达到150万元，相当于2008年全年投入总额的15倍。

学院科研意识的演进过程，使我们认识到一切正确的认识都源于实践的需要。而产生于实践需要的正确认识又会必然形成对实践的正确引导和推动。因此，在后续的科研管理工作中，我们始终坚持这一规律，通过不断总结认识，进一步把认识创新转化为制度创新，通过制度创新的引导，不断创新科研管理工作模式，力求正确引导学院科研工作循序渐进，逐步开拓科研工作新局面。

（二）完成从数量向质量的科研重心转移

《2015年中国民办本科高校及独立学院科研竞争力评价研究报告》（以下简称《报告》）发布。《报告》对2015年全国275所独立学院科研竞争力进行排序，从论文、课题、发明专利和科技奖励四个维度，对独立学院的科研竞争力进行了综合评价。有 14 所院校科研竞争力评为 A+，属于科研竞争力的第一层级，我院位列其中，排名全国第七，是山西唯一上榜的独立学院。此前，我院在中国校友会网 2014 中国独立学院国内论文排行榜中，以 1079 篇高居中国独立学院榜首。《2015 年中国民办本科高校及独立学院科研竞争力评价研究报告》由浙江树人大学中国民办高等教育研究院发布。为最大限度地保证客观、公正、系统、动态和可持续地评价独立学院在科研方面的历史积累和现实能力，《报告》在评价指标体系设计和指标遴选上，坚持系统性、可比性、可操作性、可重复验证和符合实际等六大原则，旨在通过对独立学院科研工作的定量分析和研究，总结民办高校科研工作的成绩和不足，提出改进民办高校科研工作的意见和建议，推动民办高校的科研工作，促进高水平民办高校建设。

从 2009 年到 2014 年，在转变科研意识、增加科研投入的前提下，用了六年的时间，以独立学院科研竞争力排名和发表国内学术论文排名为标志，完成了学院科研成果数量的规模增长。2015 年，审时度势，转变观念，调整工作思路，提出了在今后一段时间内实行"保持数量、提高质量、加强管理、稳步发展"的科研工作指导方针。"保持数量"是讲规模，不盲目追求数量，坚持稳定的常态化工作秩序。"提高质量"是讲创新，积极探索，开拓进取，努力提高科研水平和质量。"加强管理"是讲规矩，在科研规范上严格要求，严格过程管理，注重细节管理，向管理要质量、要效率。"稳步发展"是讲大局，科研工作要潜心探索、务实求新，一步一个脚印地稳步推进。随着学院应用型转型发展的逐步深入，科研工作要通过制度安排和政策激励，树立应用型导向的科研意识，以应用型转型为目标，明确科研方向、优化科研力量、培育科研优势、增强科研积累，促进学院转型发展。

围绕"保量提质"，在 2015 年前后，调整科研工作思路的主要举措有三个方面。第一，2013 年开始实施《院系（部）科研工作考核细则》和《教师科研工作考核细则》，2016 年做进一步修订。科研考核的重心向科研质量倾斜，在院系科研考核中增加了主要反映以科研质量为核心的年度预设科研目标。第二，2013年制定了《科研创新团队建设指导意见及管理办法》和《科研创新团队建设实施方案》，开始试行科研创新团队建设。建设科研创新团队是新形势下促进科研发展的必然要求，科学探索、科技创新的发展越来越显示出跨学科、交叉性、边缘化的特点和趋势，科学问题的提出越来越具有综合性，这就要求科研力量必须适应科学研究的发展变化，紧紧围绕科研方向和科学问题整合科研力量，形成优势组合的科研团队，建立以科研方向为导向的科研学习型组织，有组织地开展科研创新工作。第三，突出科研过程管理。科研过程管理是以科研项目的实施流程为主线，过程管理的对象是流程与细节，过程管理的目标是规范与质量，过程管理的理念是常抓不懈。在"二五"后期，科研过程管理的重点是形式规范、文本规范、申报规范，把管理的重心放在学术论文写作格式与规范、申报政府计划项目的流程规范和形式规范等基础性科研规范上。进入"三五"之后，科研过程管理的环节逐步向后移，突出项目开题、中期检查和结题验收三个环节，把管理的重心放在提高科研质量上；过程管理的层级逐步向下移，突出院系一级在科研管理工作中的主导作用，通过对科研项目有组织地检查落实，把管理的重心放在以课题组为中心的学习型组织建设和院系科研氛围的营造上。同时，严格科研经费管理，逐步建立和完善科研经费支出的细节和程序，促使科研经费管理更加规范，保障科技活动高效开展。

(三) 完善科研创新的政策激励机制

激励是组织在人力资源管理中普遍采用的行为导向制度，是组织对其成员所期望的努力方向、行为方式和应遵循的价值观的规定。在一个组织中，由各种诱导因素所诱发的个体行为可能会朝向各个方向，即不一定都是指向组织目标的。同时，个人的价值观也不一定与组织的价值观相一致，这就要求组织在员工中间培养具有统领性的主导价值观。行为导向一般突出组织观念和整体利益，其行为导向为实现组织目标而服务。

实施对科研成果的奖励是国家鼓励科技创新的重要举措，是尊重知识、尊重人才的集中体现，也是优化人才结构的必然要求。学院实施科研成果奖励制度就是贯彻国家科技奖励制度的具体落实。自 2008 年以来，学院五次修订科研成果奖励办法，其目的就是要适应学院发展的要求，与时俱进地体现科研创新对提升学院影响力的价值，尊重广大教师的创新劳动，从而进一步激发广大教师的创新热情，为优化学院人才结构、促进内涵式发展做出贡献。历次对科研成果奖励制度的修订，始终坚持如下原则：一是根据学院的发展阶段，渐进式的提高奖励标准，逐步接近或达到普通高校的奖励额度；二是提高和细分奖励级别，规范奖励条件与工作流程；三是力求奖励级差与奖项之间的比较更加合理、合规、公平、公正；四是达到激励科研创新积极性、稳定和发展教师队伍的目的；五是维护学院社会声誉。

2014 年科研成果奖励办法修订版是目前执行的最终版本。这个版本借鉴了各高校科研成果奖励的做法和经验，结合我院发展的实际情况，进行了适应性调整。基本做到：奖项标的明确具体，指向明了；奖励标准明显提升并细化；结合我院具体情况增设奖项，适当扩大奖励范围；奖项设置基本全覆盖，奖励级差基本合规合理。科研成果奖励制度实施以来，在我院建立起积极进取的科研创新激励机制，其激励作用有目共睹，不言而喻。以 1C 论文奖励标准为例，2008 年每篇奖励 300 元，不及当年教师月平均工资的 10%；现在每篇奖励 10000 元，是目前教师月平均工资的 120%。2017 年，全院实施科研成果奖励 177.8 万元，是 2008 年 1.9 万元 93.6 倍，可谓"十年百变"。

（四）注重协同推进的政策组合优势

发挥政策组合优势是创新制度建设的重要原则。政策协同，推进则顺；政策相悖，推进则损。政策的组合效应是靠政策的协同度决定的。科研管理制度包括项目管理（含团队管理）、经费管理、成果管理和绩效管理四个部分，各部分管理目标具体、要素明确、首尾衔接、环环紧扣、相辅相成，从项目管理到绩效考核形成了具有反馈功能的闭合式管理环链，科学合理，协同度高。这些年来，严格科研管理取得了明显的成效。突出表现在四个方面：一是各类政府计划项目申报规范，申报成功率提高，获得的科研经费逐年增加；二是科研经费管理的政策理念逐步革新，更加符合创造性劳动的特点和需求，学习性支出和劳务性支出明显增加，不仅提高了科研经费对科研活动的支撑能力，而且激发了广大教师的科研积极性；三是科研成果奖励效应倍增，获奖项目数量、成果水平和奖励金额大幅度提升；四是坚持科研考核制度成效显著，教师有绩效，院系有考核，年度科研工作有布置有检查，首尾相接，反馈闭合。科研管理实施层级分工协作，管理重心下移，提高了各级管理层的科研管理意识和管理制度化、规范化水平。

总而言之，创新发展理念激发科研理念创新，进而促进科研管理制度创新，使创新动力转化为激励创新的工具和手段，产生了巨大的促进发展效应。这些年来，注重发挥协同推进的政策组合优势，极大地改善了学院的科研工作氛围，优化了科研工作环境，为提升学院综合竞争力和社会影响力、促进学院创新发展发挥了重要作用。

四、科研创新发展的十年变迁

（一）科研投入

科研投入是指对科学研究活动的经费投入，分为校内投入与校外投入两部分。校内投入总额又分为科研基金投入和科研配套投入两部分，校外投入总额又分为获得纵向政府部门科研经费和获得横向企事业委托科研经费两部分。科研投入发展变化情况如表1、图1。

表1 科研投入统计表　　　　　　单位：万元

投入情况	2008年	2009年	2010年	2011年	2012年	2013年	2014年	2015年	2016年	2017年
投入总额	46.1	80.8	95.6	95.5	108.1	148.6	199.1	211.5	203.7	282.9
校内投入	10.1	50.8	57.6	64.5	60.1	86.8	98.5	106.2	105.2	160.1
校外投入	36.0	30.0	38.0	31.0	48.1	61.8	100.5	105.3	98.5	122.9

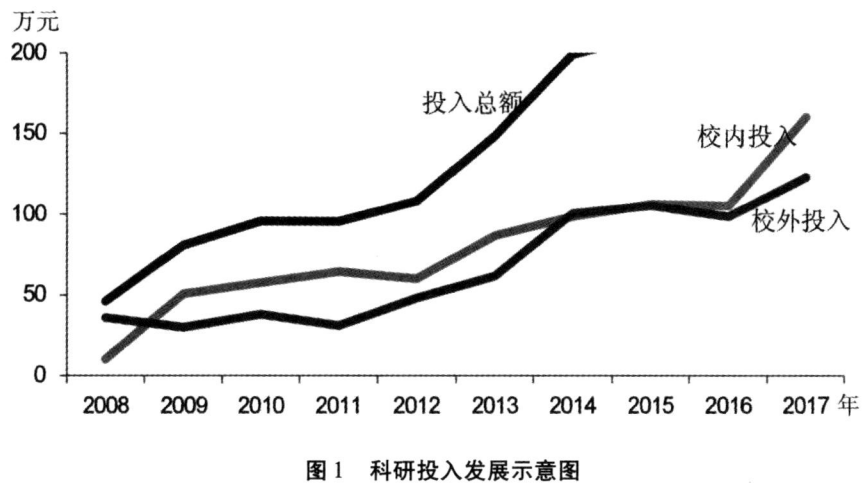

图 1　科研投入发展示意图

（二）科研活动

科研活动以承担政府部门科技计划项目为例。2008 年承担政府部门科技计划项目 15 项，其中重点项目 5 项；2017 年承担政府部门科技计划项目 54 项，其中重点项目 20 项，发展情况见图 2。

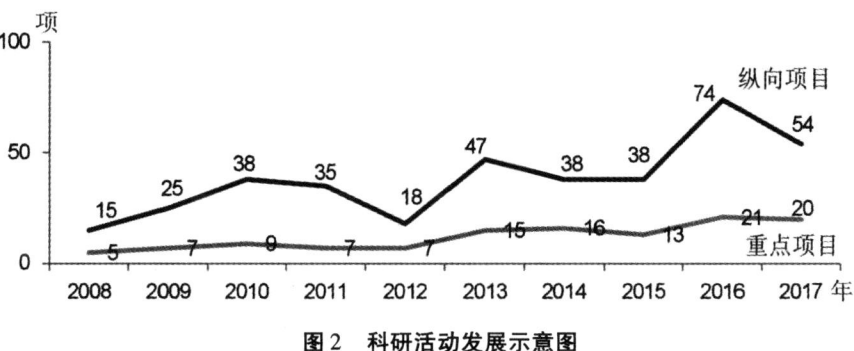

图 2　科研活动发展示意图

（三）科研产出

科研产出以发表学术论文数量为例。2008 年发表学术论文 148 篇，其中核心论文 13 篇，占 8.78%；2017 年发表学术论文 474 篇，其中核心论文 100 篇，占 21.1%，发表论文情况见图 3。

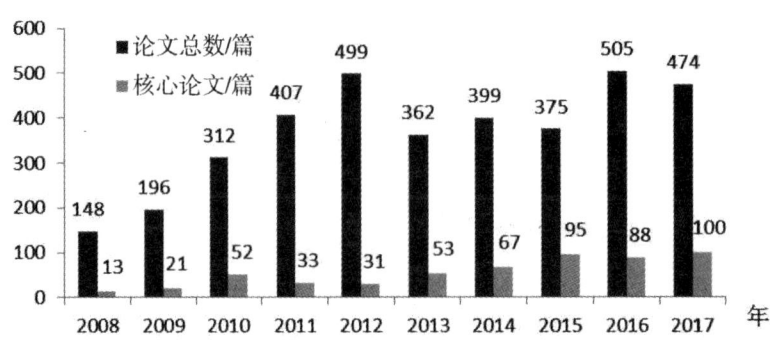

图3 科技论文发展示意图

（四）科研激励

科研激励包括科研成果奖励和纵向科研项目主持人奖励。2008年获奖项目24项，奖励金额6.7万元；2017年获奖项目211项，奖励金额200.93万元，科研成果奖励情况见图4。

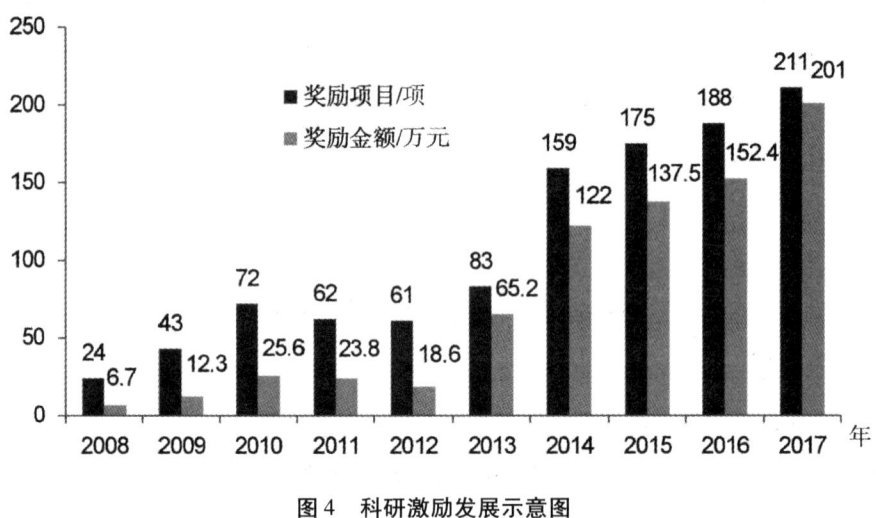

图4 科研激励发展示意图

五、立足应用型转型的创新发展思考

（一）探索人才、学科、专业的协同发展机制

强化高质量发展意识，注重人才、学科、专业协同发展理念，优化学科专业布局，提高学科专业发展能力和水平。学科建设一直是学院发

展的薄弱环节。学科的基础和主体是知识，知识讲的是创新和发展，所以学科对应的是科研，是通过对客观事物的不断探索、不断发现、不断认识而创新和发展知识。知识积累和发展的终究目的是为人类社会的发展提供服务，因而知识的应用产生了专业，专业对应的是教学。单一知识系统的应用是传统专业的形成过程，而新兴专业的产生多源于学科边缘，源于多学科之间的渗透、交叉与融合。因此，学科是专业建设的基础，尤其是顺应新技术发展潮流，创办和发展新兴专业不可或缺的重要基础。要加强我院人才与学科知识结构的基础性研究，通过人才与知识结构的研究，在四个方面强化学科建设：一是强化学科对现有专业调整与建设的支撑能力，二是强化学科对新兴专业选择发展的支撑能力，三是强化科研布局对学科建设的支撑能力，四是强化教师队伍发展规划对学科建设的引领作用。

（二）探索科研与教学的协同发展机制

在现有教学、科研格局下，由于制度创新的协同推进和教师职业发展的现实需要，学院科研活动得到长足发展，教师参与教学活动和科研活动的全时当量比重已经发生较大的变化。现有的教学与科研管理已经不适应学院以及教师发展的需要。教学型大学不需要科研的陈旧观念在时下已经不被认同，积极的科研活动有利于激励与活跃学院创新氛围的作用已经被普遍接受，科研成效对提升学院竞争力的影响也已经成为不争的事实，应用型人才的培养将更多地建立在发现问题、解决问题的创新能力培养上。在这种情况下，如何调整教师的教学与科研工作量，已然成为必须正视的一个问题。解决问题的思路可以有两个视角：其一是教师工作量的切割，增加科研工作量必然会压缩教学工作量，进而重新整合教学资源；其二是教师队伍的分割，在纯粹教学型和教学科研型之间进行分类管理。无论切割工作量还是教师分类管理，都必然会引发对教师能力与绩效评价的再认识，进而建立新的协同发展机制。

（三）探索诚信约束下的科研项目契约制管理模式

创新发展理念的践行是一个不断超越自我、超越过去的创新过程。目前的科研管理体制中仍然存在管理滞后的观念和方法，比如过分注重管理的统一划一，对于科研项目、科研经费、科研人员以及相关的人力、物力、财力的管理都过分追求秩序性，而轻视了科研活动的特殊性、创新性和不可预见性，抑制了科研活动的创新。科研管理需要创新与综合的结合，既要有必要的规章制度和规范要求，也要提倡科研行为的民主和自由，体现科研创新的自主决策。探索科研项目契约制管理模式，就是以同行专家评议为前提，负责科研项目的立项与结项评价，开放科研项目的实施管理过程，以成果评价为完成契约标的的依据，科研经费的使用实行报告备案制。同时，完善科研诚信监督体系，建立负面清单制度，把科研项目的自主实施置于诚信体系的监督之下，使科研项目的实施摆脱传统计划经济的管理模式，提高科研效率，实现科研管理的创新与进步。

（四）探索科研创新体系与区域发展的协同机制

科研既要立足于学术研究支撑学科建设，也要立足于知识创新和应用研究服务教学，同时还要结合区域社会经济发展需要提供社会服务。产教融合是支持普通高校应用型转变的有效路径。然而，以经管类专业为主体的产教融合更多地应该关注区域社会经济发展中行业与产业的发展需求与变动趋势，通过引进与培养相结合的方式，加强"双师双能型"教师队伍的建设，进而依靠教师能力、教学方法的改进提高应用型人才培养能力。学院的科研创新体系应当围绕区域发展中行业与产业的发展需求，布局科研创新团队建设，从学科建设、应用开发、咨询服务三个方向排兵布阵，提高科研成果反哺教学、服务社会的能力。

▶着力推进全面从严治党　为商院新发展铸魂强基

张晓华　施　寓

2016年以来，在全面从严治党的统领下，山西大学商务学院党委充分发挥领导核心作用，将管党治党、办学治校的主体责任牢牢抓在手上、落到实处，把立德树人根本任务贯穿于学院改革和事业发展的全过程、各环节，为学院改革发展提供了源源不竭的动力。学院人才培养质量、内涵发展等取得了新成就，在武书连2017中国独立学院综合实力排行榜中跃居全国第四，2018年中国财经类独立学院排行榜进入前三，学院的核心竞争力、社会影响力迈上新台阶。

一、全面从严治党的重要论述和重大意义

党的十八大以来，在以习近平同志为核心的党中央坚强领导下，扎实推进全面从严治党，在加强党的建设方面进行了全方位探索，全面从严治党成效卓著，党的建设理论也在实践中不断深化，取得了许多成功经验和重大成果，为党的建设提供了根本遵循。

（一）全面从严治党的重要论述

2014年10月8日，习近平总书记在党的群众路线教育实践活动总结大会上指出："今天这个大会，是对党的群众路线教育实践活动进行总结，对巩固和拓展教育实践活动成果、加强党的作风建设、全面推进

从严治党进行部署。"① 这是首次提出"全面推进从严治党"。

2014年12月13—14日，习近平总书记在江苏考察工作时指出："协调推进全面建成小康社会、全面深化改革、全面推进依法治国、全面从严治党，推动改革开放和社会主义现代化建设迈上新台阶。"这在我们党90多年历史上，首次提出"全面从严治党"，也是第一次把"全面从严治党"同全面建成小康社会、全面深化改革、全面推进依法治国并列提出。

2015年2月2日，习近平总书记在省部级主要领导干部学习贯彻十八届四中全会精神全面推进依法治国专题研讨班上指出，"党的十八大以来，党中央从坚持和发展中国特色社会主义全局出发，提出并形成了全面建成小康社会、全面深化改革、全面依法治国、全面从严治党的战略布局。"② 这是第一次将全面从严治党作为"四个全面"战略布局的重要组成部分，并提升到一个全新的战略高度。

2016年10月27日，习近平总书记在党的十八届六中全会上指出，"必须更加深入地认识和把握全面从严治党。党的十八大之后，党中央全面分析党和国家工作面临的新形势新任务，综合分析党内、国家、社会以及国际环境中出现的新情况新问题，得出了一个重要结论，就是要进行好具有许多新的历史特点的伟大斗争、有效应对各种风险和挑战，实现'两个一百年'奋斗目标、实现中华民族伟大复兴的中国梦，必须把我们党建设好、建设强。"③

2017年10月24日，党的十九大通过了《中国共产党章程（修正

---

① 习近平：在党的群众路线教育实践活动总结大会上的讲话［EB/OL］. (2014-10-08)［2018-10-03］. http：//www. xinhuanet. com//politics/2014-10/08/c_1112740663. htm.

② 习近平：党纪国法不能成"稻草人"违纪违法都要受到追究［EB/OL］. (2015-02-02)［2018-09-20］. http：//www. xinhuanet. com/politics/2015-02/02/c_1114225307. htm.

③ 习近平在党的十八届六中全会第二次全体会议上的讲话（节选）［EB/OL］. (2017-01-03)［2018-09-15］. http：//cpc. people. com. cn/n1/2017/0103/c64094-28995008. html.

案)》(以下简称"新《党章》"),新《党章》中明确新时代党的建设总要求是:"坚持和加强党的全面领导,坚持党要管党、全面从严治党,加强党的长期执政能力建设、先进性和纯洁性建设,以党的政治建设为统领,全面推进党的政治建设、思想建设、组织建设、作风建设、纪律建设,把制度建设贯穿其中,深入推进反腐败斗争,全面提高党的建设科学化水平。"① 这是我们党首次将"全面从严治党"写入《党章》。

2018年1月11日,党的十九届中央纪委二次全会指出,"重整行装再出发,以永远在路上的执着把全面从严治党引向深入,开创全面从严治党新局面。"② 习近平总书记掷地有声的话语,揭开了党的十九大后全面从严治党的新篇章。

(二)深刻认识全面从严治党对于高校发展的重大意义

习近平总书记在党的十九大报告、全国高校思想政治工作会议和第二十三次全国高等学校党的建设工作会议中指出,"建设教育强国是中华民族伟大复兴的基础工程,必须把教育事业放在优先位置,深化教育改革,加快教育现代化,办好人民满意的教育""高校思想政治工作关系高校培养什么样的人、如何培养人以及为谁培养人这个根本问题""坚持党的教育方针,坚持社会主义办学方向,加强和改进思想政治工作,切实把党要管党、从严治党落到实处"。这些重要论断,站在实现"两个一百年"奋斗目标和确保中国特色社会主义事业后继有人的高度,科学阐明了全面从严治党对于高等教育在实现中国梦伟大征程中的战略地位和重要作用,深刻回答了党领导下的高校"培养什么样的人、如何培养人、为谁培养人"这一根本性问题,丰富和发展了中国特色社会主义教育理论。

我们的高校是党领导下的高校,是中国特色社会主义高校,"立德

---

① 中国共产党章程[EB/OL]. (2017-12-03) [2018-09-10]. http://www.qstheory.cn/llqikan/2017-12/03/c_1122049483.htm.

② 习近平在十九届中央纪委二次全会上发表重要讲话[EB/OL]. (2018-01-11) [2018-10-15]. http://www.gov.cn/xinwen/2018-01/11/content_5255713.htm.

树人"是我国教育事业长期的根本任务。在全面决胜小康、全面建设社会主义现代化强国的新时代，我们只有旗帜鲜明地坚持党对学院工作的领导，以习近平新时代中国特色社会主义思想为指引，坚定不移走中国特色社会主义教育发展道路，深入贯彻落实党的十九大精神，扎实推动全面从严治党向纵深发展，准确把握新形势、新要求，切实增强新时代高等教育的责任感和紧迫感，形成高水平人才培育体系，为建设教育强国奠定坚实基础。

二、坚决履行管党治校主体责任，将全面从严治党不断引向深入

推进全面从严治党向纵深发展，是坚持党的领导、坚定社会主义办学方向的根本政治要求，是落实立德树人根本任务的内在要求，是加快我院内涵发展的必然要求。党的十八大以来，学院党委面对新时代党情、国情、世情、校情发生的深刻变化，充分发挥统揽全局、协调各方的领导核心作用，坚持在"把方向、管大局、做决策、保落实"上下功夫，广泛采取了一系列新举措、新方法、新制度，与全院师生一起"撸起袖子加油干"。

2016年2月，为了强化党的建设，刚回到学院担任党委书记的吴建社同志，第一时间在各院系党组织中进行了深入调研，准确分析把握学院党建面临的新形势和新任务。随即，成立了学院党建工作领导小组，制定《山西大学商务学院党委落实全面从严治党主体责任清单》，确定工作任务，明晰工作职责，成为学院新时期推进全面从严治党战略部署的有力支点。之后，《党委成员联系院系制度》《党的组织生活制度》《落实党风廉政建设监督责任清单（试行）》《巡查工作制度》《加强和改进思想政治工作实施方案》等一系列文件陆续出台，在制度上建立健全"四梁八柱"，将制度建设贯穿于全面从严治党的全过程，使学院党建工作取得了新成效。

（一）将政治建设摆在首要位置

我们要办的大学，是中国特色社会主义大学，加强党的领导，坚持社会主义办学方向，满足人民的需求，是办好中国特色社会主义大学的根本原则。

学院党委在履行"管党治党、办学治校"主体责任时，带领全院各级党组织和全体师生坚定执行党的政治路线，严守党的政治纪律和政治规矩，通过强化党委中心组学习、"三会一课"制度落实，有序推进"两学一做"学习教育常态化制度化，扎实开展"维护核心、见诸行动"主题教育，使全体党员牢固树立"四个意识"，更加坚定"四个自信"，自觉维护习近平总书记在党中央和全党的核心地位，维护党中央权威和集中统一领导，始终在政治立场、政治方向、政治原则、政治道路上同党中央保持高度一致，不断筑牢党的领导的坚强阵地。

学院各级党组织自觉把讲政治贯穿于党内政治文化建设全过程，贯穿于尊崇《中国共产党章程》，落实《关于新形势下党内政治生活的若干准则》《中国共产党党内监督条例》全过程，贯穿于办学治校全过程。党内政治生活呈现出四种新常态：一是党委中心组学习常态化。坚持每月开展集中学习，进一步增强了班子成员的政治修养和政治理论水平；二是党委以上率下示范引领常态化。党委委员以普通党员的身份参加支部的学习讨论，带头谈体会、讲党课、做报告，带头参加组织生活会和民主评议，切实发挥了以上率下、示范引领作用；三是坚持开展"周周有学习，月月有专题"活动，确定每周五下午为党员活动时间，支部组织生活常态化；四是坚持民主决策，强化班子建设常态化。院系两级领导班子始终坚持民主集中、会议决策原则，极大地增强了班子工作合力；五是构建良好政治生态。2016年至今，共计任前廉政谈话117人次，批评教育4人，提醒谈话6人，诫勉约谈3人，工作约谈1人，集体约谈16人，行政警告处分2人，让咬耳扯袖、红脸出汗成为常态，着力解决有令不行、有禁不止的问题。

（二）把思想建设作为党建基础

抓好思想武装是永葆党的先进性、纯洁性的重要任务，是党的建设的基础性工作。学院党委坚持用习近平新时代中国特色社会主义思想武装全体师生头脑，指导实践，推动工作。一是党委中心组积极开展专题学习，在学以致用、以用促学上找结合点，推动学院转型发展不断取得新进展、新成效。二是在全省高校中率先成立了"习近平新时代中国特色社会主义思想研究中心"，习近平新时代中国特色社会主义思想研究工作起步早、工作实，走到了全省高校的前列。三是组织参加了全省"十九大精神进基层高校百千万师生面对面行动"。采取干部群众喜闻乐见的方式，多角度、全方位宣传解读党的十九大精神，推动党的十九大精神走进基层、走进群众。四是以"三会一课"、专题培训班等为载体，面向全院师生开展了多形式、分层次、全覆盖的学习培训，深入推动大会精神入脑入心。全院师生以学思践悟促认识提升，以认识提升促思想自觉和行动自觉，打牢了学院一切工作的思想政治基础。

强化理想信念教育。面对新时代新要求，学院各级党组织不断加强大学生思想引领，创新思想政治工作方式，因事而化、因时而进、因势而新。一是出台"加强和改进思想政治工作实施方案"，启动"课程思政行动计划""网络育人行动计划"等，"十育人"工作走在了全省同类院校的前列。二是深入推动思政课教学改革，试行《学习与实践手册》制度；建立思政课知识竞赛和思政课风采大赛制度；全面推行思政课弹性考核制度，更加注重过程评价；思政课的亲和力、科学性和针对性得到进一步强化。三是打造出"社会主义核心价值观文化街""国旗护卫队"等环境育人、实践育人品牌项目。以优良的党风带学风、树校风，坚定师生文化自信，培养社会主义合格建设者和可靠接班人。举行开学第一天全体师生升国旗仪式，让"传道者自己首先要明道、信道"，用庄严的升国旗仪式凝聚全院师生的爱国精神、时代精神。

"国旗护卫队"的故事被摄制成微电影《旗帜》，作为学生思政课学习成果，参加教育部"我心中的思政课"全国高校学生微电影展示活动，荣获优秀奖。他们在校内外积极开展爱国主义宣传教育，展现当代大学生团结进取和积极向上的精神风貌，是学院全面发展的应用型人才的模范代表，其育人成果经专家评审成为"全国百强学生社团"。

艺术设计系党总支书记刘文景针对专业特点和学生人文知识需求，创办人文综合讲座。每周三晚上，他以传统文化为主要内容，借古喻今，启发学生心智，激发学生艺术灵感，传播正能量，弘扬时代主旋律。从2008年开办至今，已坚持十年，讲授三百余场，受教育学生达45000多人次。学生知事明礼，乐观积极，设计出的作品人文底蕴深厚，灵感勃发而不失理性，文化育人作用彰显。

外语系学生党支部长期坚持开展志愿服务活动。先后赴山西省未成年人教养所、辉煌双语幼儿园、杏花岭老年公寓、太航馨悦养老院、榆次荣军休养所进行志愿服务。活动每周开展两次，多年来风雨无阻，坚持不懈，有效提升了学生党员、青年学生的奉献精神、社会责任意识，是爱国主义教育的有力途径，成为该系思想政治教育的品牌工程。

文化传播系党总支创建"4+1"应用能力培养工程，通过对学生四项基本能力（写字书法能力、说话演讲能力、应用写作能力、现代办公能力）及一项专业技能的培养，实现文化育人、课程育人、实践育人，同时探索搭建"课程思政"平台，将高校思想政治工作贯穿到教育教学全过程。

音乐舞蹈系党支部充分利用课堂教学这个主渠道，将专业课程与思想政治理论课同向同行，在组织编排原创舞剧《等着你》《花鼓王》中进行了有益尝试。他们深入挖掘中华优秀传统文化，将红色革命精神、太行精神融入日常排练之中，参与演出的同学深受革命精神教育和感染，他们用身体语言演绎出我党我军的时代风采。音乐舞蹈系党支部用这种直观的表达形式感动了师生，以此引导广大青年坚持党的领导，坚定理想信念，在新时代立鸿鹄志，做实现"百年梦想"的奋斗者和实干家。

强有力的思想文化工作，使学院党委牢牢掌握意识形态的主动权，有力地把握住学院正确办学方向，用先进的党内政治文化引领师生践行社会主义核心价值观，引导师生弘扬以爱国主义为核心的民族精神和以改革创新为核心的时代精神，做社会主义核心价值观的坚定信仰者、积极传播者、模范践行者，保障学院始终成为培养社会主义事业建设者和接班人的坚强阵地。

(三) 党的基层组织建设更加坚固，党员作用更加突出

党的根基在基层，为抓实基层、打牢基础，学院党委以提升组织力为重点，将党建工作重心下移，采取了一系列新举措，推进全面从严治党向纵深发展。一是广泛开展了"严肃党内生活、唤醒党员意识"主题教育。二是调整了行政党支部的设置，以主要职能部门为单位组建党支部，保证党委的各项决策部署落地生根。三是选任了一批部门负责人担任支部书记，使"一岗双责"落到实处，党组织的战斗堡垒作用明显增强。四是指导全院各支部配足、配齐、配强各支部委员，加强了基层组织的班子建设。五是定期安排基层组织负责人参加各种层次的培训学习，有效提高履职能力。六是全力做好党员组织关系集中排查工作，规范了党员日常管理。七是开展基层党建述职评议考核，层层传导压力。八是打破以年级、班级为单位设立学生党支部的传统，按照学科、专业设立纵向党支部，更好发挥专业育人功能和导师引领作用。

学院各基层党组织书记按照全面从严治党的要求，切实履行第一责任人职责，坚持"书记抓、抓书记"，形成了一级抓一级、层层抓落实的党建工作责任机制，使党的工作在基层一线落地开花。

会计学院党总支以社会主义核心价值观为引领，以"三大软件""六项改革""双十工程"为抓手，加强党风建设、作风建设、组织建设。着力实施党员"1+N"帮扶制度，将学生党员帮助后进学生纳入学生党员管理考核范围，有效地发挥党员模范带头作用，营造比学帮超的学习氛围。

管理学院党总支为强化学生党员的责任意识，进一步亮明身份，特为每一名学生党员、入党积极分子的宿舍及床铺进行了示范挂牌。实现了"一个党员宿舍，一个先锋堡垒"的目标，以点带面，使学生宿舍真正成为开展学生德育教育、成长成才的主阵地。

信息学院党总支积极引导教工党员发挥专业优势，广泛参与指导学生创新创业实践，他们不计报酬、甘于奉献，指导的作品在"挑战杯"竞赛中连年获得省级金奖，在全国大学生电子设计竞赛、数学建模竞

赛、"蓝桥杯"全国软件专业人才设计与创业大赛等赛事，获省级奖励200余项，国家级奖项10余项，该院电子科技创新协会被授予全国首届大学生"小平科技创新团队"。

经济学院党总支以抓好党员的教育和管理为切入点，创新"每周一学"方式，推行"人人讲党课"活动，教工党员结合自己专业宣讲党的方针政策、热点焦点，调动了全体党员的积极性，激发了大家的学习热情，达到政治学习与专业学习两促进。

电子商务系党总支通过党委办公室牵线搭桥，与静乐县政府开启校政合作，在落实"三全育人""扶贫攻坚"任务中充分发挥师生党员先锋模范作用。党政领导带领党员干部深入贫困地区，通过电子商务知识、技能和实际操作培训、搭建电商销售平台等，助力该县电商企业运营，使电商扶贫助困落到实处。

法律系党总支以"学生党员宿舍导师制"为抓手，建立一名党员负责一间宿舍，对新生在思想、学习、生活、工作等方面进行政治教育和思想引导，帮助大一新生尽快融入新的环境，完成角色转变。学生党员在此过程中不断提升党性修养，在同学中起模范带头作用。

体育系党支部深入推进"两学一做"学习教育常态化、制度化，并转化到工作实践当中，他们组织党员利用课余时间，积极配合学院各部门组织开展体育竞赛活动，充分发挥教师党员示范作用。党的建设有深度，组织关怀有温度，在系里党员患大病昏迷期间，党支部积极协调各项工作，安排党员轮流陪护，同时利用媒介帮助筹备治疗费用，使得在短短12小时内，就筹集完成30万元爱心捐款，展现了党组织的凝聚力和战斗力。

通过全面从严治党向纵深发展的不断推进，党员干部的观念发生了巨大变化，党员意识明显增强。现在全体党员在工作期间、公务活动、重要会议、重要场所，都统一佩戴党徽，亮明党员身份。党支部书记"抓好党建是本职，不抓党建是失职，抓不好党建是不称职"的理念得到固化。党支部的凝聚力、战斗力、向心力明显提升，党员的作用也更加凸显，有力地推动学院了内涵发展，全面从严治党深入人心。

三、全面从严治党永远在路上

进入新时代，党的建设新的伟大工程起着决定性作用。十九大报告指出，进行伟大斗争、推进伟大事业、实现伟大梦想，必须毫不动摇坚持和完善党的领导，毫不动摇把党建设得更加坚强有力。为此，我们必须深入学习贯彻习近平新时代中国特色社会主义思想，坚持不懈推进全面从严治党向纵深发展，坚持不懈培育和弘扬社会主义核心价值观，坚持不懈促进学院和谐稳定，坚持不懈培育优良校风和学风，坚持不懈用新的理念引领我院新的发展，从而有效激发广大教职员工为中国特色社会主义教育事业奋斗的信念和力量，更加自觉地为学院发展攻坚克难，书写新时代教书育人新篇章。

一是要以政治建设为统领，切实加强党委对学院工作的全面领导。以维护党中央权威和集中统一领导作为全面从严治党最重要的政治原则，要把握社会主义的办学方向，进一步加强和改进党的领导，以"实"的精神和"新"的举措，把立德树人的根本任务落实到办学理念、队伍建设、学科发展、课程建设、创新创业、产教融合、校企合作等各项工作上，紧扣"坚持党的领导"，引领全体党员和教职工投身到党的教育事业和学院内涵发展上来，全力以赴在应用型发展上不断取得新进展、新突破。

二是要以思想建设为基础，加强和改进思想政治工作。深入贯彻落实全国高校思想政治工作会议精神，完善学院大思政工作格局，将思想政治工作与教学、科研、管理、服务等工作融合起来，将思想政治教育与通识、专业等教育贯通起来，将理想信念教育与学院应用型试点院校建设联系起来，将社会主义核心价值观引领与学院"1331"工程建设结合起来。挖掘专业课教学中的思想教育资源，推动"思政课程"向"课程思政"转变，充分发挥文化育人功能，坚定师生文化自信，引导师生弘扬以爱国主义为核心的民族精神和以改革创新为核心的时代精神，引导青年师生争做实现两个一百年梦想的追梦者和圆梦人。

三是要以制度建设为主线，贯穿全面从严治党全过程。坚持思想建党与制度建党同向发力，进一步树立法规制度观念，不断增强党员干部的党章意识、纪律意识、规矩意识，形成尊崇制度、遵守制度、捍卫制度的良好氛围。健全完善制度，强化顶层设计，狠抓制度执行，坚持制度面前人人平等、执行制度没有例外，使制度成为硬约束，不断形成严的要求和严的氛围。

四是要以落实"两个责任"为抓手，推动全面从严治党落到实处。要进一步强化"两个责任"的落实，认真学习执行党章党纪和《中国共产党廉洁自律准则》《中国共产党纪律处分条例》，把党要管党、从严治党作为应尽之责、分内之事，牢牢抓在手上、扛在肩上，层层传导压力。要按照《山西大学商务学院落实监督执纪"四种形态"实施细则（试行）》要求，用足用活用好"四种形态"，特别是要实践好"第一、第二种形态"，坚持抓早抓小，抓常抓长，抓住实质、抓住实际、抓出实效、抓出实绩，营造风清气正的育人环境，为学院事业发展提供坚强的政治保障。

五是要以开展工作巡查为助力点，加强日常监督、推进工作落实。要通过管党治党来引领党员干部和教师积极发挥带头作用，严格落实中央八项规定精神，持之以恒反对"四风"，强化纪律、规矩的约束力。通过定期和不定期的工作巡查，促进工作作风转变，形成自觉遵守工作纪律和廉洁自律的良好氛围，以此团结广大教职员工，凝心聚力，推动学院各项工作的落实。

雄关漫道真如铁，而今迈步从头越。在决胜全面建成小康社会，进而全面建设社会主义现代化强国的中国特色社会主义新时代，我们办学治校要坚定不移地贯彻落实新时期党的路线方针政策，也要保持与党的建设同频共振，准确把握"办什么样的教育、怎样办教育、为谁办教育"等重大理论和实践问题。学院各级党组织在深入贯彻落实党的十九大精神之际，在学院二次创业之际，在创新创业学院举办之际，在向应用型大学转型之际，要深刻把握党的全面领导的内涵和要求，更加科学、更加严密、更加有效地推动全面从严治党向纵深发展，要将全面从严治党与办好中国特色社会主义大学的基本宗旨结合起来，要将全面从严治党与高校立德树人的根本任务结合起来，要将全面从严治党与依法治校、从严治校结合起来。紧紧围绕"以市场需求为导向，培养具有现代商务理念、创新意识和创业能力的高级应用型人才"的办学定位，坚持中国特色，坚持立德树人，坚持"三全育人"，强化锐意进取，创新发展思路，不忘初心，牢记使命，坚决办好人民满意的教育，绝不辜负党和人民的重托。

参考文献：

［1］全面从严治党面对面［M］．北京：学习出版社，人民出版社，2017．

［2］习近平总书记系列重要讲话读本（2016年）［M］．北京：学习出版社，人民出版社，2016．

［3］习近平谈治国理政［M］．北京：外文出版社，2014．

［4］习近平谈治国理政．第二卷［M］．北京：外文出版社，2017．

［5］习近平总书记重要讲话文章选编［M］．北京：中央文献出版社，党建读物出版社，2016．

［6］刘延东．深入学习贯彻党的十九大精神全面开创教育改革发展新局面［J］．求是，2018（6）：14－20．

［7］深刻把握高校党委全面领导的内涵和要求［J］．求是，2018（4）：55－56．

［8］推动教育事业科学发展的强大思想武器［J］．求是，2018（1）：45－47．

［9］张神根．深刻认识全面从严治党的重大意义［N］．光明日报，2017－03－24（11）．

▶新时代与独立学院管理体制改革

王凤华　张晓雪

十九大报告提出,"建设教育强国是中华民族伟大复兴的基础工程,必须把教育事业放在优先位置,加快教育现代化,办好人民满意的教育。"① 独立学院作为我国高等教育办学体制改革与创新的重要成果,近二十年来,在我国高等教育办学体制创新、高等教育结构优化、优质高等教育资源整合,以及为社会培养高级应用型人才等方面都做出了重要的不可替代的贡献,已经成为我国高等教育不可忽视的重要组成部分。立足当前新的时代背景,独立学院应把握好发展态势,明确发展方向,以迎接新的任务和要求。

一、新时代对独立学院发展提出了新要求

近年来,独立学院发展的外部环境发生了重大变革,民办教育领域新法新政密集出台,高等教育领域的主要矛盾发生变化,地方本科高校应用型转变持续推进,都对独立学院发展道路、发展方式以及发展定位提出了新的要求。

(一) 分类管理背景下的道路选择要求

2016 年 11 月 7 日,第十二届全国人民代表大会常务委员会第二十四次会议通过了《关于修改〈中华人民共和国民办教育促进法〉的决

---

① 习近平. 决胜全面建成小康社会夺取新时代中国特色社会主义伟大胜利——在中国共产党第十九次全国代表大会上的报告 [M]. 北京: 人民出版社, 2017: 45.

定》，根据这次修法的精神，国务院出台了《关于鼓励社会力量兴办教育促进民办教育健康发展的若干意见》（以下简称《若干意见》），教育部等有关部委联合印发了《民办学校分类登记实施细则》和《营利性民办学校监督管理实施细则》。《中华人民共和国民办教育促进法》（以下简称"新《民促法》"）和相关配套文件的出台，立足当前我国经济社会发展大背景和民办教育所处的阶段性特征，系统谋划了新时期民办教育改革发展的政策制度框架，通过对民办学校分类管理的制度性安排，构建差别化的政策扶持制度体系。这必将带来包括独立学院在内的民办教育政策环境的深刻调整。

为了尽快落实国务院及教育部等部门关于民办教育的意见和规定，各省积极制定地方实施意见。2017年9月，辽宁省率先发布了《辽宁省关于鼓励社会力量兴办教育促进民办教育健康发展的若干意见》，截至目前，全国近20个省（市、区）相继公布了促进民办教育发展的地方政策。新《民促法》没有设置统一的过渡期，为各地制定具体办法留出较为充分的时间，保证分类管理改革平稳有序推进，也有利于各地依据法律，从实际出发解决相关问题。从目前各省的政策来看，分类管理的过渡期从3年到10年不等，大部分省份设置的是5年，全部实现分类管理。由于尚未出台具体的实施细则，对于选择营利性、非营利性的学校政策支持并不明朗，目前大多数独立学院的举办者对营利性和非营利性的选择还处于等待和观望状态。

（二）教育需求背景下的内涵发展要求

习近平总书记在中国共产党第十九次全国代表大会开幕式上指出："中国特色社会主义进入新时代，我国社会主要矛盾已经转化为人民日益增长的美好生活需要和不平衡不充分的发展之间的矛盾。"面对社会主要矛盾发生了深刻的变化，高等教育必须对新时代的新矛盾给予回应。在十九大新闻中心举办的记者招待会上，教育部部长陈宝生说，下一步任务就是要研究教育领域的不平衡不充分的表现形式，抓主要矛盾，主动回应人民群众对教育的新期盼。从"能上学"到"上好学"，人民群众的期望值在不断提高。高等教育要不断提升质量，不仅满足人民群众对"好"的教育诉求,还要能够提供多样化的教育,满足人民群众对多类型、个性化和特色化的教育诉求。这既是高等教育发展中心的阶段性转移,也是目前我国高等教育砥砺前行的新起点。

其实,高等教育不仅要回应社会主要矛盾的变化和人民群众需求的变化,也面临着一场改革,这场改革将打破过去传统的教育模式,不仅关注数量多少的问题,更重要的是质量问题。随着经济社会发展和高等教育普及程度的提高,优质高等教育资源短缺已经成为现阶段高等教育发展的主要矛盾,并由此引发了高等教育公平、人才培养质量、大学生就业等社会广泛关注的热点难点问题。主要体现在,高校教师教学方法还比较传统,教学内容与实际联系不够紧密;学生内在学习驱动力不足,创新创业教育还缺乏长效机制;人才培养相对封闭,缺乏拔尖学生成长的制度环境;高等教育外部质量保障统筹不足,内部质量保障有效性不够等,这一系列问题的解决,都需要高校转变发展方式。[1] 尤其是随着人民群众对优质高等教育资源的选择性需求越来越旺盛,经济结构调整和转型升级对高层次人才的需求越来越多样,以及日趋激烈的国际竞争对提升高等教育质量的要求越来越迫切,包括独立学院在内的整个高等教育领域必须尽快转变发展方式,以内涵发展和特色发展回应"质"的诉求。山西大学商务学院由初创时的规模发展,到逐步把工作的重点放在提高质量、办出特色、创建品牌专业上来,转向了以强化教学质量、注重内涵建设为主的发展轨道。尤其是近年来,学院牢固树立人才培养质量在学院工作中的中心地位,加强师资力量建设,深化教育教学改革,提高科学研究以及社会服务和文化传承创新能力,不断满足人民群众多样化高质量的教育需求。

(三)转型发展背景下的办学定位要求

从 2014 年 5 月 2 日,国务院印发《关于加快发展现代职业教育的决定》(以下简称《决定》),提出"采取试点推动、示范引领等方式,

---

[1] 钟秉林. 转变方式,推进高等教育内涵发展和质量提升 [N]. 光明日报,2016 - 02 - 25.

引导一批普通本科高等学校向应用技术类型高等学校转型，重点举办本科职业教育。"到 2015 年 10 月 23 日，教育部、国家发展改革委、财政部《关于引导部分地方普通本科高校向应用型转变的指导意见》（教发〔2015〕7 号）（以下简称《指导意见》）的颁布，地方本科高校向应用型大学转变被一步步推进，独立学院的转变也在其中。《指导意见》指出，地方本科高校要把办学思路转到服务地方经济社会发展上来，转到产教融合校企合作上来，转到培养应用型技术技能型人才上来，转到增强学生就业创业能力上来。其实，包括独立学院在内的民办本科高校作为地方本科高校的重要组成部分，面对地方经济社会发展需求，面对同质化倾向严重、毕业生就业难和就业质量低等问题，已然认识到必须实现转型发展。目前，全国多数省份都开展了地方本科高校转型发展试点工作，从各省试点高校名单来看，包括独立学院在内的民办本科高校是此次转型发展试点的主力军。2016 年我院被确定为山西省本科高校向应用型转变试点高校，是山西省独立学院中唯一被批准为转变试点的高校。其实，学院建院伊始，就将人才培养目标定位为高级应用型人才的培养，此次转变试点，可以说是学院应用型发展的深入，学院以此为契机，在办学模式转变、应用人才培养体系建设、社会服务能力提升等方面取得了明显进展。

虽然各界对应用型转变达成了共识，但正如熊丙奇教授所说，"地方本科院校转型，不能停留在形式上，而要实行实质性转型，要做到这一点，需要解决深层次问题。"[①] 毕竟应用型转变工作是一个系统工程，涉及方方面面。对转型要达到的目标首先有一个正确且清晰的认识，这是做好转型工作的前提。同时，要做好解决深层面问题的准备，既然是"应用型"转变，关键和核心环节应该在"应用"，虽然大家都在提要培养"双师双能型"教师、开设应用专业、增加实践课程……，但哪些能力是作为一个人的成长发展以及将来适应社会发展和职业所需要的？哪些专业是未来一定时期内经济社会发展所急需的？"双师双能

---

① 熊丙奇.600 所本科院校转职教并非易事 [N]. 新京报, 2014 - 5 - 12.

型"教师应该达到什么样的标准？在企业对高校改革发展参与度不高的情况下，如何让企业参与到应用型大学的改革发展、教师成长和人才培养中，实现校企真正意义上的合作？政府在引导行业企业的参与中需要做很多工作。因此，独立学院的应用型转变除了学校自身的积极主动外，需要地方政府能够给予相应的资金支持，需要行业企业的积极配合，还需要国家的积极引导和相关政策支持。

二、新时代独立学院管理体制改革的关键问题

党的十九大报告提出，"支持和规范社会力量兴办教育"。尤其是民办教育新法新政的颁布，为包括独立学院在内的民办高校提供了一个难得的历史机遇，独立学院要尽快明确发展道路，完善产权结构，妥善处理不同利益主体之间的关系。

（一）尽快明确独立学院的发展道路

独立学院作为我国民办高等教育一种特殊模式的存在，是一种自下而上自主探索发展起来的办学模式，发展形态各异、合作模式多样、历史背景不尽相同，在办学体制、运作机制等方面存在明显差异。随着新法新政的实施，独立学院同其他民办高校一样，要在营利性与非营利性之间做出选择。但相比其他纯民办高校，独立学院在选择营利性或非营利性道路上面临着更多的障碍。除了"校中校"类型的独立学院外，现阶段许多独立学院拥有多个举办主体，投资来源主要包括地方政府、企事业单位、举办者个人、股份制融资、外企或合资企业等，也就是说独立学院中既有国有资本，又有集体资本，还有民营资本、国外资本，办学模式多种多样。独立学院登记为非营利性，那么混合所有制中的民营经济主体将不能取得办学收益；登记为营利性，举办者可以取得办学收益，但是有的独立学院有公办高校投入，有的还有政府国有资本投入，要登记为营利性亦非易事。正如，有学者说："独立学院是一个公办高等教育资源与社会资金相结合的混合体，自其诞生之日起，就已被深深地打上了市场经济的烙印，高等教育的内在规律与市场经济规律之

间的碰撞在所难免。"①

目前大多数独立学院对营利性和非营利性的选择举棋不定、左右为难。对于独立学院来说，严格分类意味着既有"得"也有"失"。举办者需要理性权衡得失，做出分类选择。但是，相比纯民办高校，独立学院在营利性与非营利性的选择上，面临更大的困难。正如一位独立学院的管理者所说，选择营利性或非营利性的决定权并不在独立学院自身，由于独立学院的特殊性，至少有两个及以上的举办者，而不同举办主体的利益诉求不同，致使多数独立学院对于发展道路的确定处于徘徊和等待状态。当然，目前不论是营利性还是非营利性学校，在教师社保、财政扶持、税收优惠、办学自主权方面，都还缺少相应可行的具体政策措施和实施细则，这也是导致目前举办者无所适从，多数仍处于观望状态的原因。谈及修法后民办教育未来走向，中国民办教育协会秘书长王文源表示，由于民办学校实行分类管理、差别化扶持的政策体系，短期内民办教育会经历一段时间阵痛、迷茫现象，但是总体上，一定是向着更规范、更好的方向发展。

（二）完善独立学院的产权结构

随着独立学院转设为民办普通本科学校，回归母体，或转为独立公办高校，截至2017年5月31日，全国独立学院还有265所，未来可能还有不少独立学院转设。有人认为独立学院只是我国高等教育发展的一种过渡态势，其最终要转设为民办高校，也有学者认为独立学院将以更加规范的办学模式继续存在。当然，不管独立学院未来要转设为民办高校还是作为独立学院继续存在，都对其管理体制的改革提出了要求。②潘懋元先生认为："无论公办大学还是民办大学都存在产权不明晰、产权结构不合理的现象。这是进一步深化高校体制改革、创建现代大学制

---

① 李国祥. 独立学院管理体制与运行机制研究[J]. 广西民族大学学报（哲学社会科学版），2012（3）：186-188.

② 卢继团. 我国独立学院管理体制改革问题研究[D]. 福州：福建师范大学，2014.

度和发展民办高等教育所必须面对的问题。"① 正是由于独立学院产权的复杂性,一直难以构建清晰的产权制度,导致各投资主体办学的权、责、利不明确,各主体间互相争"权"夺"利"。独立学院管理体制上的问题,很大程度上是由产权不明所带来的,因此,产权问题就成为独立学院管理体制改革上要解决的关键问题。② 确实,相比纯民办高校,独立学院的产权关系更为复杂多样。

按照新《民促法》第三十六条规定,"民办学校对举办者投入民办学校的资产、国有资产、受赠的财产以及办学积累,享有法人财产权。"《若干意见》也提出,"民办学校应当明确产权关系,建立健全资产管理制度。民办学校举办者应依法履行出资义务,将出资用于办学的土地、校舍和其他资产足额过户到学校名下。存续期间,民办学校对举办者投入学校的资产、国有资产、受赠的财产以及办学积累享有法人财产权,任何组织和个人不得侵占、挪用、抽逃。"根据现行法律,举办者一旦将出资财产过户到独立学院名下,就属于独立学院所有,这是由独立学院的法人地位决定的。从目前情况来看,由于种种原因,独立学院法人财产权的落实并不到位,所有权主体虚置。同时,由于无形资产难以作价、增值资产归属不明晰等,导致独立学院产权关系不清。当前,应尽快完成对独立学院资产的划分,探索按照股份制产权结构、公益性法人产权结构等途径,清晰划定产权,调整产权规则,明确股权比例③,形成"归属清晰,权责明确"的产权关系。

(三) 妥善处理不同利益主体之间的关系

独立学院的特殊属性决定了其利益相关者的多元化和复杂性,独立学院涉及的利益相关者不仅包括独立学院管理层、教师、学生,还包括

---

① 潘懋元. 我国高校产权制度改革的若干问题——兼论公民、办高校产权问题 [J]. 教育发展研究, 2005 (7): 17-22.

② 卢继团. 我国独立学院管理体制改革问题研究 [D]. 福州:福建师范大学, 2014.

③ 阙明坤. 混合所有制视角下独立学院办学体制创新研究 [J]. 复旦教育论坛, 2017 (3): 46-52.

独立学院的举办者、捐赠人与团体、社会公益组织、公众、政府主管部门等。不同的利益主体有不同的利益诉求，对包括独立学院在内的民办高校进行分类管理，必然会触及部分利益相关者的利益。利益相关者理论通过平衡各利益相关者间的利益诉求，实现共同治理、共担风险、相互制衡的管理模式，形成利益相关者之间的"契约网"。因此，民办高等教育的分类管理应充分发挥各利益相关者的作用，甄别梳理并充分考量各利益相关者的性质、特点及诉求，寻找利益均衡点，协调和满足各方利益需求，促进各利益相关者的合作共赢，保障分类管理制度的有效实施，促进独立学院的持续健康发展。

从利益相关者共同治理的模式来看，独立学院的存在其实就是不同的利益相关者抱着不同的利益诉求并通过不同的途径和方式相互影响、共同作用的过程。"独立学院在其发展过程中面临不同利益主体之间多元目标与多元利益的矛盾和冲突是正常的。关键是学院应在坚持依法办学原则的前提下，妥善协调各方利益，使之为提高办学效益和促进社会经济发展而和衷共济。"[①] 为此，解决独立学院利益相关者的关键问题是明晰举办者、董事会、院长、管理层等多方主体、多个层级之间的分权和制衡关系。就其内部管理来看，要理顺独立学院的董事会、行政权力、学术权力与师生权力之间的利益平衡，使各方能够在一个恰当的机制下充分表达各种意愿和诉求。学院成立以来，制定了《山西大学商务学院董事会章程》《山西大学商务学院章程》，不断完善了各类制度建设，成立了学术委员会、学位委员会、教学指导委员会、职称评审委员会等机构，建立了教职工代表大会。尤其是在董事会、党政联席会、院务委员会、党委会等议事体系中，建立了决策权、执行权、监督权分离的制度，保证了科学决策、民主管理，又相互制衡和约束的治理机制。

---

① 刘继荣，杨潮. 独立学院管理体制与运行机制构建的基本思路 [J]. 高等工程教育研究，2004（3）：41-46.

三、新时代完善独立学院管理体制的路径

十九大报告提出要"坚持全面深化改革","坚决破除一切不合时宜的思想观念和体制机制弊端,突破利益固化的藩篱。"① 这是站在新的历史起点上对改革的再宣誓、再出发。独立学院作为我国高等教育事业发展的重要组成部分,同样必须深化管理体制改革,坚定改革的攻坚方向,以促进独立学院更好的发展。

(一)加强独立学院党的建设,强化党的领导

党的十九大报告对新时代推进党的建设新的伟大工程做出了顶层设计和全面部署,提出了新时代党的建设总要求,这也为民办高校党建工作指明了方向。2016年12月29日,中共中央办公厅印发了《关于加强民办学校党的建设工作的意见(试行)》(以下简称《意见》)的通知,《意见》明确强调民办学校是社会主义教育事业的重要组成部分,同样承担着培养社会主义建设者和接班人的重任,必须加强党的建设,全面贯彻党的教育方针,坚持社会主义办学方向,落实立德树人根本任务。"进一步切实加强民办学校党的建设,落实民办学校党建工作责任制,完善民办学校党组织设置。""强化党的领导,健全党组织参与民办学校决策制度,重大事项要征得党组织同意,发挥民办学校党组织的政治核心作用。"② 独立学院作为民办高校的重要组成部分,党建工作起点要更高,标准要更严,运行要更规范,力争走在民办高校的前列。进一步理顺党组织隶属关系,加大独立学院党组织组建力度,健全党组织参与决策和监督机制,充分发挥党组织政治核心作用,强化思想引领,牢牢把握社会主义办学方向,切实维护独立学院的和谐稳定。

---

① 习近平. 决胜全面建成小康社会夺取新时代中国特色社会主义伟大胜利——在中国共产党第十九次全国代表大会上的报告[M]. 北京:人民出版社,2017.

② 吴霓,王帅. 新时代民办教育改革发展的制度体系与重点策略[J]. 教育研究,2018(6):105-110.

（二）完善独立学院章程，推进管理方式制度化

《国家中长期教育改革和发展规划纲要（2010—2020年）》提出，要完善中国特色现代大学制度，要加强章程建设，依照章程规定管理学校。其实"章程作为大学的'宪章'，不但是大学设立的重要前提，还是大学自主办学的根本依据，在大学治理中居于根本地位。"[①] 新《民促法》第二十条规定，"民办学校的举办者根据学校章程规定的权限和程序参与学校的办学和管理。""章程建设是现代大学制度建设的重要内容，是独立学院的'根本大法'，也是独立学院依法自主办学、实施管理和履行公共职能的基本准则，"[②] 独立学院章程在内部治理上具有最高效力，因此，构建以章程为统领的独立学院内部治理制度，是依"法"治校的载体，也是独立学院内部治理的基本依据。一是要不断完善独立学院的章程。由于大多数独立学院章程在建院之初就存在，随着相关法律法规的出台，以及独立学院自身的发展，有些条款可能与现行法律法规存在冲突或矛盾，因此，独立学院举办者及其决策机构应依法对现行章程进行必要的修订、充实和完善，并通过对独立学院章程的修订，明确办学主体之间的权责范围，理顺不同利益主体之间的关系，明确独立学院的运行程序。二是要确保章程规定的程序和事项被严格执行，独立学院的章程只有落到实处，才能真正发挥它的作用，因此，包括教育行政主管部门、社会公众以及独立学院自身都应对章程的实施进行监督。

（三）健全民主管理制度，推进治理主体多元化

新《民促法》第二十一条规定，"学校理事会或者董事会由举办者或者其代表、校长、教职工代表等人员组成。其中三分之一以上的理事或者董事应当具有五年以上教育教学经验。"董事会作为独立学院的最高决策机构，主要的职责是为独立学院筹集资金，决定院长的任命、学

---

① 刘冬梅. 章程视域下的大学治理法治化 [J]. 教师教育研究，2018（2）：21-26.
② 白亮. 独立学院章程制定过程中的难点问题及建议 [J]. 北京教育学院学报，2014（4）：50-54.

院长期发展的规划等重大事项的决策。"董事会是学校重大决策的中枢，通过目标责任制、经费预决算制及审计制等，对学校的各项工作进行宏观管理。"[①] 其实高效率的董事会在人员构成上往往具有广泛性、多样性，这既有利于保障学校内部的充分自主权，又有利于提高办学声誉，帮助独立学院更好地在竞争中求发展。同时，按照利益相关者理论，将独立学院发展相关利益代表纳入董事会，这样既能保障利益相关者的权益，也能实现决策民主化，实现共同治理。因此，独立学院的董事会成员应该包括举办者或者其代表、院长、党组织负责人，还要将教职工代表和学生代表纳入其中。教育部等五部门在《关于深化高等教育领域简政放权放管结合优化服务改革的若干意见》（教政法〔2017〕7号）明确提出，要进一步健全高校师生、员工参与民主管理和监督的工作机制，发挥教职工代表大会和群众组织作用。其实，为了保证独立学院更好的发展，还可以吸纳教育界、企业界等相关领域专家学者的意见，以此来提高学院重大决策的科学性。

（四）完善管理组织结构，推进治理能力现代化

党的十八届三中全会通过的《中共中央关于全面深化改革若干重大问题的决定》（以下简称《决定》）提出，"全面深化改革的总目标是完善和发展中国特色社会主义制度，推进国家治理体系和治理能力现代化。"国家治理体系和治理能力现代化被提高到国家战略的高度。在推进国家治理体系和治理能力现代化的大背景下，实现教育治理体系和治理能力的现代化已成为我国当前紧迫而现实的任务。随着我国高等教育进入实现教育现代化新的发展阶段，对高校提出了推进治理体系和治理能力现代化的新要求。在推进教育治理体系和治理能力现代化的政策背景下，独立学院也应加快更新治理理念，优化治理体系，提升治理能力现代化。

独立学院作为高校优质教育资源与市场民间资本相融合的教育，采

[①] 张德文. 新时代民办高职院校治理能力的提升路径 [J]. 浙江树人大学学报，2018（3）：21-25.

用的是民办机制。因此，独立学院在内部机制的设置上可以体现市场意识，按照高等教育规律要求，避免"金字塔"式的等级式管理引发的组织机构运转效率低下等弊端，按照非人格化的制度、机制办事，强调用规则意识和法制意识去提高组织的秩序和效率，用机制保障运行的科学化、制度化、规范化，提高决策效率。同时，"为防止学校的举办者、办学者及其执行机构滥用职权，必须构筑自律与他律、内部监督与外部监督相结合的监控机制，建立有效的权力制约监督机制，是实现法人治理的关键环节。"[①] 其实无论是新《民促法》还是《若干意见》，都明确提出了民办高校要建立健全监事（会）制度，"董事会（理事会）和监事（会）成员依据学校章程规定的权限和程序共同参与学校的办学和管理。"[②] 监事会的建立旨在约束相关主体行为，能够保证独立学院各项规章制度的有效运行。

（五）优化人事管理制度，增强队伍建设的活力

独立学院要在未来发展中保持竞争优势，提高教育教学质量，增强发展后劲，离不开一支高素质人才队伍的强有力支撑。因此，必须进一步深化人事制度改革，释放教师队伍活力。

首先，深化学校管理体制改革，提升教师主体地位。不断改进学校管理和治理方式，给教师充分的信任感和制度制定的参与权，这中间可以积极发挥工会、教代会等基层组织的力量。在学校管理中，既做到教师话语权的最大保障，又统筹协调各方意见，让集体的智慧成为决策的重要依据。正如有的学者所说管理的本质不是控制，而是释放每个人的工作积极性和善意，只有这样，才能最大限度地释放教师的工作热情和创新能力。

其次，完善教师发展培养制度，提高培训的实效性和针对性。建立

---

① 段丽华，白海雄. 创新民办高校内部管理体制路径研究 [J]. 宁波大学学报（教育科学版），2015（3）：115-118.

② 国务院关于鼓励社会力量兴办教育促进民办教育健康发展的若干意见 [EB/OL]. (2017-01-18) [2018-10-01]. http://www.gov.cn/zhengce/content/2017-01/18/content_ 5160828. htm.

促进教师发展成长的长效机制,针对不同层次和教师的不同发展需求,制定有针对性的教师发展计划,不断优化教师的教育理念,持续改进教师教育教学方法,提升教师在教育教学过程中的创造力。同时,围绕独立学院应用型转型发展需求,为教师创造更多现场锻炼、行业挂职机会,鼓励中青年教师丰富实践经历,利用寒暑假深入企业一线,深入了解区域、行业需求,追踪学科前沿,提升原始创新和服务区域需求的能力。

最后,形成动态多元开放的薪酬体系。结合独立学院发展目标、定位及实际情况,制定适合自身发展情况的人力资源总体规划,明确人才队伍的规模与结构,对晋升和发展通道进行合理规划,进一步完善多元化用人制度体系,完善结合岗位职责和任务的年度考核、聘期考核标准,完善不同系列、不同类型职位,能够体现其工作水平、业绩贡献的晋升晋级评价标准体系。

创新独立学院管理体制,准确把握新时代独立学院发展的趋势和面临的新矛盾,不断总结独立学院改革和发展过程中的成功经验和经验教训,冲破体制机制的障碍,在新的时代背景下,展现新的作为。

▶乡村振兴战略与商院的精准扶贫

张海川　李金昊　白志荣

一、乡村振兴战略的提出

2017年10月18日，党的十九大报告中，习近平总书记首次提出乡村振兴战略。2018年1月2日，公布的2018年中央一号文件是《中共中央国务院关于实施乡村振兴战略的意见》。2018年3月5日，国务院总理李克强在做政府工作报告时强调：大力实施乡村振兴战略。2018年5月31日，习近平总书记主持召开中共中央政治局会议，审议《乡村振兴战略规划（2018—2022年）》和《关于打赢脱贫攻坚战三年行动的指导意见》。

从乡村振兴战略迅速推进，可以看出党中央对于"三农"问题的高度重视。农业、农村、农民问题是关系国计民生的根本性问题。没有农业、农村的现代化，就没有国家的现代化。实施乡村振兴战略，是解决人民日益增长的美好生活需要和不平衡不充分的发展之间矛盾的必然要求，是实现"两个一百年"奋斗目标的必然要求，是实现全体人民共同富裕的必然要求。实施乡村振兴战略，是以习近平同志为核心的党中央着眼党和国家事业全局、顺应亿万农民对美好生活的向往，对"三农"工作做出的重大决策部署，是决胜全面建成小康社会、全面建设社会主义现代化国家的重大历史任务，是新时代做好"三农"工作的总抓手。

实施乡村振兴战略，要坚持农业农村优先发展，按照产业兴旺、生态宜居、乡风文明、治理有效、生活富裕的总要求，建立健全城乡融合发展体制机制和政策体系，加快推进农业、农村现代化。

打赢脱贫攻坚战是乡村振兴战略的重要一环。党的十八大以来，以习近平同志为核心的党中央统一部署，精准施策、精准发力，脱贫攻坚取得了决定性进展，贫困人口减少6800多万人，易地扶贫搬迁830万人，贫困发生率由10.2%下降到3.1%，成为全球减贫行动的楷模，为全球减贫事业贡献了中国智慧和中国方案。

当然，也必须充分认识到，未来三年，还有3000万左右农村贫困人口需要脱贫。特别是，当前容易脱贫的已经解决得差不多了，剩下的大多是居住在自然条件差、经济基础弱、贫困程度深的贫困人口，脱贫的内生动力不足。党的十九大把脱贫攻坚战作为决胜全面建成小康社会必须打赢的三大攻坚战之一，从2018～2020年还剩三年时间，脱贫攻坚时间紧、任务重、困难大、挑战多，必须采用非常之力，采取非常手段，以更有力的行动、更扎实的工作，集全党全社会的强大合力打赢脱贫攻坚战。

二、商院的"精准扶贫"

（一）商院对口楼则峪村扶贫情况概述

为深入学习贯彻习近平总书记关于脱贫攻坚的系列重要讲话精神，按照省委、省政府关于"全省干部驻村精准帮扶推进视频会议"的要求，根据省供销社派驻第28批驻村扶贫工作队的统一安排，山西大学商务学院扶贫工作自2016年5月接到扶贫任务后，学院党委高度重视，紧紧围绕狄重阳主任的指示精神，进驻长治市武乡县石北乡楼则峪村开展精准扶贫工作。在武乡这片红色热土上，我院扶贫工作队真抓实干、兢兢业业，在短短的两年时间里给楼则峪村带来了巨大的变化，获得了广大群众和各级领导的广泛认可。

(二）商院扶贫具体工作

1. 深入调研，追根溯源寻病因

为了做好精准扶贫工作，确保扶贫措施因地制宜、因人施策，扶贫工作队在进驻楼则峪村的第一时间就开展了广泛深入的调研活动，了解村情民情，精确掌握每个贫困户的家庭情况，深入分析致贫原因。为后续工作的展开打下坚实基础。

（1）楼则峪村基本情况。楼则峪村位于武乡县石北乡西北部丘陵山区，距离县城18公里，距离乡政府7公里，山大坡广，以传统农业作物种植和养殖业为主，经济条件较差。全村土地总面积约19000亩（约726公顷，1亩≈0.067公顷，下同），其中耕地面积1600余亩，林地面积2300余亩，荒山7000余亩，主产玉米，平均亩产500余千克，2015年人均纯收入2703元，属于贫困村。本村贫困的主要原因为丘陵山区、坡大地少、种植单一，干旱时间长雨水少，百姓靠天吃饭，收入没有保障。

（2）人口及贫困户情况。楼则峪村全村总户数为209户，总人口629人，常住人口310人。该村精准识别认定贫困户70户，贫困人口243人，其中有重大患病、慢性病患者、一二类残疾人共15户47人（其中低保、五保兜底35人，光伏兜底精准扶贫12人）；精准扶贫户55户，共197人。在建档立卡精准扶贫户当中因学致贫27户108人（涉及49个学生，其中大专以上学生14名，高中生10名，中学生10名，小学生15名）；因缺技术致贫3户11人；因病致贫22户72人；因缺劳动力、缺资金致贫19户52人。

（3）村支两委成员情况。支村两委干部10名，党员20名，50岁以下党员3名，党员老龄化问题严重；该村共有5个村民小组，村民代表10人，其中妇女代表5人。

由于第一书记为外单位选派，工作队没有涉及党建工作。

2. 产业扶贫，补足动力防返贫

产业是经济发展的重要基础和支撑，产业兴则经济兴，产业强则经济强。产业扶贫，就是要打破传统的"输血"式扶贫模式，建立"造血"式扶贫机制,要补足贫困地区长线发展的动力,从根本上杜绝脱贫后返贫的现象。

在楼则峪这个贫瘠小山村的历史上,没有任何经济产业,在这里开展产业扶贫难度巨大。学院党委书记吴建社看在眼里,急在心里,带领学院领导班子成员亲临现场指导,安排工作队排除万难在这里建立了"楼则峪聚众富专业养殖合作社",开展现代化养猪产业,为楼则峪村脱贫致富道路奠定了坚实的基础。

(1) 成立合作社。

根据省社狄重阳主任 7 月 12 日到武乡调研扶贫工作的会议精神,我们迅速组织召开贫困户代表会议,在该村成立了以王树兵为法人代表的聚众富专业养殖合作社,合作社吸收 70 户贫困户入股,为整村脱贫打下了坚实的基础。

(2) 扶贫产业项目规划。

①项目规模:该项目规划分三期进行,规划年出栏 1.2 万头。

②资金投入:计划总投资 430 万元。

③预期收益:2016 年实施一期建设工程,投资 120 万元,建养猪棚 2 个,每个养猪棚存栏 700 头,合计存栏 1400 头,2017 年投产使用,年出栏 3500 头,预期收益 70 万元。

(3) 项目实施情况。

2016 年 7 月 2 日开始猪场选址工作。9 月中旬,工作队成员协调县土地、环保、畜牧、林业等相关部门专家对选址评估,最终确定在村口北山坳处建设养猪场。

2016 年 10 月 28 日开始对场地进行平整,投资 6 万元,于 11 月 20 日场地平整完毕,前后共平整场地 27 亩,该项目的"三通一平"即通水、通电、通路、平整场地工作顺利完工。

2017 年 4 月楼则峪村脱贫产业项目养猪场主体建设开工,边建设边筹集资金,养猪场总筹资 180 万元,其中工作队协调帮扶资金 70 万元,商务学院入股帮扶 10 万元,贫困户享受"五位一体"政策贷款 25 万元,村集体破零资金 45 万元,基础设施建设县政府投资 30 万元;项目建设投资160万元，猪苗保证金20万元。

2017年6月20日养猪场竣工，具备养殖条件。6月28日一期项目投产运营，投放猪苗997头，精选2名贫困户当饲养员养殖。项目共平整荒地27亩，建设标准化自动养猪场1400平方米，硬化道路700余米，建设办公场所200平方米，建设100立方米化粪池1个，安装20吨自动上料塔1个，安装监控设备1套，接动力电源线路700余米，埋设自来水管900余米，建200立方米蓄水池一个。

2017年7月，养猪场安装监控设备1套，提高养殖效率，解决饲养员人少、无法全过程监视小猪病情问题。

2017年8月，在村西打深水井1口，埋设水管800余米，解决养猪场缺水问题。

2017年9月，硬化养猪场道路700米，解决了雨天运送饲料难的问题。

历时160天的科学养殖，2017年12月8日，首批肉猪975头顺利出栏，每头猪平均净重130.15千克，实现净盈利润25.33万元。

2017年12月12日，"武乡县石北乡楼则峪村养猪合作社贫困户入股分红大会"在石北乡人民政府大院隆重举行。山西大学商务学院党委书记吴建社，纪检书记陈增寿，学院办公室主任张海川；武乡县副县长任君、法院院长卫建宏；省供销社扶贫工作队队长张宏才；石北乡党委书记王跃忠，乡长张彬宏，人大主席刘宏；驻村工作队员白志荣、李晓荣；楼则峪村支部书记武海兵，村主任李建华；合作社法人代表王树兵及楼则峪村70户贫困户共243人参加了分红大会。入股分红大会上，按照贫困户家庭成员的数量，每人700元，以户为单位现场分红：家庭成员最多的贫困户王志书分到了4200元红利；王补娥既是贫困户，又在养猪场打工，不仅领到了2100元的红利，还领到5个月14000元的工资，仅一茬猪的家庭收入就16100元；合作社法人代表王树兵也是贫困户，不仅领到了3500元的红利，同时领到了14000元的工资，家庭收入17500元。此外，村集体有2万元破零资金收入，贫困户顺利脱贫，贫困村整村退出，非常鼓舞人心。

学院党委书记吴建社讲话时强调,今天的分红,说明这个产业项目抓对了,成功了,也说明商务学院是真帮扶,工作队员是真扶贫,贫困户是真脱贫。

3. 结对帮扶,精准施策暖人心

学院党委书记吴建社提出,帮扶就要真帮扶、扶贫就要真扶贫、脱贫就要真脱贫,商务学院党员干部结对帮扶就要做到"文化人办文化事",帮扶责任人要"私人订制"帮扶。时值秋收季节,开展"四送"活动,他要求结对党员干部帮助其帮扶贫困户卖农产品,开好"扶贫超市",解决贫困户实际困难。活动开展以来,共帮助贫困户销售小米2500公斤,南瓜3250公斤,核桃75公斤、红薯50公斤、酸枣25公斤、黄豆150公斤、黑豆200公斤。

在结对帮扶过程中,我院涌现出一批心系百姓、真心实干的党员干部。学院中层干部赵新平、黄永康、张立刚、赵飞、赵晋阳、杨杰、梁邵萍、白存富、王虎威、张晓琳、白俊卿帮助贫困户卖农副产品,助力贫困户增收;张海川帮助家庭最困难的贫困户王建军危房改造,资助小孩上学;韩军帮助贫困户王志中看病买药;李振生帮助贫困户王五牛联系医院治疗眼睛;商院党员干部的大爱行动也感化了普通党员的爱心,刘晓敏同志认养贫困户孤儿一名,每月支付200元生活费;白敏、曾蓉、李蕊同志为贫困户捐赠大量衣物。

另外,学院经常组织帮扶责任人入户慰问。

2017年1月12日,学院吴书记带领中层干部到楼则峪村慰问贫困户,送去价值1.8万元的米、面、油。

2017年10月21日,学院吴书记带领80名党员干部到楼则峪村慰问贫困户,送去价值1.5万元的面、油。

2017年11月7日,省社副主任高建忠,商务学院副院长杜志国到楼则峪村养猪场检查指导工作,走访贫困户。

2017年,驻村工作队员白志荣、李晓荣及部分结对帮扶人为贫困户捐赠衣物100余件,捐赠现金5000余元。

在结对帮扶的过程中,我院动员广大教师积极参与到扶贫事业中,为贫困户献计献策，私人订制脱贫方案，时刻关心着他们的生活，为他们送去关怀与温暖。

4. 教育扶贫，播种希望长技能

习总书记强调，扶贫先扶志，扶贫必扶智。扶志就是扶思想、扶观念、扶信心，帮助贫困群众树立起摆脱困境的斗志和勇气；扶智就是扶知识、扶技术、扶思路，帮助和指导贫困群众着力提升脱贫致富的综合素质。如果扶贫不扶志，扶贫的目的就难以达到，即使一度脱贫，也可能会再度返贫。如果扶贫不扶智，就会知识匮乏、智力不足、身无长物，甚至造成贫困的代际传递。在教育扶贫领域，我院充分发挥教育工作者的优势，为老区人民"立志""长智"做出了重要贡献。

2017年3月，学院吴建社书记帮扶贫困户王专平儿子范舒坤从太原市第二实验中学转学到武乡一中上学，节约家庭开支，解决家庭困难，每年为该户减少支出2万余元。

2017年7月，艺术设计系毕倩老师到楼则峪村教育扶贫，为贫困户学子王一竹、王曼、王浩霞，五保户王子平，家庭有学生的贫困户王补娥、王永胜捐款1000余元，解决他们的生活困难，改变他们的生活面貌。

2017年9月，工作队员白志荣、李晓荣为贫困户王建兵在临汾上大学的女儿王曼协调获得3000元助学金。

2017年9月22日，学院将石北乡伟德希望小学的30余名小学生接到我院开展"体验一日大学生活"活动，与我院大学生手拉手参观美丽的校园，参观现代化实验室，参观别具风格的餐厅，参观优雅的图书馆，参观整洁的大学宿舍，参加了我院举办的"2017年迎新晚会"，小学生们兴高采烈地表演了抖空竹节目。该校李会平校长动情地说，商务学院是一所有担当的大学。在"大手拉小手"活动过程中，我院学子激励小学生好好学习，力争做一名对社会有贡献的人。

孩子是家庭的未来，也承载着乡村振兴的希望。我们带着山区的孩子走进大学校园，就是想在他们的心中播下希望的种子，让他们产生对学习的向往，对美好生活的向往。这种向往将引领他们成长为振兴乡村的栋梁。

5. 文化扶贫，多彩多样富精神

扶贫需要精神与物质双管齐下，既要"富口袋"又要"富脑袋"。只有在精神激励与物质丰富的合力下，才能形成拔穷根、真脱贫的决胜之势。我院充分认识到文化在激发脱贫意志、助推脱贫攻坚中具有独特作用和巨大力量，多次组织开展送文化下乡活动。

2017年暑假期间，在学院党委书记吴建社的大力支持下，在驻村工作队员的协调下，一系列文化扶贫帮扶工作拉开了序幕。

7月5日，商务学院派出三只实践队伍，分别为体育系周艳红老师带领20名学生、艺术设计系毕倩老师带队32名学生、音乐系赵亮老师带队28名学生进驻武乡县开展文化扶贫工作。首先对石北乡伟德希望小学40余名学生开展了"大手拉小手，社会实践三下乡"文化扶贫活动。活动开展以来，商院学子给小学生们送到了音乐、体育、绘画方面的知识，为他们排练了红歌节目，教会了抖空竹技能、绘画方面的技巧。

7月9日，艺术设计系辅导员毕倩老师不畏酷热，带着自己的小孩和31名学生进驻楼则峪村、东河村开展"美化乡村"工作，全体师生历时20余天，克服酷暑炎热、高空施工危险的困难，为石北乡政府所在地东河村绘画墙体3000余平方米，为楼则峪村设计美化乡村图片40余幅，为两村节约美化工程成本4万余元。

7月11日，学院党委书记吴建社带领学院副书记陈增寿、副院长杜志国、办公室主任张海川，音乐系主任王亮、体育系主任成民铎出席我院举办的武乡县石北乡专场消夏晚会，获得了武乡县领导高度评价与赞扬，晚会的成功演出得到了石北乡党委书记王跃忠、乡长张彬宏的高度重视与大力支持。

7月12日，吴书记放弃暑假休息时间，百忙之中带领学院领导到石北乡检查慰问我院文化扶贫学生的工作。在伟德希望小学检查慰问过程中，他要求我院大学生在活动结束后要通过微信、QQ辅导小学孩子作业，关心孩子们的健康成长，并提议开学后邀请小学生们到我院参观校园，体验一日大学生活。文化扶贫活动结束后，体育系领导组织党员干部、学生为伟德希望小学赠送价值1000余元的体育用品。

10月1日，在文化扶贫活动中，驻村工作队员白志荣、李晓荣带着体育系捐赠的价值4000余元的篮球6颗、羽毛球拍10支、乒乓球拍6支、羽毛球30只、乒乓球1盒、篮球队服22套送到了石北乡举办的庆国庆篮球赛活动现场，本次捐赠活动为楼则峪村篮球队捐赠篮球2颗、篮球比赛服10套。

这一系列文体活动，极大地丰富了石北乡广大群众的精神文化生活，同时，加强了与父老乡亲的情感联系，对我院展开进一步的扶贫工作有着积极影响。

在我院的有力帮扶下，楼则峪村在2017年底退出贫困村行列。贫困村退出的指标如下：①70户贫困户全部脱贫，贫困发生率为0。②村级集体经济收入破"零"，2017年上级拨付村集体破零资金已投入养猪建设项目，按照每年10%固定比例分红，预计年收入可达4.5万元。③村主导产业为养猪，贫困户组建"武乡县聚众富养殖专业合作社"带动贫困户增收。④通村道路为水泥路，目前因为作为高铁施工便道，高铁完工后再行改造。⑤村内农户全部通自来水，村通动力电、互联网宽带。⑥贫困户住房安全全部有保障。⑦贫困户中有低保户9户，实现了应保尽保。⑧农村养老保险、医疗保险2017年参保率为100%。⑨村级卫生室已经改造完成，有村医持证上岗。⑩适龄儿童入园率和九年义务教育巩固率均达100%。

虽然楼则峪脱贫了，但是我们的帮扶任务并没有结束。脱贫不是目的，乡村振兴、实现小康才是我们帮扶的目标，在今后的帮扶工作中，我们将围绕习总书记的指示精神不断加大帮扶力度，改善"造血"功能，持续挖掘贫困户内生动力，改变"等靠要"思想，指导村民调整产业结构，改变种植作物单一的局面，提高种植收入，加大培训村民就业技能的力度，积极引导农户转变思想，改变劳动力"留守"现状。

教学与科研固然是一所大学发展的基石，但承担社会责任更是一所大学应有之义。我院怀着高度的社会责任感投身于脱贫攻坚战中，就是在履行时代和国家赋予我们的使命。我们与党中央同心同德,我们与老区人民同呼吸共命运;我们奔赴脱贫攻坚第一线,带领老区人民摆脱贫困、迎接美好生活。作为教育工作者,我们不仅要教书更要育人。我们积极投身脱贫攻坚事业就是希望通过身体力行,教会学生们什么是"天下兴亡,匹夫有责"。我们希望给学生们树立一个榜样,一个勇于承担社会责任,时刻不忘反哺社会的榜样。

▶三全育人与课程思政建设

王存义

2016年12月7日，习近平总书记在全国高校思想政治工作会议上指出，"要坚持把立德树人作为中心环节，把思想政治工作贯穿教育教学全过程，实现全程育人、全方位育人。"[①] 2017年2月27日，中共中央、国务院印发《关于加强和改进新形势下高校思想政治工作的意见》指出要"坚持全员全过程全方位育人"，进一步明确了高校"三全育人"的使命任务。习近平总书记在十九大报告中强调，要培养担当民族复兴大任的时代新人，对高校立德树人、"三全育人"提出了新要求。我们要站在新的起点上，以习近平新时代中国特色社会主义思想为指导，推进学院思政工作理念思路、体制机制、内容形式、方法手段创新，构建"三全育人"立交桥，着力打造"三全育人共同体"，确保十九大精神在学院落地落实落细。

一、"三全育人"的内涵与意义

（一）"三全育人"的内涵

"三全育人"即"全员育人，全过程育人，全方位育人"。

2005年1月17日，胡锦涛同志在全国加强和改进大学生思想政治教育工作会议上首次提出了"全员育人、全方位育人、全过程育人"

---

① 习近平.把思想政治工作贯穿教育教学全过程开创我国高等教育事业发展新局面[N].人民日报，2016-12-09.

理论。他指出，加强和改进大学生思想政治教育是一项涉及方方面面的系统工程，"各高校要切实担负起加强和改进思想政治教育工作的责任，建立健全党委统一领导，党政群团齐抓共管，全体教职员工全员育人、全方位育人、全过程育人的工作机制"[①]。

1. 全员育人

"全员"是育人的主体要素。广义的"全员育人"，是指由社会、学校、家庭、学生组成的"四位一体"的"大全员"育人主体。1957年，毛泽东同志在《关于正确处理人民内部矛盾的问题》中指出："思想政治工作，各个部门都要负责任，共产党应该管、青年团应该管、政府主要部门应该管、学校的校长教师更应该管"[②]，这是"全员育人"思想的萌芽。

从"三全育人"提出的历史脉络来看，"三全育人"所育之"人"主要是指"大学生"，因此，狭义的"全员育人"主要指高校中的"小全员"，包括课程教师、辅导员班主任、党政干部、宿管人员、后勤服务人员、同学舍友及学生自身。

"全员育人"要善于抓住"关键少数"。"全员育人"中的"关键少数"，是指不同群体中的代表人物和重点人物，如书记校长、院系领导、学科带头人、重要专家、思政工作队伍以及学生干部、党员骨干等。抓住"关键少数"，就是要进一步发挥这几类群体在全员育人中的主导作用，提高其主动开展思政工作的自觉性、积极性。

2. 全过程育人

"全过程育人"是育人的时间要素，是从时间维度提出的育人要求。

"全过程"彰显高校思想政治育人工作在时间维度上的延续性。一方面，强调"育人"要贯穿大学生整个大学期间学习、成长、就业、

---

① 胡锦涛. 切实加强和改进大学生思想政治教育工作[M]//当前政治理论教育读本. 北京：人民出版社，2007.

② 毛泽东. 关于正确处理人民内部矛盾的问题[N]. 人民日报，1957-06-19.

发展的全过程，从入学到毕业，从低年级到高年级的每一个阶段、每一个时期。要依据大学生的特点及其身心发展规律以及不同阶段的学习发展重点，实施有计划、有针对性、分阶段的思想政治教育。另一方面育人效果要着眼学生全人生，"全过程育人"是一项复杂的系统工程，要遵循思想政治工作规律，遵循学生成长的规律，抓好学生成长、成才中的重要点、关键点，避免空白点、盲点，把思想政治工作置于学生知、情、意、信、行形成的全程时间序列之中，建构链接学生在校现实生活与离校未来生活的育人模式，推动高校思想政治育人工作从短期教育向长期育人转变，促进学生可持续性发展。

"全过程育人"要善于抓住"关键节点"。要特别注重某一特定阶段、时间节点对学生进行思想政治教育。比如，入学教育、职业规划教育、重要节日的爱国主义教育等。

3. 全方位育人

"全方位育人"是育人的空间要素，是从空间维度提出的育人要求。

"全方位"展现高校思想政治育人工作在空间维度上的延展性。体现为：其一，育人目标立足学生全方位发展。全方位育人注重学生德智体美全方面均衡发展，避免单向度和片面性育人；其二，育人方式立体化、全覆盖。全方位育人提倡把课内课外、线下线上、校内校外、知识教育与信仰教育、显性教育与隐性教育等结合起来，实现高校思想政治工作由平面、一维向立体、多维、全覆盖方式转型。

1950年8月2日召开的中国教育工会第一次全国代表大会提出"教书育人，管理育人，服务育人"即"三育人"理念，因此"教书""管理""服务"是"育人"工作最初的、最基本的三个方位。

而今，日新月异的中国特色社会主义已进入了新时代，大学生群体也发生了深刻的变化，深深地打上了时代烙印，高校育人的三个方位，已不足以完成高质量的育人任务，三个方位存在不充分、不平衡问题，高校必须充分发挥课程、科研、实践、文化、网络、心理、管理、服务、资助、组织等方面工作的育人功能，从"十个方位"挖掘育人要素，构建全覆盖的十大育人体系。

"全方位育人"要善于抓住"关键领域"。课程是"全方位育人"的关键领域，课堂是学生获取专业知识和技能，形成正确的情感、态度和价值观的主要途径。课堂包括"第一课堂""第二课堂"和"第三课堂"。要立足学生的成长成才需求，系统设计"三个课堂"，打通壁垒，实现无缝对接和同向同行，形成合力。

（二）"三全育人"的意义

"育"即教育、培养，"育人"即对受教育者进行教育、培养。高校要"育"何种人？全国高校思想政治工作会议、党的十九大报告都明确指出，培养"德智体美全面发展的社会主义事业建设者和接班人"，这就是高校所"育"之人。

因此，"三全育人"绝不只是"心灵鸡汤"，也不仅仅局限于德育范畴，而是具有重要的政治意义。

1. "三全育人"是坚持社会主义办学方向的根本要求

"培养什么样的人、如何培养人、为谁培养人"，"办什么样的大学、怎样办好大学"是高校必须回答的两个根本性问题。"我国高等教育肩负着培养德智体美全面发展的社会主义事业建设者和接班人的重大任务，必须坚持正确政治方向"[①]，习近平总书记在全国高校思想政治工作会议上的重要讲话，突出强调了必须坚持正确的办学方向。深入领会贯彻习近平总书记重要讲话精神，最根本的是要把立德树人作为中心环节，把思想政治工作贯穿教育教学全过程，实现全过程育人、全方位育人。

大学之为大，就是在传道授业解惑中引人以大道，启人以大智，高校一旦在办学方向上走错了，在培养人的问题上走偏了，是不可能培养出栋梁之材的。加强高校思想政治工作，实施"三全育人"最重要的就是在事关办学方向的问题上站稳立场。

---

① 习近平. 把思想政治工作贯穿教育教学全过程开创我国高等教育事业发展新局面 [N]. 人民日报, 2016 - 12 - 09.

2. "三全育人"是巩固马克思主义在高校意识形态领域指导地位的要求

"大学之道,在明明德,在亲民,在止于至善。"从大学诞生的那一天起,就具有鲜明的意识形态属性。当前,改革不断推进,开放不断扩大,互联网时代已经到来,各种社会思潮不断涌现,尤其是西方社会思潮不断渗入,我国意识形态领域的斗争依然复杂严峻。高校是意识形态激烈斗争的地方,对于高校这块阵地,马克思主义不去占领,非马克思主义就必然会占领。高校"三育人"工作,就是要培育大学生社会主义核心价值观,培育大学生理性平和的健康心态和良好的校风、学风,全面提高学生的思想政治素质,引导学生掌握和运用马克思主义立场观点方法,正确认识世界和中国发展大势、中国特色和国际比较、时代责任和历史使命、远大抱负和脚踏实地,使高校成为马克思主义意识形态的坚固阵地。

3. "三全育人"是加强党对高校领导的要求

中国特色社会主义最本质的特征是中国共产党领导,中国特色社会主义制度的最大优势是中国共产党领导。党政军民学,东西南北中,党是领导一切的。

高校是育人的地方,也是党的建设的基础。高校党组织既承担着育人的使命任务,同时"三全育人"也对加强高校党的建设起着重要作用。不仅高校党委、基层党支部是加强党的建设的基础,必须把从严治党的体系建立健全起来,而且高校培养的学生思想政治如何,也影响着高校党的建设的水平和质量。大学生是最新鲜、最有活力的群体,是新增党员的最重要来源。高校"三全育人"工作,能加强大学生价值观和理想信念教育,提高大学生对党的认同感、归属感,成为爱党、言党、为党的先进分子,为党输送健康的新鲜血液,是加强党的建设的基础工程和重要任务。

二、"三全育人"呼唤课程思政

（一）"课程思政"的含义

"课程思政"不是一门或一类特定的课程，而是一种教育教学理念。其基本含义是：大学所有课程都具有传授知识、培养能力及思想政治教育双重功能，承载着培养大学生世界观、人生观、价值观的作用。

"课程思政"也是一种思维方式，教师在教学过程中要有意、有机、有效地对学生进行思想政治教育。体现在教学的顶层设计上，就是把人的思想政治培养作为课程教学的目标放在首位，并与专业发展教育相结合。

"课程思政"不是要改变专业课程的本来属性，更不是要把专业课改造成思政课模式或者将所有课程都当作思政课程，而是充分发挥课程的德育功能，运用德育的学科思维，提炼专业课程中蕴含的文化基因和价值范式，将其转化为社会主义核心价值观具体化、生动化的有效教学载体，在"润物细无声"的知识传授中融入理想信念层面的精神指引。

（二）"三全育人"迫切要求课程思政

培养中国特色社会主义建设者和接班人是高校的重大使命，最大限度发挥课堂教学的育人主渠道作用，充分发挥课程思政的作用，是实施"三全育人"的重要组成部分，是提升高校思想政治教育质量的关键抓手。将思政教育贯穿于教学全过程，将教书育人的内涵落实在课堂教学中，让所有课程都蕴含"思政味道"，都突出育人价值，是"三全育人"对课程思政的迫切要求。

习近平总书记在全国高校思想政治工作会议上指出："要守好一段渠、种好责任田，使各类课程与思想政治理论课同向同行，形成协同效应。"[①] 胡锦涛同志曾指出："高校所有教师都担负着教书育人的光荣职

---

① 习近平. 把思想政治工作贯穿教育教学全过程开创我国高等教育事业发展新局面 [N]. 人民日报，2016-12-09.

责,都要为人师表、言传身教、率先垂范,自觉承担起对学生开展思想政治教育的神圣职责。"① 做好课程思政工作,既是党中央的政治要求,也是教育的内在要求;既是课堂教学的应有之义,也是为人师者的本分所在。专业课教师要增强荣誉感、认同感和责任感,要改进教学方法,在进行专业知识讲授时,融入为民情怀、报国理念、中国特色社会主义信仰和实现民族伟大复兴的抱负,以潜移默化的形式滋养学生,激发他们为人民、为国家、为中国特色社会主义和中华民族伟大复兴而学习的热情,进而牢固树立起中国特色社会主义道路自信、理论自信、制度自信、文化自信。

三、"课程思政"功能实现路径

（一）提升教师的思政意识和思政能力

实现"课程思政",树立"课程思政"理念是关键,在课程建设的顶层设计中,要不断强化"课程思政"理念。教师的"思政意识",就是教师要充分认识到"课程思政"的重要意义,正如习近平总书记在全国高校思想政治工作会议上强调指出："教师是人类灵魂的工程师,承担着神圣使命。传道者自己首先要明道、信道。高校教师要坚持教育者先受教育,努力成为先进思想文化的传播者、党执政的坚定支持者,更好担起学生健康成长指导者和引路人的责任。"

教师的"思政能力",是指教师在教学中有意、有机、有效地开展思想政治教育的能力。

（二）优化"课程思政"的内容

要围绕"课程思政"目标,通过积极培育和践行社会主义核心价值观,运用马克思主义方法论,引导学生正确做人和做事,各教学科目和教育活动,应结合以下内容进行教学设计。

---

① 胡锦涛.切实加强和改进大学生思想政治教育工作 [M] // 当前政治理论教育读本.北京:人民出版社,2007.

1. 师德风范

学高为师，身正为范。教师是人类灵魂的工程师，要以德立身、以德立学、以德施教，为学生点亮理想的灯，照亮前行的路。

2. 政治导向

教师应坚持正确的政治方向，要"坚持教书和育人相统一，坚持言传和身教相统一，坚持潜心问道和关注社会相统一，坚持学术自由和学术规范相统一"[①]，坚守"学术研究无禁区，课堂讲授有纪律"的规矩，不在课堂上传播违反《中华人民共和国宪法》，违背党的路线、方针、政策的内容或言论，使课堂成为弘扬主旋律、传播正能量的主阵地。

3. 专业伦理

"专业伦理"教育是对未来从业人员掌握并遵守的人与人之间的道德准则和职业行为规范的教育活动。教师要针对不同专业的大学生，即未来各行业的从业人员，在传授专业知识的过程中，明确将专业性职业伦理操守和职业道德教育融为一体，给予其正确的价值取向引导，以此提升其思想道德素质及情商能力。

4. 学习伦理

"学习伦理"是人们在学习活动中建立起来的人伦关系和处理这些关系应遵守的法则，是基于对类、群的伦理性认识和对学习内涵、价值、内容等方面的伦理反思和构建。课程思政功能的实现需要师生双方的共同努力。大学生应有良好的学习伦理，尊师重教、志存高远、脚踏实地、遵守纪律，在学习过程中体悟人性、弘扬人性、完善修养，培育理性平和的心态，让勤奋学习成为青春飞扬的动力。

5. 核心价值

"核心价值观，承载着一个民族、一个国家的精神追求，体现着一个社会评判是非曲直的价值标准。"教师要在课程教学过程中，结合理

---

① 习近平. 把思想政治工作贯穿教育教学全过程开创我国高等教育事业发展新局面[N]. 人民日报, 2016-12-09.

工、经济、人文、艺术等各专业门类的特点,将社会主义核心价值观的基本内涵、主要内容等有机、有意、有效地纳入整体教学布局和课程安排,做到专业教育和核心价值观教育相融共进,引导学生做社会主义核心价值观的坚定信仰者、积极传播者、模范践行者。

(三)遵循"课程思政"原则

"课程思政"不是每门课都要体系化、系统化地进行德育教育活动,也不是每堂课都要机械、教条地安排思政教育内容,而是结合各门课程特点,寻找德育元素,进行非体系化、系统化的教育。应坚持如下原则:实事求是原则、创新思维原则、突出重点原则、注重实效原则。

(四)明确"课程思政"的要求

"课程思政"教学设计,不仅应遵循一般社会科学研究的原则,而且应适合于思想政治教育学科的特殊性原则。根据"课程思政"的内容和原则,"课程思政"要符合如下基本要求:

1. 灌输与渗透相结合

灌输应注重启发,是能动的认知、认同、内化,而非被动的注入、移植、楔入,更非填鸭式的宣传教育。渗透应注重贴近实际、贴近生活、贴近学生,注重向社会环境、心理环境和网络环境等方向渗透。灌输与渗透相结合就是坚持春风化雨的方式,通过不同的选择,从被动、自发的学习转向主动、自觉的学习,主动将之付诸实践。

2. 理论与实际相结合

"课程思政"教育元素,不是从抽象的理论概念中逻辑地推论出来的,而是应从社会实际中寻找,从各学科的知识与社会实践结合度中去寻找,不是从理论逻辑出发来解释实践,而是从社会实践出发来解释理论的形成,依据实际来修正理论逻辑。坚持理论与实际相结合,因事而化、因时而进、因势而新。

3. 历史与现实相结合

历史是过去的现实,是现实的前身,现实是历史的延伸,是未来的历史。"课程思政"的教学设计,从纵向历史与横向现实的维度出发,通过认识世界与中国发展的大势比较、中国特色与国际的比较、历史使命与时代责任的比较，使思政教育元素既源于历史又基于现实，既传承历史血脉又体现与时俱进。

4. 显性教育与隐性教育相结合

"课程思政"教学设计，应坚持显性教育与隐性教育的结合。显性教育和隐性教育二者不是一种具体、单个方法的名称，而是一种类型的方法称谓。其中，前者指的是教师组织实施的，直接对学生进行公开的道德教育的正规工作方式的总和。后者指的是引导学生在教育性环境中，直接体现和潜移默化地获取有益学生个体身心健康和个性全面发展的教育性经验的活动方式及过程。在此，通过隐性渗透、寓道德教育于各门专业课程之中，通过润物细无声、滴水穿石的方式，实现显性教育与隐性教育的有机结合。

5. 共性与个性相结合

任何事物的发展都是共性与个性的结合、统一性与差异性的融洽。就思想政治教育而言，教育目的的价值取向是一种共性、统一性，个体的独特体验则是事物的个性、差异性。"课程思政"教学设计，必须遵循共性与个性相结合的原则，既注重教学内容的价值取向，也应遵循学生在学习过程中的独特体验。

6. 正面教育与纪律约束相结合

正面说服教育是指通过摆事实、讲道理，使学生明辨是非、善恶，提高认识，形成正确观念和道德评价能力的一种教育方法。"课程思政"教育和教学，必须坚持以正面引导、说服教育为主，积极疏导，启发教育，同时辅之以必要的纪律约束，引导学生品德向正确、健康方向发展。

▶人才强国战略与"人才强校"

王　军　白震宇

党的十九大报告指出,人才是实现民族振兴,赢得国际竞争主动的战略资源。要坚持党管人才原则,聚天下英才而用之,加快建设人才强国。高校作为人才智力高地,承载着人才培养、科学研究、服务社会的重要使命,更应充分发挥人才集聚优势和引领支撑作用,贯彻落实人才强国战略,加强顶层设计与人才发展战略研究,完善体制机制广纳人才,留住人才,用好人才,深入推进人才强校系统工程,实现高等教育内涵式发展。

一、深刻理解人才强国内涵,统筹推进人才强国战略布局

国以才立、政以才治、业由才兴。党和国家历来十分重视人才工作。党的十八大以来,以习近平同志为核心的党中央,高度重视人才工作,站在党和国家事业发展全局的战略高度对人才工作做出了一系列重要指示,强调"人才资源作为经济社会发展第一资源的特征和作用更加明显,人才竞争已经成为综合国力竞争的核心,谁能培养和吸引更多优秀人才,谁就能在竞争中占据优势"[①],并指出"办好中国的事情,

---

① "平语"近人——习近平如何关心人才工作[EB/OL].(2016-05-06)[2018-09-01].http://www.xinhuanet.com/politics/2016-05/06/c_128957250.htm.

关键在党,关键在人,关键在人才"①。

(一) 确立党管人才战略原则

进入 21 世纪,党中央为全面加强和改进人才工作领导,做出实施人才强国战略的重大决策。根据《国家中长期人才发展规划纲要(2010—2020 年)》,中共中央办公厅印发了《关于进一步加强党管人才工作的意见》,明确指出党管人才是人才工作的重要原则,是党组织制度的重要组成部分,是人才工作沿着正确方向前进的根本保证。党管人才主要从管宏观、管政策、管协调、管服务等方面入手,规划实施人才发展战略,制定落实人才发展重大政策,协调各方力量,形成共同参与和推动人才工作的整体合力,为各类人才干事创业、实现价值提供良好服务和环境,使党对人才工作的领导更加有力,全社会重视人才、支持人才发展的氛围更加浓厚,能够让各类人才的创造活力竞相迸发,聪明才智充分涌流,形成人才辈出、人尽其才、才尽其用的有利局面,把各类优秀人才凝聚在党的事业周围,促进人才强国战略更好实施和建设人才强国宏伟目标的顺利实现。

(二) 推进与实施人才强国战略,人才资源是第一战略资源

当今世界,经济全球化不断深入,科技发展日新月异,综合国力的竞争,其核心是人才竞争。应对世界新一轮科技革命和产业变革的最重要战略资源和战略手段就是人才,特别是能够紧跟和引领世界潮流的创新型人才。现代经济社会发展历史证明,人才是科学技术发展的引领者,是经济社会发展的推动者,是先进生产力中起着主导作用的至关重要的因素。建设人才强国既反映了当今世界的时代特征和经济社会发展的大趋势,又有力指导了我国人才事业的发展,极大加快了社会主义现代化建设进程。为实现民族振兴、国家强盛的宏伟目标,党中央提出了以人才强国战略、质量强国战略、社会主义文化强国战略、海洋强国战略、教育战略、制造强国战略、网络强国战略等为一体的强国战略。而

---

① "平语"近人——习近平如何关心人才工作 [EB/OL]. (2016 - 05 - 06) [2018 - 09 - 01]. http://www.xinhuanet.com/politics/2016 - 05/06/c_ 128957250. htm.

人才资源作为第一资源，是最活跃的要素，是国家兴衰的最根本要素，被国家列为实现国家强盛的第一战略资源。

（三）深化人才体制机制改革，激发创新内在动力

十九大报告明确指出"人才是实现民族振兴，赢得国际竞争主动的战略资源"，并多次对人才问题进行了深刻阐述，强调人才是第一资源，坚定实施人才强国战略，提出"科技是第一生产力、人才是第一资源、创新是引领发展的第一动力"。创新驱动实质上是人才驱动，人才强、科技强，才能带动产业强、经济强、国家强。正是以习近平同志为核心的党中央高度重视人才和人才工作，坚持聚天下英才而用之，加快人才强国建设步伐，造就和推动了我国人才事业蓬勃发展，不断开创人才工作新局面。建设人才强国，正是党中央基于对国内外形势的深刻判断和我国人才发展现状的清醒认识做出的重大战略决策，体现了党中央对人才工作的重视，体现了我们党和国家在人才领域进一步发挥社会主义制度优越性，更好地实现各项事业科学发展的决心和信心。

2016年，中共中央印发《关于深化人才发展体制机制改革的意见》，习近平同志深刻阐明了人才对党和国家事业发展的特殊重要性，指出综合国力竞争说到底是人才竞争，要加快构建具有全球竞争力的人才制度体系，着力破除体制机制障碍。树立强烈的人才意识，做好团结、引领、服务工作，真诚关心人才、爱护人才、成就人才，向用人主体放权，为人才松绑，让人才创新创造活力充分迸发，使各方面人才各得其所、尽展其长，激励广大人才为实现"两个一百年"奋斗目标、实现中华民族伟大复兴的中国梦贡献聪明才智。

习近平同志在中共中央政治局第27次集体学习时强调，要高度重视全球治理方面的人才培养，在参加全国政协十二届一次会议科协、科技界委员联组讨论时强调，要开发利用好国际国内两种人才资源，体现了宏大视野和博大胸怀的大人才观。

习近平同志在庆祝中国共产党成立95周年大会上的讲话中强调，"功以才成，业由才广"，党和人民事业要不断发展，就要把各方面人才更好使用起来，聚天下英才而用之。我们要以识才的慧眼、爱才的诚

意、用才的胆识、容才的雅量、聚才的良方，广开进贤之路，把党内和党外、国内和国外等各方面优秀人才吸引过来、凝聚起来，明确提出"努力形成人人渴望成才、人人努力成才、人人皆可成才、人人尽展其才的良好局面。"

二、坚定实施人才强校工程，不断推进教育改革深层转型

人才强校是一项系统工程，首要任务是要树立正确的人才发展观，将人才强校纳入学院发展规划中，把人才资源作为学院的第一资源，把人才工作作为学院工作的重中之重和当务之急。坚持"党管人才、优先发展、内培外引、合力保障"原则，制定人才引进、人才培养、人才考核评价和人才激励等一揽子配套措施，紧密围绕学院办学定位、人才培养和学科专业建设的需要，高起点、高标准、高投入推进人才队伍建设，积极探索集聚人才、发挥人才作用的体制机制，完善相关政策，进一步创造人尽其才的政策环境，释放人才发展活力，通过人才发展体制机制创新，充分发挥党委在人才培养、引进、使用、评价、激励中的主导作用，激发优秀人才的主观能动性，营造有利于人才辈出、人尽其才、才尽其用的政策环境，建设一支高水平的师资队伍和科研队伍，构建人才工作新格局。

（一）优化人才发展环境，分类推进优秀人才梯队建设

人才的培养工作是构建高层次人才队伍的重要内容，也是事关学院全面发展的战略性工作，更是"人才强校工程"的关键核心。面对新的形势任务、新的机遇挑战，需立足培育应用型人才办学定位，继续深化产教融合、校企合作，围绕学科建设和特色发展，把握方向，分类施策，聚才引智，持续加大人才培养资助力度。注重优秀人才梯队建设，针对不同的人才类型研究制定政策引导和扶持措施；同时注重培养人才国际化视野，支持校外专家、企业联盟参与建立学院校企合作与实验室计划；支持赴国内知名院校访问交流计划；支持赴海外知名院校和科研机构访学交流计划；支持人才参与企事业单位挂职实践计划，为人才发

展与智力提升提供多元化服务保障支撑，努力营造"以事业凝聚人、以待遇稳定人、以感情留住人"的氛围，推动学院教师队伍建设，提高教学科研水平，为学院发展提供人才支持与智力保障。

（二）完善人才发展制度建设，构建人才发展保障体系

人才引进作为建设高层次人才队伍的重要组成部分，在学院党委的领导下，组建成立人才工作领导小组，围绕学院办学定位、发展目标和学科专业建设的需要，制定《山西大学商务学院人才发展与保障实施方案》和《山西大学商务学院高层次人才引进与人才培养管理办法》，建立与学院教育教学相适应的人才引进机制，对人才规划、人才评价、人才考核及保障措施进行统一领导，制定与调整促进人才发展配套政策措施，积极营造尊重人才、服务人才、用好人才的良好氛围。对引进的高层次人才采取"一人一策，一事一议"的模式进行人才支持，对符合条件和要求的重点专业、新兴专业、紧缺专业的高层次优秀人才采取创立研究所、实验室、工作室等模式进行重点支持，并大力支持高层次人才赴国内知名院校访问交流计划和赴海外知名院校和科研机构访学交流计划，同时建立专项奖励基金，通过各项支持举措，为人才发展提供多元化管理服务，确保高层次人才"来得了、待得住、用得好"。

（三）创新人才考核评价机制，鲜明把握人才引领导向

坚持积极鼓励与规范管理并举，创新人才评价与考核机制。突出"重能力、重实绩、重创新"的人才引领导向，注重人才评价的多元化、规范化，加强过程监督，根据高层次人才特点和实际情况，完善高层次人才的教学、科研考核细则，采取经常性考核、年度考核、专项考核等形式，对各类人才进行全面、客观、辩证地考核评价，增强人才评价结果的科学性，构建具有针对性的人才考核制度体系；探索有利于人才发展的多元激励方式，健全以业绩、贡献、创新为评价要素的多元化分配激励机制，建立专项奖励基金，对成果转化效益显著的，学院根据一定比例予以奖励，设立"山西大学商务学院突出贡献人才"奖项，对有重大贡献的人才进行奖励，加快推动有利于人才脱颖而出的机制建设，发挥人才引领与示范作用，实现学院创新发展、持续发展、健康发

展，开创学院改革转型发展新局面。

三、创新高校人才工作体制机制，为人才队伍建设提供组织保障

人才强国战略在高校中的现实体现就是人才队伍建设，就是人才强校工程。以人为本，人才强校，既是高校争创一流工作的重点，更是高校教育改革创新的核心。在实施人才强国战略背景下，人才数量和质量指标已经成为每一所高校持续发展、内涵发展的关键点。因此，必须树立强烈的人才意识，积极创新人才培养引进和激励约束机制，营造安心钻研、潜心创新的良好条件，让各类人才的创造活力竞相迸发、聪明才智充分涌现，以在创新实践中发现人才、在创新活动中培育人才、在创新事业中凝聚人才，培养造就规模宏大、结构合理、素质优良的创新型人才队伍。

百年大计，教育为本。教育大计，教师为本。人才队伍的水平决定着一所大学的水平与高度，做好高校的人才工作，关键就是要建设一支高水平的师资队伍。独立学院作为我国民办高等教育的重要组成部分，在国家实施人才强国战略过程中肩负着重要历史使命，发展的关键因素就是拥有一支适合独立学院办学特点和人才培养目标的高质量人才队伍，决定着学生培养质量、服务社会能力和科研创新能力的实现，反映出独立学院综合实力、办学水平和办学特色。因此，独立学院更应将人才强校工程摆在发展首要位置，通过创新人才发展体制机制，建立科学完善的人才发展观，改进培养引进发展方式，强化人才强校等措施保障，全面提升独立学院人才队伍建设水平。

（一）树立全面人才发展观

人才发展要遵循人才发展规律，立足人才队伍实际，树立与社会发展、经济建设和高等教育改革相适应的全面人才观，为推动人才强校工程提供思想保障。一是要确立科学的人才发展观。要充分认识人才发展是一个长期培养建设的过程，纠正在人才队伍建设中的功利与短视倾

向，遵循人才成长发展的基本规律，既要重视现阶段人才的培养，更要加强后备人才队伍的发掘；既要关注个别人才引进，又要优化整体人才队伍结构；既要追求人才个人能力，又要注重形成团队合力，发挥人才的整体带动效应；既要坚持分类培养原则，又要按照人才特点制定不同培养目标，逐步形成科学、规范、有序的人才培养体系。二是要建立"师本位"观念。将人才的衡量标准与职称、职务分离开来，确立以能力和实绩为先的评价体系，确立以培养人才为办学主体的理念，强化人才在学院建设过程中起到的关键作用。三是创新考核评价体系，建立并完善以"德、能、勤、绩、廉"为主的人才考核评价体系，不仅要关注个人综合素质，更要关注未来发展潜能，进而培养出政治坚定、品行端正、业务过硬、实绩突出、师生公认的优秀综合型人才。

（二）构建有利于人才发展的体制机制

人才作为强校工程第一资源，如何创造安心钻研、潜心创新的良好条件，让各类人才的创造活力竞相迸发、聪明才智充分涌现，关键是要改革和完善人才发展机制，构建有利于人才发展的环境。在人才发展体制机制的构建上，应对以下方面予以重点关注。一是因地制宜，建立更为灵活的人才管理机制，完善人才评价与考核制度建设。去除制约人才流动、使用、发挥作用中的体制机制障碍，统筹加强专业领军人才、高层次创新人才、青年教师人才、实践实用型技术人才等各类梯队建设，最大限度支持和保障各类人才创新创业，保持现有人才队伍的生机和活力。二是要深化教育改革，创新教育观念，推进素质教育，改革教学内容，改进教育方法，提升实践能力，努力创造有利于创新人才成长的育人环境。三是要积极引进高层次优秀人才，制定更加积极的高层次人才引进计划，吸引重点专业、新兴专业、紧缺专业的高层次优秀人才和行业管理优秀人才，推动学院人才队伍建设，提高教学科研水平。

（三）改进人才队伍发展方式

树立"不唯地域、不求所有、不拘一格"的新人才观。注重创新能力，坚持以用为本，按需发展，聚焦专业人才，尤其是实施创新驱动发展战略急需的学科带头人、科技创新人才和技能人才发展工程，改进培养支持方式，在创新实践中发现人才，在创新活动中培育人才，在创新事业中凝聚人才，放手使用，既要重视成功，更要宽容失败，营造鼓励大胆创新、勇于创新、包容创新的良好氛围，为人才发挥作用、施展才华提供更加广阔的天地，培养具有创新活力的青年创新型人才队伍。

（四）强化人才强校保障措施

（1）完善人才工作领导体制和工作机制，不断健全党管人才领导体制和工作格局，组建由学院党委、组织、人事、教学、科研部门和单位等构成的人才工作小组，建立人才工作科学决策、分工协作、沟通交流和督促落实工作机制，定期研究人才政策并及时解决引进人才工作中的重要问题。

（2）强化以学院为主导、院（系）为主体的人才工作责任制，明确各级领导和部门责任，做到领导重视、机制健全、责任明晰、保障有力、考核落实。

（3）创新人才评价机制。突出品德、能力和业绩评价导向，根据不同岗位、不同层次人才特点和职责，坚持共通性与特殊性、水平业绩与发展潜力、定性与定量评价相结合，分类建立涵盖品德、知识、能力、业绩和贡献等要素特点的评价体制，解决人才评价中"一刀切"问题，科学、客观、公正评价人才，让各类人才价值得到充分尊重和体现。

（4）建立高层次人才事业保障机制。改变传统管理方式，建立人才服务绿色通道，创新配套服务与支持体系，大力为人才干事创业搭建平台、提供服务，创建"菜单式"人才发展模式，实现人才与项目的有效对接，鼓励人才结合自身优势与研究方向，创建研究所、工作室、实验室，组建科研团队，在职级聘任、职称评审、教学工作量、进修培训、国外访学、科研经费管理等方面予以政策倾斜。

共享发展与商院图书馆工作设想

宋生艳

一、新时代共享发展思想研究概述

2017年10月24日,举世瞩目的党的十九大胜利闭幕。这一刻,中国标定了历史方位,擘画了发展蓝图。共享发展是习近平总书记提出的新发展理念之一,党的十九大报告系统地回答了为何要实现共享发展、如何实现共享发展的时代追问。可以说,从理论到实践,实现了共享发展的历史性突破,是指导中国在新时代实现高质量发展的重要思想,也为图书馆履行使命、共享发展提供了新引擎。

(一)共享发展理念的丰富内涵

从共享发展的主体看,需要人人享有,做到全民共享,强调发展的主体对象是全体人民;从共享发展的客体内容看,需要注重社会公平,使全体人民共享改革发展成果;从共享发展的实现途径看,需要全民参与,做到共建共享,调动人民的积极性、参与性、创造性,为共享发展做出应有的贡献。

坚持以人民为中心的发展思想是共享发展理念的升华,也是实践共享发展理念的出发点、落脚点。回顾党的十八大以来取得的成就,无疑是贯彻以人民为中心发展思想的结果。研究认为,习近平提出"不断实现好、维护好、发展好最广大人民根本利益,使发展成果更多更公平惠及全体人民"①，强调了以人民为中心。这为我国适应新环境落实共享发展理念提供了重要的思想保障、政治保障。

（二）社会主要矛盾的历史性变化催生共享发展理念的确立

新时代背景下共享发展的新要求。中国特色社会主义进入新时代，社会主要矛盾已经转化为人民日益增长的美好生活需要和不平衡不充分发展之间的矛盾。鉴于此，精准把脉新时代主要矛盾，确立共享发展思想是中国特色社会主义实践的具体要求。当前，人民日益增长的美好生活需要，成为发展的时代主题。但同时也应清醒地看到，尽管我国社会生产力水平总体上显著提高，社会生产能力在很多方面进入世界前列，但发展不平衡不充分的矛盾仍比较突出。

解决发展不平衡不充分的矛盾，化发展的短板为发展的动力，客观上要求确立共享发展的新理念；客观上要求大力提升发展质量和效益，更好地使改革发展成果更多地惠及全体人民。相对应地，在图书情报领域，也存在用户对日益增长的信息需求和信息供给不平衡不充分发展之间的矛盾。例如，我国文献信息资源建设在达到一定水平后，仍存在不同地区、不同部门之间资源共享不平衡等问题，亟待以新发展理念探求图书馆共享发展的生长点。

（三）共享发展理念的实现理路

首先，把共筑精神家园作为共享发展的文化养料。共有精神家园是建立在全体人民的文化存在基础上的认知系统，是人民精神生活和文化自信等方面的聚合。共享发展的文化养料，就是要从个人和集体两个层面共筑精神家园，培育和践行社会主义核心价值观，传承中华优秀传统文化，为共享发展提供精神指引。

其次，把智慧社会建设作为共享发展的终极旨归。满足人民日益增长的多样化、高层次、高品位美好文化生活需要，就要以智慧社会建设推进共享发展。"智慧社会"新概念最初由习近平总书记在党的十九大报告中提出，是我国加快建设创新型国家的发展新目标之一，也是数字

---

① 习近平. 习近平谈治国理政 [M]. 北京：外文出版社，2014：41.

化、网络化、智能化高度融合的社会,发展智慧社会是满足人民对美好文化生活的向往和需求的必然选择。习近平总书记强调,推动互联网、大数据、人工智能和实体经济深度融合是新时代推进数字化和智慧化深度融合的重要遵循。此外,人的自由而全面发展作为共享发展的终极旨归,有利于形成倒逼力和助推力,反过来促进共享发展。

以图书馆事业为例,以读者为中心,就要确立"智慧""互联"信息共享发展战略:一是将创新摆在首要位置;二是将共享作为发展的根本目的。十九大报告强调建设"智慧社会",通过推动互联网、大数据、人工智能等深度融合,为社会发展提供新的增长点和新动能[1]。作为社会机体的有机组成部分,无论是智慧城市、智慧校园还是智慧图书馆,有必要也必须适应国家宏观战略布局,纳入国家智慧化战略体系。因此,图书馆引入共享发展思想,在高质量社会发展中加快向智能化和智慧化方向转型,从而以智慧服务促共享发展,提升服务社会、服务用户的高品质服务和核心竞争力,创造新价值新作为。这可以说是恰逢其时。

综上所述,习近平新时代中国特色社会主义共享发展思想具有引领力。图书馆作为生长着的有机体,是知识密集型工作的服务机制[2],是传承文化的重要载体,为人们提供文化共享环境是责无旁贷的任务。而图书馆如何完成时代赋予的新文化使命?笔者认为,只有梳理总结过往的工作,才能扬长补短,更好地设计未来共享发展的新蓝本。

二、工作回顾

岁月不居,时光流转。面对网络技术、大数据、人工智能等迅速发

---

[1] 习近平. 决胜全面建成小康社会夺取新时代中国特色社会主义伟大胜利——在中国共产党第十九次全国代表大会上的报告[M]. 北京:人民出版社,2017:22-30.
[2] 张晓林. 颠覆性变革与后图书馆时代——推动知识服务的供给侧结构性改革[J]. 中国图书馆学报,2018(1):5-7.

展对图书馆提出的巨大挑战，以及中国图书馆事业发展进入新常态等一系列的变化，图书馆深入贯彻落实党的十九大提出的共享发展理念，凝心聚力，开拓进取。"三五"规划圆满收官，"四五"规划顺利实施，为促进图书馆事业发展做出了新的贡献。在2014~2018年学院每学期组织的学生满意度调查中，图书馆连续排名第一；在2014~2018年的山大商院行政、后勤、教辅部门年度考核中图书馆均获第一；我们自主研发的图书"荐选购借"一体化平台及2014~2018年举办的世界读书日系列主题活动，连续五年被《山西日报》《山西青年报》《太原日报》等多家媒体及百度、商院网站采访报道；世界读书日期间，我馆微博影响力入榜前十名，社会关注度持续提升。回望步履清晰，业绩令人欣慰。

（一）引入新发展理念创新管理机制，展现升级管理图卷，强化思想引领，释放人才创造力

体制机制顺，则人才聚、事业兴。图书馆引入新发展理念，创新"两只手"管理：一手抓制度文化建设，将思想道德与综合考核相融合，形成多层次监管机制；另一手抓长效教育机制并强化过程管理，为创新工作注入动力，在山大商院产生示范推广效应。

（二）优化资源配置，积极推进资源共享，文献资源供给力跃上新台阶

近年来，图书馆引入以人民为中心的发展思想，按需优化资源配置，使纸质文献和数字资源协同发展。馆藏纸质文献总量从2014年的100万册增加到2018年的123万册，逐年按需构建采访新模式增文献供给力；数字资源从2014年的30T增加到2018年的42T，其中数据库和电子图书为师生教学科研提供了基本需要；自主研发的优质网络课程资源共享平台，重点建设优质网络课程资源，成为纸质资源的有益补充。"纸质+数字+自建"三位一体的资源体系，促进了文献资源升级转型。

（三）践行党的十九大提出"推动互联网、大数据、人工智能和实体经济深度融合"思想[1]，自主开发的数据管理系统亮点纷呈，率先走在新时代高校图书馆业务变革的前列

（1）创新智能服务流程。研发图书"荐选购借"一体化智慧平台，颠覆了传统的采访业务流程，读者到书店通过该平台可以将自己需要的图书直接"借"回家中阅读，实现了"你选书，我买单"的变革，率先走在高校图书馆采访业务变革的前列。图书"荐选购借"智慧平台在图书馆界和社会上引起巨大反响，《山西日报》《太原日报》等媒体先后对此平台进行报道。

（2）创新"互联网＋"服务手段。以读者为中心，研发图书馆报告厅申请（预约）系统；研发研讨室申请（预约）系统；研发座位管理系统，网络服务呈现新亮点，图书馆空间场所价值和服务价值达到最大化。

（3）创新泛在服务方法。自主开发山大商院微信平台，与思政部合作研发在线考试系统，与教务处联合研发山大商院毕业生论文智能管理系统，构建图书馆社会化网络分享平台，提升了在开发智力资源服务中的贡献力。

（四）文化建设昂扬向上，成效显著，阅读推广不断走向服务自觉

依托党的十九大提出的一系列文化共享思想，我们倾力打造一年一度的读书盛会，阅读推广走向管理自觉和服务自觉。2016年到2018年世界读书日共开展45项主题系列活动，参与者累计37000人次。从历届"中华经典诗文朗诵会"到"真人图书"鲜悦；从图书真人秀之"悦读大会"到"学海探骊"之读书沙龙活动；从拓展信息素养教育到新生入馆教育……展现出一幅幅鲜活的画面，弘扬了中华优秀文化，提高了读者的人文素养，助推了书香校园建设。值得一提的是，2018年举办的"第二届中华经典诗文朗诵会"，主题新颖，中外读者组合，参

---

[1] 初景利，段美珍. 智慧图书馆与智慧服务[J]. 图书馆建设，2018（4）：86.

赛人数多，覆盖面广，《山西日报》《山西青年报》《太原日报》等多家媒体报道此活动，扩大了社会影响力，在高校图书情报界尚属首例。

（五）职工队伍结构日趋合理，人员素质与服务能力大幅度提升

图书馆现有职工51人，其中正高职称2人，副高职称10人，中级职称19人。通过多途径努力建设学习型、服务型、研究型组织，建立一支高素质的职工队伍，新型服务能力持续提升。

（六）存在的问题

图书馆事业的蓬勃发展，为我馆提供了可资借鉴的经验，新信息环境下的图书馆一天天变了模样。同时，必须清醒看到，我们的服务能力与读者日益增长的需求还有不少差距，智慧图书馆建设面临不少难题。这些问题，必须着力加以解决。下文试图引入习近平新时代中国特色社会主义共享发展思想，阐述图书馆如何追逐时代科学定位，寻求变革，展示新气象新作为。

三、新时代图书馆共享发展设想

图书馆是基于知识集合和知识密集型工作的服务机制，在智慧社会与高质量社会发展背景下，前景十分光明，挑战也十分严峻。为推动"四五"时期图书馆事业科学发展，依据习近平新时代中国特色社会主义共享发展思想及《国家图书馆"十三五"发展规划纲要》有关精神，综合考量过去五年图书馆的创新实践成果及其存在问题、读者需求、图情使命等多元因素，特研究制定本工作设想。

（一）指导思想

未来，图书馆将以习近平总书记新时代中国特色社会主义思想为统领，着力突出以人为本，以满足用户日益增长的文化需求为牵引，以"强特色、夯基础、补短板"为总体工作思路，采取"互联网＋"行动计划，实施创新驱动战略，以创新管理体系和人才建设为保障，以智慧服务、网络服务、信息管理系统开发为支撑，加快图书馆信息化建设和

共享发展,以新发展理念推动图书馆平衡充分发展,满足用户日益增长的多样化、高品位美好文化生活需要。

(二)发展目标

党的十九大报告提出我国经济已由高速增长阶段转向高质量发展阶段。高质量发展是全球趋势,图书馆也不例外。面对新技术对图书馆带来的压倒性挑战,亟待乘势转型变革,加快向大数据时代智慧图书馆转型,着力营造"连接资源,无处不在"的文化共享空间,实现资源开放共享终极愿景。

到 2020 年,图书馆文献资源共享保障能力明显增强,文化建设取得新突破,读者服务迈上新台阶,拓展美化第三交流空间,打造智慧图书馆新领域,新型管理体制活力四射,人才队伍建设有效加强,读者对图书馆服务的满意度持续提升,图书馆事业迈向新境界!

(三)重点任务

围绕上述指导思想与发展目标,本着以读者为中心的发展思想,具体提出重点任务,涵盖资源、服务、技术、管理和保障等各方面。

1. 加强资源建设和知识组织,提高文献资源保障能力

(1)加强馆藏资源建设,形成特色馆藏资源体系。以新时代政策指导文献资源建设,修订完善《山西大学商务学院文献信息资源发展政策》,通过政策指导与需求驱动优化文献信息资源建设。强化智慧图书馆的资源建设,坚持以用户为中心,实现资源建设从粗放型到精细化的高质量型转变,从重数量向重质量转变。

(2)优化资源配置流程,提高资源利用效率。创新精准采访模式,自主开发图书"荐选购借"一体化智慧服务平台,实现采访业务流程变革,提高文献资源建设的质量;坚持以读者为中心,完善图书馆与教学单位之间文献信息双向沟通机制,为其提供个性化与智慧化精准服务。

(3)科学规划、合理布局,按需优化资源结构比例,坚持纸质文献和数字资源协同发展原则。"四五"期间,要围绕我院的办学定位、专业发展目标构建具有我院专业特色的文献保障体系。藏书由 2015 年的109万册增加到139万册；优化资源结构，使纸质文献和数字资源的年经费支出比例达到5∶5，数字资源由现在的42T增加到65T。此外，依托中国高等教育文献保障系统（CALIS）项目及中国记忆项目资源建设构想，深度开发网络信息资源。一要按需自建我院特色数据库，使其形成我院的特色资源；二要创造条件与数据供应商合作开发原生数字资源知识库，填补文献收藏的"空白"，以利于教学和科研人员共享。

2. 构建文化服务体系，营造知识交流文化空间

党的十九大报告强调要"激发全社会创造力和发展活力，努力实现更高质量、更有效率、更加公平、更加可持续的发展"[①]。在新一代信息技术的支撑和保障下，要加快数字文化建设，激活读者与馆员的创造力，增强读者体验与获得感。

（1）引入新发展理念，打破单域服务的围墙，将图书馆物理服务空间、读者的研习工作空间和网络数字空间等融为一体，将馆员与广大服务对象融为一体，构建"实体+网络+智慧"融合服务体系，形成多方参与、百花齐放的文化服务格局。

（2）以习近平中国特色社会主义文化思想指导和推动文化建设，以公益文化体系、现场与在线融合文化活动体系，满足读者多层次、多元化、个性化阅读文化需求。要利用文化阵地举办读者喜闻乐见、乐于参与的"世界读书日"公益文化活动。计划跨界联合建立"图学研+"文化传承体系，设计日常化、常规化阅读计划，使更多的人成为渴望阅读的人，培养现有读者和潜在读者的阅读力，突出现代图书馆的文化教育职能。

（3）拓展信息素养教育路径，培育并普及大数据时代读者获取信息能力。图书馆要利用新媒体拓展教育渠道，通过开设信息素养选修课、信息检索技能比赛、信息素养夏令营活动，培育读者知识体系和社会技能。

---

① 习近平．决胜全面建成小康社会夺取新时代中国特色社会主义伟大胜利——在中国共产党第十九次全国代表大会上的报告［R］．人民日报，2017-10-18（1）．

3. 夯基础重拓展，打造新型读者服务形态

如前文所述，党的十九大报告强调高质量发展，呼唤图书馆顺应高质量发展潮流去设计未来。在"四五"期间，图书馆要以先进理念指导读者服务工作，秉承"用户在哪里，服务就在哪里"的理念，构建馆内服务和网络服务相结合的信息服务体系，将线上线下构成一个有机体，将线下面对面服务与互联网整合，形成物理空间服务与虚拟空间融合式智慧服务机制，以此构建智慧服务，提升服务质量与服务贡献力。

4. 推进"智慧图书馆"建设，打造泛在化、便捷化、智慧化服务

社会进入新时代，各行各业正朝着万物互联的智能化方向快速变革与发展，从 library1.0 到 library4.0，图书馆每一次的转型和变革都是源于技术，且将持续依赖于技术的发展。图书馆作为信息密集型行业，也必须融入智能化潮流之中，加快图书馆事业与信息技术深度融合，全力推进"智慧图书馆"建设，善于利用互联网技术和现代信息化手段开展工作，为读者提供到身边、到指尖的泛在化、智能化、便捷化服务。下一步构想：

（1）跟踪学院信息化变革步伐，致力于校园一卡通与图书馆的创新管理，使其成为现代化管理与服务的标志。

（2）借力十九大提出的建设"智慧社会"新思想[①]，提升新型服务能力，利用互联网、大数据、人工智能等新技术，把图书"荐选购借"一体化平台功能进一步拓展，使其与电商平台有机衔接，实现服务手段智能化。

（3）致力于微信服务整合研究，让用户在任何场所、任何时间都能够对本馆新服务触手可及，使智慧服务场所泛在化。通过不断应用新技术、引进新设备等，使图书馆的移动服务再迈上一个新台阶。

（4）研发移动智慧图书馆服务平台，采用"用时即来、用完即走"的设计理念，通过研发我院图书馆微信小程序，建立微信生态系统内友

---

① 习近平. 决胜全面建成小康社会夺取新时代中国特色社会主义伟大胜利——在中国共产党第十九次全国代表大会上的报告[N]. 人民日报，2017-10-18（1）.

好、高效、用户利用便捷、功能完美的一站式移动智慧图书馆服务平台，满足读者多样化需求以及获得体验感。

（5）完善和强化图书馆社会化网络分享平台建设，开辟网上学习空间，增强互动性和内容的趣味性，吸引读者参与知识分享。

（6）推进以技术为主导的智慧图书馆建设，选择适宜山大商院智慧图书馆建设的新技术进行深入分析和应用，如可视化技术，虚拟现实技术等，通过把人的智慧与技术、空间、资源等融合，创建更多惠及知识受众的个性化、智能化服务。

（7）走开放、合作、共享发展之路，图书馆行业和联盟内部要形成共识，充分利用"互联网""物联网"和"区块链"等技术，实现"馆馆""馆企""馆商""馆学""馆研""馆政"之间的互联互通及共建共享，构建开放协同的大生态服务环境，推进共享发展。

（四）加强组织建设及协调高效的管理保障体系

1. 构筑新一轮管理体系

新时代图书馆的资源组织方式、业务流程、服务方式发生了很大的变化，因此要建设现代图情管理体系，即建成一个集成、协作、高效的服务组织，提升科学管理水平，激发员工创造力；加大党建工作力度，推进新时代党风廉政建设；强化消防安全工作，确保工作安全有序进行。

2. 新型人才队伍建设

党的十九大报告指出："坚持以人民为中心。"[①] 图书馆事业的发展要靠新型馆员和读者共同来创造。未来，我们一方面要精准制定培训计划，建设一支知识型、技能型、创新型劳动者，预计到2020年，图书馆副高以上职称达到20人，中级职称达到30人，另增3名软件专业研究生开发共享平台；另一方面，全力打造智慧工匠精神，营造劳动光荣的新风尚和精益求精的敬业风气。

---

① 习近平. 决胜全面建成小康社会夺取新时代中国特色社会主义伟大胜利——在中国共产党第十九次全国代表大会上的报告 [M]. 北京：人民出版社，2017：21-22.

回眸来时路，纵有风雪亦无悔，翘首新蓝图，且挂云帆更有为。我们将深入贯彻习近平新时代中国特色社会主义共享发展思想，勇于创新，开拓进取，鲜克有终，利用"互联网+"让智慧文化元素与知识流转更加鲜活，在共享发展之征程上砥砺前行！

▶理想信念教育与新时代青年担当

郭德明

党的十八大以来,习近平总书记多次就青年大学生理想信念教育做出重要论述,提出明确要求。习近平总书记的系列重要讲话深刻阐述了大学生理想信念教育的重大意义、丰富内涵和实践要求,深刻指出当代青年践行社会主义核心价值观的时代责任和努力方向,是指引青年大学生健康成长、建功立业的科学行动指南,是激励青年为实现中华民族伟大复兴中国梦而奉献青春的强大思想武器。

一、坚定理想信念,强化使命担当

习近平总书记在北京大学师生座谈会上指出,当代青年是同新时代共同前进的一代,广大青年既拥有广阔发展空间,也承载着伟大时代使命,广大青年要励志,立鸿鹄志,做奋斗者,要培养奋斗精神,做到理想坚定,信念执着,不怕困难,勇于开拓,顽强拼搏,永不气馁,为实现中华民族伟大复兴的中国梦而奋斗,在奋斗中释放青春激情,追逐青春梦想,以青春之我、奋斗之我,为民族复兴铺路架桥,为祖国建设添砖加瓦。

青年是民族的未来,在滚滚向前的时代浪潮中,青年始终被寄予厚望,"十九大报告提出了'新时代'这一中国发展新的历史方位,青年在实现中华民族伟大复兴中国梦的角色也日益清晰。"习近平总书记鲜明指出"为实现中华民族伟大复兴的中国梦而奋斗,是中国青年运动的时代主题"[①]，而青年运动的根本任务就是要在波澜壮阔的实践中正确引导青年、刻苦历练青年、有力塑造青年，把青年培养锻造成为有理想有本领有担当、能够肩负起党和人民赋予重任的一代新人。

我们党历来高度重视赢得青年，在习近平总书记的数次讲话中，多次勉励各领域青年，而其中强调的重点就是青年坚定理想信念的问题。理想信念是人类社会特有的精神活动和精神现象，是人类不可或缺的精神支柱和精神动力。"理想指引人生方向，信念决定事业成败"理想离不开信念，以信念为支撑；信念依靠理想，以理想来引领。理想是"精神之钙"，这是习近平总书记反复强调的重要观点，总书记在谈到青年成长道路问题时，每次必讲理想，而且是第一位的要求，总书记指出广大青年一定要坚定理想信念，"功崇惟志，业广惟勤"。没有理想信念，就会导致精神上缺钙，就会得"软骨病"。而实现中华民族伟大复兴的中国梦就是全国各族人民的远大理想，也是青年一代应该牢固树立的远大理想，中国特色社会主义是党带领人民历经千辛万苦找到的实现中国梦的正确道路，是广大青年应该牢固确立的人生信念。这就要求广大青年要把理想信念建立在对科学理论的理性认同上，建立在对历史规律的正确认识上，建立在对基本国情的准确把握上。对于当代青年来讲，既要坚定共产主义远大理想，又要坚定中国特色社会主义共同理想，青年所拥有的坚定理想信念，要与国家的理想信念保持一致，这是广大青年矢志不移的人生航向。

只有具备坚定的理想信念，才可能有坚持不懈、勇往直前、百折不挠的意志、勇气和行为。只有心中有信仰，才能前进有方向、脚下有力量、坚持有定力。当代青年要继承中国青年运动的光荣传统，坚定理想信念、站稳人民立场、积极投身实践，发扬革命精神，争做新时代青年马克思主义者。要从历史回望中坚定信仰，从理论学习中筑牢信仰，在实际运用中体现信仰。所以广大青年要始终坚守对中国特色社会主义的

---

① 在同各界优秀青年代表座谈时的讲话［M］//十八大以来重要文献选编：上.北京：中央文献出版社，2014：281.

"四个自信",始终坚定共产主义的远大理想。这是历史的逻辑,也是当代中国青年对历史和民族、对自己和后辈应当肩负的历史担当。

党的十九大报告指出:青年兴则国家兴,青年强则国家强。青年一代有理想、有本领、有担当,国家就有前途,民族就有希望,中国梦是历史的、现实的,也是未来的;是我们这一代的,更是青年一代的。中华民族伟大复兴的中国梦终将在一代代青年的接力奋斗中变为现实。全党要关心和爱护青年,为他们实现人生出彩搭建舞台。广大青年要坚定理想信念,志存高远,脚踏实地,勇做时代的弄潮儿,在实现中国梦的生动实践中放飞青春梦想,在为人民利益的不懈奋斗中书写人生华章![1] 这些重要论述,为当代中国青年指明了人生追求和奋斗的总目标。进一步深刻阐明了有了坚定的理想信念,就有了"政治灵魂"和"精神之钙",理想信念铸魂就是要铸牢青年学生的信念信仰之魂,不断坚定青年学生学习进步、人生发展的"政治灵魂",补足"精神之钙"。在迈向伟大复兴的征程中,青年是历史的重要一环,青年胸怀理想信念是实现中华民族伟大复兴的重要保障。

作为新时代青年要坚定理想信念,用一生践行跟党走的理想追求,自觉树立和践行社会主义核心价值观,做有理想、有追求、有品质、有担当、有作为、有修养的大学生。

要以高度的政治清醒、自觉和坚定,团结带领广大青年牢固坚定跟党走的初心,牢固树立"四个意识",坚定"四个自信",在实现中国梦的伟大征程中奋发进取、砥砺前行。

青年最富有朝气、最富有梦想。只有当广大青年把自己的梦想融入国家和民族的梦想,把自己的奋斗融入党领导人民进行的伟大奋斗,青春才能实现最大价值。习近平总书记寄语广大青年:"现在青春是用来奋斗的,将来青春是用来回忆的",殷切勉励广大青年在奋斗中释放青春激情,追逐青春梦想,以青春之我、奋斗之我,为民族复兴铺路架

---

[1] 习近平. 决胜全面建成小康社会夺取新时代中国特色社会主义伟大胜利——在中国共产党第十九次全国代表大会上的报告[M]. 北京:人民出版社,2017.

桥，为祖国建设添砖加瓦。这些重要论述，为当代中国青年指明了人生追求和奋斗的总目标。

每年五四期间，习近平总书记都会到青年群体中与青年亲切座谈，就青年成长和青年工作发表重要讲话，还多次回信勉励各领域青年。习近平总书记的亲切关怀、殷殷期待和谆谆教导，给了广大青年无比温暖、无比振奋、无穷动力，也为新时代培养锻造青年指明了正确方向。我们要按照习近平总书记对青年的一系列重要要求，围绕党的十九大报告提出的"培养担当民族复兴大任的时代新人"这个神圣使命和重大课题，大力强化对青年的思想政治引领、社会实践锻炼、道德品格养成，全力夯实巩固党执政的青年群众基础，源源不断地为建设社会主义现代化强国培养输送鲜活力量。引导广大青年牢固树立"四个意识"，不断增强"四个自信"，坚定不移听党话、跟党走。帮助青年用新时代的标尺审视自己，努力练就敏锐眼光、宽广格局、合格能力、高尚品质、坚毅意志。要引导广大青年践行"勤学、修德、明辨、笃实"的要求，大力倡导弘扬社会文明新风，积极践行社会主义核心价值观，努力开社会风气之先。将激昂青春梦紧紧融入实现中国梦的伟大实践。

二、思想引领担当，行动展现作为

共青团作为党的助手和后备军。聚焦主责主业，坚持把帮助青年确立正确的理想、坚定的信念作为首要任务。党旗所指团旗所向，中国共产主义青年团在新时代的基本任务中指出：共青团要切实保持和增强政治性、先进性、群众性，"把培养社会主义建设者和接班人作为根本任务，把巩固和扩大党执政的青年群众基础作为政治责任，把围绕中心，服务大局作为工作主线。"① 山西大学商务学院团委始终把帮助青年确立正确的理想、坚定的信念作为首要任务。激发广大青年的历史责任感

---

① 中国共产主义青年团章程［EB/OL］．（2018-07-02）［2018-09-15］．http：//www.gqt.org.cn/ccylmaterial/regulation/200612/t20061224_12147.htm.

和奋斗精神，组织动员广大青年走在时代前列。把全面贯彻落实党的十九大精神和习近平新时代中国特色社会主义思想作为首要政治任务和核心工作业务，把思想政治工作贯穿所开展的全部工作。

近年来，院团委坚持把"理想信念"教育作为凝神聚力、强基固本的基础工程来抓，着力在知行合一、创新载体上下功夫，坚持党管青年，始终坚持党的领导，坚决维护以习近平同志为核心的党中央权威和集中统一领导。全面学习宣传贯彻"党的十九大精神"和"习近平新时代中国特色社会主义思想"，聚焦主责主业，以引领青年思想为核心，用党的科学理论教育青年，引导青年听党话、跟党走；不断巩固和扩大党执政的青年群众基础，使之始终成为党的忠实助手和忠诚后备军。通过全面深入开展"学习总书记讲话做合格共青团员"教育实践活动，深刻理解"加强和改进新形势下党的群团工作，最重要的是要保持和增强政治性、先进性、群众性"，更加自觉地把强"三性"、去"四化"作为共青团改革的主攻方向。深刻理解总书记对团干部提出的"必须坚定理想信念、必须心系广大青年、必须提高工作能力、必须锤炼优良作风"，对广大团员提出的"共青团应该是先进青年的组织，团员应该有先进性，有光荣感"，强化我院广大青年团员的身份意识，增强青年团员的先进性，引导广大青年凝聚在党的旗帜下。全面开展"不忘初心跟党走青春建功新时代"学习宣传贯彻党的十九大精神活动等系列主题教育活动，用十八大以来党中央治国理政的科学理论、伟大实践、辉煌成就、成功经验教育团员青年，使广大团员青年通过对国家发展变化的切身体会和实实在在的获得感，进一步坚定中国特色社会主义的道路自信、理论自信、制度自信、文化自信，不断增强对党的信心、信任和信赖，不断增强对以习近平同志为核心的党中央的拥护爱戴，不断增强"听党话、跟党走"的思想和行动自觉。

在全面抓好主题教育活动的同时，深入推进"五个融入"，增强"理想信念"教育。我们坚持运用多种方式和手段，深入推进"五个融入"，使"理想信念"教育入脑入心，帮助广大青年团员坚定理想信念。

融入"青马培训"，把"理想信念"教育纳入"青马培训"班培训范畴，向青年骨干有效传播党的主张，大力提升团员先进性，努力培养一批又一批新时代青年马克思主义者，源源不断为党输送新鲜血液和政治骨干。

融入"社团活动"，坚持从基层抓起、从活动抓起，把"理想信念"教育渗透进社团活动各个环节，植入校园环境和学生课外活动，贯穿于社团管理建设全过程，实现了社团成员广覆盖，使理想信念教育入脑、入心、入行。

融入"社会实践"，深入乡村、社区、街道、厂矿、军营，尤其是革命老区、贫困地区开展社会实践活动，通过互动式、有特色、接地气实地考察、调研、走访，感受十八大以来的全方位、开创性的成就，和深层次、根本性的变革，坚定"理想信念"。

融入"团日活动"，牢牢抓住团日活动这个团员教育的主渠道和主阵地，定期安排开展"理想信念"主题团日活动，通过学习、交流、讨论、演讲、征文等载体恰当、形式多样、内容丰富的特色活动，把"理想信念"教育贯穿于团员教育的过程中，使之内化于心，外化于行。

融入"橱窗宣传"，充分利用宣传版面在校园内固定性、长效性的特点，安排各团总支进行主题宣传，使广大团员青年时刻处在"理想信念"教育的浓郁氛围中。

在全面加强思想引领的基础上，引导我院青年从历史回望中坚定信仰、从理论学习中筑牢信仰、在实际运用中体现信仰，不断坚定共产主义远大理想和社会主义共同理想，将青春梦与中国梦有机结合起来，促进每一个青年学生都按照党的要求成长成才，为实现中国梦增添强大力量。

三、勇担历史重任，争做时代新人

当代青年生逢强国时代，肩负强国使命。今天的青年一代，到2020年风华正茂，到2035年正值壮年，到21世纪中叶仍年富力强，将与祖国这一伟大的历史进程同生共长，命脉相连，这是当代青年千载难逢的历史荣光，更是当代青年责无旁贷的历史使命。担当历史使命，首先靠的是理想信念坚定，广大青年要用习近平新时代中国特色社会主义思想构筑强大精神支柱，听党话，跟党走。要锤炼本领，深化担当，树立远大目标，自觉把个人的前途命运同国家民族的命运紧紧联系在一起，立鸿鹄志，做奋斗者。

（一）坚定理想信念，确保正确政治方向

理想信念是"精神食粮"，是行为"总开关"，是一个人世界观、人生观、价值观的集中体现。理想是指引人生的灯塔，信念是驱动前进的动力。如果没有坚定的理想信念就会导致精神上"缺钙"。而坚定理想信念，首先要教育大学生牢固树立跟党走中国特色社会主义道路的人生信念，牢固树立实现中国梦的远大理想。当代青年生逢其时，中国综合国力不断增强，国际地位显著上升，中国特色社会主义理论更加成熟，制度优越性更加凸显，中国特色社会主义道路的成功实践为世界其他民族探索符合自己国情的发展道路树立了榜样。这是青年大有可为的伟大时代，要引导大学生明白"只有把人生理想融入国家和民族的事业中，才能最终成就一番事业"的道理，要让当代青年勇敢担当起实现中国梦的历史责任，把个人进步和国家发展结合起来，让青春事业与党和人民的事业高度契合，"把自己的梦和祖国的伟大事业联系在一起，将奋斗的平台放在祖国伟大事业上，才能成就理想"。通过不断在学生群体中开展"我的中国梦""四进四信"等主题教育活动，引导广大同学自觉把个人的理想追求融入国家和民族的事业中，以实际行动为实现中华民族伟大复兴的"中国梦"努力奋斗，团结引领广大学生牢固树立"四个意识"，坚定"四个自信"，紧紧围绕为实现中华民族伟大复兴中国梦而奋斗的当代中国青年运动时代主题，深入贯彻中国特色社会主义群团发展道路，坚持全心全意为同学服务，将广大同学紧密地团结在党的周围，自觉做共产主义远大理想和中国特色社会主义共同理想的坚定信仰者、忠实实践者，创造无愧于时代的人生。

（二）激发学生活力，坚持学生主体地位

充分激发学生创新创造活力，在树立"建功必须有我"的远大志向中，沉下身、静下心，勤学苦练，学以致用，练就过硬本领；充分发挥各院系学生组织开展工作的积极性、创造性,在学习与实践中不断汲取智慧与力量,进一步增强学生组织政治性、先进性、群众性建设。始终坚持以学生为本,坚持为了同学、代表同学、服务同学、依靠同学;坚持立德树人,充分发挥桥梁纽带作用,把夯实党执政的青年学生群众基础作为政治职责,立足帮助同学们了解国情、认识社会、坚定信念,充分发挥以文化人、以文育人的重要作用,激励广大青年在国家和民族伟大梦想的照耀下敢于有梦、勇于追梦、勤于圆梦,切实承担起引导青年学生听党话、跟党走的政治任务。在大学生中培养一大批政治骨干,造就一支理想信念坚定、学识学养深厚、思想品格高尚、勇于开拓创新、永远跟党走的青年马克思主义者队伍。引领服务广大同学努力成长为德才兼备、全面发展的中国特色社会主义合格建设者和可靠接班人,团结动员青年学生拥抱新时代、建功新时代、奉献新时代。

(三)引导主动担当,服务同学成才报国

一代人有一代人的长征路,一代人有一代人的使命担当。不同时代造就不同个性的青年群体,但不变的是青年团体的责任和担当。有理想、有本领、有担当这是新时代青年应该持有的基本成才目标,青年有担当,国家发展就有力量,民族未来就有希望。有幸生长成长在新时代的青年,是未来中国发展的建设者和生力军,因而没有理由置身事外,必须"出场""在场",自觉担负起中华民族伟大复兴的历史使命,主动把国家的未来、民族的希望扛在肩上。在引领广大同学勇担重任的同时,我院团学组织将把重点进一步落实在深化联系服务的内涵上,把着力点放在促进同学成长成才、全面发展上。密切关注同学的思想、学习和生活的现实需要,主动为他们的知识教育、素质养成、心理健康等提供帮助,特别要紧密结合党和国家的中心任务推动广大同学参与社会实践、志愿服务、科技创新,激发自信自强、创新创造精神,造就未来能担重任的栋梁之材。创新服务的方式和载体,密切结合同学们的思想观念、行为特点和接受习惯,广泛开展主题鲜明、健康有益、丰富多彩的课外活动。注重发挥榜样群体的示范引领作用,营造积极健康、向上向善的校园文化氛围,注重联系服务和教育引导的有机结合,关注同学的需求，引导同学们敢于担当、勇于担当、善于担当，主动把个人理想追求融入党和国家事业发展之中。

习近平总书记说："现在，青春是用来奋斗的；将来，青春是用来回忆的。"奋斗是青春的不朽命题。广大青年要自觉肩负起民族复兴的光荣使命，坚定理想信念，以"勤学、修德、明辨、笃实"的实际行动，勇做走在时代前列的奋进者、开拓者、奉献者，为实现中华民族伟大复兴的中国梦贡献青春、智慧和力量！

▶生态文明思想与绿色校园建设构想

黄永康　梁四宝　杜天柱　王亚梅

习近平总书记生态文明建设的战略思想为新形势下推进生态文明建设指明了方向。推进生态文明，建设美丽中国是全社会全员共同参与、共同努力、共同建设的伟大事业，是当前和今后较长时期内的一项政治性任务。高校作为传道授业、培育人才的基地，在生态文明建设中承担着义不容辞的责任与使命。"推进生态文明建设、传播生态环保理念、践行新时期生态观与环境观"是高校顺应时代潮流、响应国家号召的重要体现，也是高校自身发展改革的重要途径与客观需求。山西大学商务学院充分认识到生态文明建设的重要性、必要性、紧迫性，深入学习贯彻习总书记生态文明建设思想，坚持将生态文明建设作为一项重要工作摆到议事日程上来，列入学院中长期发展规划中去，进行深入理解、贯彻、探讨、布局，积极推进生态文明建设，谋划"生态商院""诗画商院"。

一、生态文明思想的提出与内涵

习近平总书记立足中国国情和发展新形势，顺应时代潮流和人民期盼，秉承天人合一、顺应自然的中华传统文化理念，就生态文明建设提出了一系列新论断、新思想、新要求、新目标，形成了较为系统全面的生态文明思想。这一思想深邃精辟、高屋建瓴、内涵丰富、博大精深，围绕生态文明"为什么建、建什么样、怎么建"等重大理论和实践问题进行了解疑释难，为生态文明建设事业发展提供了根本遵循、思想武器和行动指南，开辟了中国特色社会主义思想的新境界。

习近平总书记关于"生态文明建设是关系中华民族永续发展的根本大计"论断，彰显了生态文明建设的重要性、必要性，宣示了生态文明建设的历史地位、战略地位。生态文明建设是"五位一体"总体布局和"四个全面"战略布局的重要内容，也是实现中华民族伟大复兴中国梦的重要内容。生态文明建设功在当代，利在千秋，推进生态文明建设关乎经济的可持续发展、关乎人民福祉、关乎民族未来。

"本立而道生"，深入学习贯彻习近平生态文明思想，关键在于准确把握理解其实质内涵。内涵主要体现在"八个观"①："生态兴则文明兴，生态衰则文明衰"的历史观、"人与自然和谐共生"的科学自然观、"绿水青山就是金山银山"的绿色发展观、"良好生态环境是最普惠的民生福祉"的基本民生观、"山水林田湖草是生命共同体"的整体系统观、"实行最严格生态环境保护制度"的严密法治观、"共同建设美丽中国"的全民行动观、"共谋全球生态文明建设之路"的共赢全球观。这八个观既是价值观，也是方法论，对推进生态文明建设具有十分重要的指导意义。

二、生态文明思想指导下绿色校园建设的初步实践

以习近平生态文明思想为指导，建设美丽中国，走向生态文明新时代是我们当前及今后义不容辞的重要使命。高校是培育人才的摇篮，是传承文明的基地，是先进文化、思想的孵化器，更应首先在生态文明建设中发挥其特有的辐射功能和示范作用，积极做生态文明建设的倡导者、引领者、推动者、践行者，以习近平生态文明思想为指导，将生态文明理念渗透到学科教育、人才培养中去，积极打造绿色生态美丽校园，为生态文明建设做出示范。

---

① "八个观"来源于李干杰在2018年全国生态环境宣传工作会议上的讲话。

(一) 绿色校园建设的实践及成效

绿色校园[①]有两部分含义：一是环境绿色；二是生活绿色。学院根据建设的总体规划，将环境建设与育人理念相结合，因时、因地、因需制宜，着力打造干净整洁、优美舒适、节约环保、文明和谐的诗画商院。

1. 校园净、美、绿化工作建设现状

第一，校园卫生现状。学院卫生区主要有教学楼及办公楼等16幢楼宇、公寓楼22幢，面积为171103.1平方米。学院坚持高标准、严要求，注重管理的规范化、标准化、制度化建设，不断健全体制、完善制度、明确分工、细化职责，启动了校园雅柏芬环卫服务品牌，严把清洁流程关、质量关、落实关，坚持将环卫工作抓实、抓细、抓到位，着力打造环卫服务精品，确保了校园卫生无死角、无漏洞、无盲区，实现了环卫工作常态化、优质化、长效化，得到师生及外来宾客的一致认可。根据学院师生满意度调查，校园卫生的年满意度在85%以上。

第二，校园绿美化建设现状。学院充分挖掘校园中可绿化资源，坚持做到"应绿尽绿、见缝插绿、立体增绿"，深挖景观建设内涵，力争增加看点、打造亮点、突出特点，着力打造"三季有花、四季常绿"的生态园林式校园。

目前，学院校园绿化覆盖面积为34.15万平方米，人均绿地面积18.27平方米，绿地率为44.9%，绿化覆盖率为51.2%，共有90个植物品种，其中乔木4881株，花灌木31898株，绿篱33651平方米，绿地29.93万平方米，每年养植盆花3.5万盆，主题景观7个（月季园1575平方米、丁香园940平方米、郁金香园2220平方米、识禾园1000平方米、落叶街500平方米、荷花池10636平方米、油葵园2800平方米），自然景观湖1个（芦花湖16.67公顷），候鸟飞禽20多种。纵观校园，一静一动皆相宜，一草一木总关情。静有花常在：二月迎春花率

---

① 绿色校园含义来源于《山西省教育厅关于扎实推进绿色校园建设的通知》（晋教后勤〔2018〕11号）文件。

先冷艳出场,三月郁金香占尽风情,四月海棠光彩照人,五月月季翩跹起舞,六月紫薇隽秀婀娜,七月荷花惊艳绽放,八月油葵傲然挺立,九月菊花姗姗而至,十月落叶锦绣如画;动有鸟翱翔:天鹅、海鸥、野鸭、白鹳鸽、黑翅长脚鹬、泽鹬、戴胜、翠鸟、金翅雀等20多种飞禽相继来栖……。校园良好的生态环境令游人行客流连忘返、口口相传。学院分别于2003年荣获了"太原市园林化标兵单位",2009年荣获"全省造林绿化先进单位",2010~2012年连续三年荣获了太原市园林局组织的"菊花杯"鲜花扮靓龙城活动的花卉摆放优秀奖,2014年荣获了"山西省园林单位"并连续多年通过验收,保留了荣誉称号。

第三,绿色生活建设现状。为大力落实节约资源的基本国策,学院积极提倡节能减排降碳理念,着力打造节约型绿色校园,在节水、节电、节能、节粮工作上不断发力、出招。节水工作上建立中水站,实现了生活污水的收集再利用,通过安装按压式等节水水龙头和控水开关,避免长流水;节电工作上完成双电源建设,大大降低了柴油发电机的使用率,减少了尾气污染,且在校园各公共场所基本实现了声光控开关,部分教室实现了红外线感应控制,部分公寓楼(留学生公寓和家属楼)采用卡式购电用电方式,有效避免了长明灯现象;节能工作上供暖实行"集中供热"管理,节省了能源,减少了环境污染,供汽实现了蒸汽锅炉的煤改气,大大降低了能耗、排放和空气污染;节粮工作中严控餐饮操作流程关、质量关,着力堵塞每一个浪费漏洞,通过校园网、展板、微信公众号、主题活动等多媒介、多形式、多渠道的宣传,加强对学生"珍惜盘中餐"的引导与教育,大力营造了"节约光荣,浪费可耻"的生活氛围。

通过近年来的努力,校园环境已成为学院一张亮丽的名片。与周边交通学院、大学城10所高校相比,学院校园环境建设具有明显的优势,是学院吸引生源、环境育人的"助推器"。

2. 校园环境治理情况

第一,校园生活垃圾分类管理现状。学院现有在校师生员工18000多人,学院生活垃圾主要分布在16幢教学楼与办公楼、22幢公寓、3

个食堂、2座经营大楼（诚得大厦、沐浴楼），生活垃圾多而杂。在生活垃圾分类管理中，学院按照可回收、不可回收、有毒有害垃圾进行区别放置、分类管理，分别通过在各校园主干道、芦花湖公园设置"双桶式"垃圾桶，教学楼内设置废旧电池回收箱，公寓设置衣物回收点，餐厨垃圾实行专桶专用、专人收集管理等方式对垃圾进行分类放置管理。可回收垃圾由垃圾工或校内物资回收代收点进行妥善处理；有毒有害垃圾由使用责任部门按照垃圾属性，做好返回厂家、填埋等相应的处理；不可回收垃圾统一运往校园垃圾场，由垃圾外包方外运到指定的西温庄乡垃圾转送站，由转送站对垃圾进行规范处理，垃圾每日外运量约为3车36立方米，垃圾外运外包费为21万元/年；餐厨垃圾通过协议管理，由附近养殖户进行收集管理，平均每日餐厨垃圾的处理量为1225公斤。

第二，学院水环境管理情况。学院因使用面积大、范围广、人数多等特性，无疑是用水"大户"，随之而来污水排放是不容小觑的"大事"。学院按国务院颁布实施的《水污染防治行动计划》即"水十条"要求，切实加强了水环境管理。

学院占地面积1000亩（0.667平方公里），现有在校师生数量1.8万多人，人口密度达26986.5人/平方公里[①]，学院日平均用水量为2300吨，日处理量为1100吨，日灌溉用水量约为80吨。学院污水主要来源于各教学楼、办公楼、公寓的生活污水及食堂的餐饮废水等，根据污水进水水质和污水处理的排放标准要求，校园污水处理方法要求能除碳、脱氮、除磷和去除污水中悬浮污染物。

鉴于上述情况，为统筹解决污水排放以及用水需求，学院投资186万元于2008年10月建成、投入了中水回用处理站，该处理站采用的A2/0处理工艺，即厌氧好氧生物处理工艺，它具有抗冲击负荷能力强、运行稳定可靠、除磷脱氮效果好等特点，而且成本低，占地面积小。该

---

① 人口密度按照通用的计算方法：人口密度（人/平方公里）=人口数（人）/面积（平方公里）。

处理站出水达到《城市污水再生利用景观环境用水水质》（GB/T18921—2002）标准，实际处理能力为1100立方米/天左右。每年按照300天运行时间计算，年处理水为33万吨，中水回用每年经济效益为33万吨×3.75元/吨（水的现行价格）=123.75万元。

中水回用处理站的投入使用有效处理了学院生活污水，形成16.67公顷的芦花湖公园景观用水。芦花湖前身为一条"臭水沟"，中水经处理后排入芦花湖与莲花池，呈现出了良好的生态景观，芦花湖实现了"清水绿岸、鱼翔浅底"的景象，莲花池营造了"接天莲叶无穷碧，映日荷花别样红"的景观。同时因湖内鱼类繁衍，吸引了野鸭、鹧鹕等水禽来此栖息，形成了良好的生态循环。此外，芦花湖内的水排出后直接用来灌溉寺庄等周边村庄的农田，产生了可观的社会效益。

（二）校园环境建设存在的不足

对照习总书记生态文明建设的指导思想，山西大学商务学院在校园建设方面还是存在着一定不足。

1. 资源开发运用尚有提升空间

第一，水资源开发利用尚有不足。首先，利用中水节水不够全面。

在解决水资源短缺的方法中节水无疑是最可行、最经济的，中水利用作为再生利用的主要形式，是节水的一种重要手段。污水经过中水处理系统进行沉淀、去污、杀毒等处理后变成再生水，可以再利用。学院虽配备节水设备——中水回用处理站，但在效用发挥上未达到最大化，仍存在许多不足之处。目前冲洗厕所、墩擦地板、洗车、浇灌等都直接使用自来水，无形中造成了浪费。其次，雨水资源化利用不够完善。目前我国对于城市雨水的资源化利用率较低，没有得到大范围的推广。我院对于雨水的收集利用属于"空白页"，雨水放任自流，一方面造成水资源的浪费，另一方面暴雨天气常造成校园路面积水，给师生出行带来诸多不便，雨水资源未得到合理的开发、利用。

第二，农肥①资源未得到合理运用。我院教学楼、办公楼卫生间有192个，公寓卫生间251个。每年卫生间大量粪便以及厨余垃圾等经化粪池处理后直接排放，未形成有机废弃物的再生能源与生态循环利用。因自身资源未得到合理地开发利用，未能自供自给，只能依靠外供来满足公园花卉施肥所需。每年购买农家肥用作花卉基肥的费用约为6000元。这种舍近求远、舍本求末的做法造成了一定浪费。

2. 环境治理力度尚需加强

第一，生活垃圾分类管理存在不足。一是生活垃圾分类不够细致。楼宇内除设置卫生垃圾箱、废旧电池箱进行分类管理外，其他垃圾均混在一起，存在分类不细、不明的现象。二是垃圾收集体系不健全。校园垃圾由校园保洁员、宿舍管理员等将自认为有回收价值的垃圾进行收集，垃圾回收属个人行为，没有学校层面的回收垃圾体系。三是垃圾处理的技术设施落后。校园垃圾由清洁工分别从垃圾桶、垃圾道收集后，通过三轮车运往垃圾场，工作量大任务重且垃圾的混合方式加大了垃圾无害化处理难度。四是垃圾源头治理力度不够。校园生活垃圾杂、乱、脏，管理侧重于清理，但忽略垃圾源头治理，例如"小广告进教室""外卖进宿舍"等现象未得到有效地管理控制，加大了生活垃圾的管理难度。

第二，校园周边环境综合治理存在不足。学院因其特殊的地理位置，周边生活圈杂而乱，周边环境不容乐观。随着周边小区居民、商户的日渐增多，乱摆乱搭、乱泼乱倒、乱踩乱踏、乱停乱放等现象日趋严重，学院在周边环境综合治理方面存在着一定的困难与不足。

3. 校园环境建设存在不足

第一，环境建设规划缺乏整体性、统筹性。因缺乏整体、系统的设计方案，各环节衔接有缝隙，在某种程度上形成了"各吹各的号，各唱各的调"。近年来，因校园建筑施工、管网改造等原因多次造成校园

---

① 农肥是一种有机肥料，它具有养分含量丰富、可疏松土壤等优点，农家肥经处理后可用于作物的栽培。

树木、绿地植被移栽损毁，增加了补栽费用，造成了一定浪费。

第二，盐碱地未得到充分改良利用。学院处于盐碱地①，尤其以芦花湖公园为甚，造成校园树木、植被死亡的一大原因便是盐碱地。在盐碱地进行绿化种植是一个难题，学院对盐碱地的治理存在一定不足。

第三，树木选择与配置需要优化。目前学院多地段由杨树、柳树作为行道树，尤其是芦花湖公园柳树居多。杨柳树是比较优良的绿化树种，具有良好的景观效果与生态功能。然而，春夏时节，杨柳絮漫天飞舞，容易引发"飞絮病"（上呼吸道感染、皮肤过敏等过敏性疾病），让广大师生深受其害、大为反感，而且堆积的飞絮还存在安全隐患。因此，在科学选择和配置树种上有待改进。

第四，校园环境设计缺乏专业性。学院环境建设规划主要由后勤服务总公司等职能部门承担，而相关人员在专业知识、技术等综合素质方面有所欠缺，专业水平受限，环境设计缺乏一定的科学性、专业性。

三、以生态文明思想指导建设绿色校园的规划

对照习近平总书记生态文明思想，针对学院校园环境建设中的不足，学院计划将生态绿色校园的建设列入学院"四五"规划中，进一步加大建设力度，其规划的主要内容包括如下两方面内容。

（一）合理利用环境资源，建设节约型校园

1. 提高水资源的综合利用效率

针对上述水资源开发利用的不足，学院在今后工作中将把中水利用、雨水资源化利用作为研究命题，加强资源的再利用、再循环。

第一，加强中水利用度。对于中水的利用范围，按照建设部《城市中水设施管理暂行办法》的规定，主要用于厕所冲洗、绿地及树木浇灌、道路清洁、车辆冲洗、基建施工、喷水池以及可以接受其水质标

---

① 盐碱地是盐类集聚的一个种类，是指土壤里面所含的盐分影响到作物的正常生长。

准的其他用水。目前，学院中水主要用于芦花湖景观水。在未来五年内，学院计划不断扩大中水回用的范围，确保绿化用水实现中水化，即绿化浇灌养护不再直接使用自来水水源，如此每年可节约原生水18000余吨，按目前水资源费3.75元/吨计算，可节约水资源费67500元/年，从而实现自来水—生活和教学使用—处理—排入湖中—再利用（绿化与"识禾园"浇灌）的生态链循环，扩大生态效益和社会效益。

第二，打造"海绵校园"。通过海绵校园建设，可有效解决校园内雨水资源利用、排水防涝等问题，提升景观环境。结合学院现实情况，在今后建设工作中将逐步改造现有设施，建设相应的雨水收集、蓄纳设施，具体包括：在校园主干道、运动场地、公寓及教学楼周边等地段的硬化工程中使用渗水砖和建造小型蓄水池，收集和蓄滞雨水并加以利用，实现生态校园全覆盖。

2. 加强农肥资源的开发利用

我国大力倡导保护环境和创建节约型社会，推广和使用好农家肥不仅可实现有机肥料的循环利用，而且可更好地保护环境。为此，在未来五年内，学院将计划对校园生活垃圾进行细化分类及无害化处理，并在校园管网改造中考虑将雨水与污水分流，将化粪池和餐厨垃圾沼气化。沼气作为清洁能源，可用作温室花窖冬季供暖燃料，不再使用煤炭散烧；沼液及沼渣制作成农家肥作为识禾园和花木植被的基肥，实现生活物资的全循环和高效利用。

（二）聚焦生态文明，建设绿色校园

1. 加强生活垃圾分类管理

按照"投放合理、处置规范、监管有力、宣传到位"的垃圾分类管理目标与要求，探索建立生活垃圾分类宣传教育工作长效机制和校内生活垃圾分类投放收集贮存的管理体系，在未来五年内实现：一是配置完善生活垃圾收集设施，在校园、教学楼及办公楼、公寓等校园学习生活区配备足够的垃圾桶、回收箱，推进、更新铁皮类等不易燃材质的"双桶"垃圾桶，并加强垃圾分类标识的建设，规范垃圾的分类管理；二是明确分工，强化责任，将生活垃圾分类管理工作进行分解，使学院各职能部门"个个头上有指标、个个肩上有任务",营造齐抓共管的良好工作局面;三是加强垃圾处理的技术管理,实行"定岗定责定人",采用分拣技术对生活垃圾进行分类分拣;四是加强师生引导、教育、监管,在全院内开展生活垃圾分类管理知识培训、环保宣传活动,提高广大师生的垃圾分类意识与生活环保意识,杜绝"小广告进教室、外卖进宿舍"等不良现象。

2. 加强绿色校园建设

第一,科学规划,推进校园环境持续发展。坚持站在时代发展制高点,结合学院的发展形势,全面研究和思考校园建设的整体布局、功能定位。聘请专业人士结合学院文化特点、环境定位、规划意愿等特性,制定学院科学、可持续发展的可行性环境建设整体方案,实现校园环境建设规划的科学性、系统性、专业性,为校园环境建设工作奠定良好的基础。

第二,因地制宜,改善校园生态环境。首先,针对校园盐碱地的特性,学院在未来五年内将着力攻克盐碱地的种植难题,采取对盐碱地植物进行科学浇灌、增施有机肥、使用盐碱地改良剂等养护管理措施,对盐碱地进行改良,正确掌握盐碱地绿化种植设计与技术,提高校园绿化覆盖率,提高苗木存活率。其次,在树木种植、配置上,科学选择、优化配置,引进污染性少、少毛无刺、不易过敏且具有耐盐碱、抵御风害能力的树种,逐步取代杨树、柳树等易引发过敏的飞絮树种,并确保引进树种与原有树种相互协调、有机结合,形成有特色的校园环境景观。

第三,加强创新,推动校园景观建设。校园景观作为隐形的第二课堂,以无声的语言传达着有形的教育。在未来规划中,学院将进一步将教育理念与景观建设相结合,注重景观建设的整体性与连续性,着力打造集自然美、人为美、文化美为一体的园林化生态校园环境。设想如下:一是在22幢学生公寓周边做文章,构建"一楼一景观"的微缩小游园;二是在丁香园、识禾园、郁金香园建设成形的基础上,进一步着力打造荷园、月季园、油葵园等系列园林精品,全力营造生态化环境育人的氛围,打造诗画校园,使学生在观识察想、学思践悟中融会贯通、领会内涵，帮助学生丰富知识、拓宽视野、陶冶情操、启迪思维、培养习惯、提高素养，促进学生的身心健康全面发展。

3. 加强生态文明教育，提高学生的综合素养

学院今后将把生态建设宣传作为一项常规工作来抓，确保生态文明意识在广大师生中入耳、入脑、入心，营造良好的氛围，坚持做到：一是充分利用校园网、宣传栏、微信QQ等校园宣传媒介加强校园生态文明建设的宣传，利用植树节、世界环境日、世界水日、全国低碳日、全国节能宣传活动周等与环境相关的节日，深挖节日内涵，开展特色主题活动，让师生积极参与，培养生态意识；二是将生态文明知识培训列入工作计划，要求各院系、部门严格落实，普及环保、垃圾分类等生态文明建设的相关知识，实现全员参与、全员重视；三是在校园环境管理工作中，积极征求广大师生意见及建议，广开言路、集思广益，增强广大师生的责任感、归属感。

总之，生态绿色校园环境建设是学院中长期发展规划的一项重要内容，我们将深入贯彻习近平总书记生态文明思想，坚持与时俱进、解放思想、开拓创新、锐意进取，着力打造生态文明校园，力争在全省高校中成为生态文明建设的样板校园。我们期盼着"汇通路上谱传奇，芦花湖畔创佳绩，环境育人为功久，生态立校新时期"。

后　记

党的十九大召开之后，特别是习近平总书记强调，学习贯彻十九大精神要在学懂弄通做实三个方面狠下功夫的要求以后，山西大学商务学院习近平新时代中国特色社会主义思想研究中心经过反复讨论，拟定各个教学科研单位和各个职能部门学习贯彻十九大报告的主题内容，并据此总结以往工作，提出今后工作规划的设想，以形成《新时代　新理念　新作为——砥砺奋进的山西大学商务学院》一书的有机组成部分，将"学懂弄通做实"的要求落实到学院工作的各个方面。这一设想受到学院党委的高度重视和支持，组织学院相关人员迅速开始了撰写工作。

本书的撰写提纲是在山西大学商务学院习近平新时代中国特色社会主义思想研究中心提出初稿的基础上，经过编撰小组集体讨论后形成的。各章的撰稿人是原玉廷（《新时代社会主要矛盾与商务学院转型发展》），邱敏学（《坚持新的发展理念与独立学院的新发展》），程选、刘惠瑾（《深化供给侧结构性改革与专业结构调整》），靳共元、张晓林（《建设现代化经济体系与经济学人才培养》），曹宇波、张赟（《新时代山西经济转型发展与会计人才培养》），李强、暴丽艳、赵晋阳（《新时代管理人才培养目标和模式改革》），王文燕、王瑜（《大数据背景下信息现代化人才培养》），苏雪峰、岳云康（《产教融合与电子商务人才培养》），张立刚（《"一带一路"倡议与涉外人才培养》），郭英杰、潘淑岩、李训伟（《全面依法治国与法学人才培养》），成民铎、高梦锦（《健康中国与体育人才培养》），李生敏（《秉持立德树人理念　推进思政教育改革》），董有尔（《大学生"双创"与校企合作》），张圣恩（《政策协同对科研创新发展的影响研究》），张晓华、施寯（《着力推进全面从严治党　为商院新发展铸魂强基》），王凤华、张晓雪（《新时代与独立学院管理体制改革》），张海川、李金昊、白志荣（《乡村振兴战略与商院的精准扶贫》），王存义（《三全育人与课程思政建设》），王军、白震宇（《人才强国战略与"人才强校"》），宋生艳（《共享发展与商院图书馆工作设想》），郭德明（《理想信念教育与新时代青年担当》），黄永康、梁四宝、杜天柱、王亚梅（《生态文明思想与绿色校园建设构想》）。序言和后记由研究中心主任吴建社撰写。全书的统稿工作由王存义、原玉廷、邸敏学担任，校对工作由赵军负责。

在本书即将付梓之际，我们要衷心感谢参与提纲讨论、撰稿、统稿和校对的各位老师的辛勤劳动，感谢山西经济出版社的副总编王宏伟和编辑解荣慧的大力支持。

本书是一本党的十九大报告的新理论、新理念与新时代山西大学商务学院党务、行政、教学、科研、后勤实际相结合的应用性著作，对于指导学院转型升级具有一定的指导意义。由于水平有限，本书可能存在着这样或者那样的不足，希望读者不吝赐教。

吴建社

2018 年 10 月 15 日